江苏省高等学校重点教材：编号：2021-2-110

阅读感知中国

钟璟 王宁 杨晶 章晶 编著

中国高等教育学会外国留学生教育管理分会 2020 年来华留学教育科学研究课题（项目号：CAFSA2020-N034）

2020 年江苏省高等教育学会高校外语教育“课程思政与混合式教学”专项课题（项目号：2020WYKT070）

2020 年中国陶行知研究会“十三五”规划“阅读与教师发展”专项课题（项目号：2020JS0004B）

2021 年常州大学教育教学研究一般课题（GJY2021016）

江苏大学出版社
JIANGSU UNIVERSITY PRESS
镇 江

图书在版编目(CIP)数据

阅读感知中国 / 钟璟等编著. — 镇江 ：江苏大学出版社，2022.7
ISBN 978-7-5684-1755-6

Ⅰ. ①阅… Ⅱ. ①钟… Ⅲ. ①汉语－阅读教学－对外汉语教学－教材 Ⅳ. ①H195.4

中国版本图书馆 CIP 数据核字(2022)第 136666 号

阅读感知中国
Yuedu Ganzhi Zhongguo

编　著/钟璟　王宁　杨晶　章晶
责任编辑/任建波
出版发行/江苏大学出版社
地　址/江苏省镇江市梦溪园巷 30 号(邮编：212003)
电　话/0511-84446464(传真)
网　址/http://press.ujs.edu.cn
排　版/镇江市江东印刷有限责任公司
印　刷/江苏凤凰数码印务有限公司
开　本/718 mm×1 000 mm　1/16
印　张/21.75
字　数/390 千字
版　次/2022 年 7 月第 1 版
印　次/2022 年 7 月第 1 次印刷
书　号/ISBN 978-7-5684-1755-6
定　价/62.00 元

前言

2021年5月31日，习近平总书记在中共中央政治局第三十次集体学习时强调要加强和改进国际传播工作，展示真实、立体、全面的中国，构建具有鲜明中国特色的战略传播体系，着力提高国际传播影响力、中华文化感召力、中国形象亲和力、中国话语说服力、国际舆论引导力。2021年6月21日，习近平给北京大学留学生的回信中提出，“多到中国各地走走看看，更加深入地了解真实的中国，同时把你们的想法和体会介绍给更多的人，为促进各国人民民心相通发挥积极作用”。无论是中国形象国际传播的需求，还是教育政策对留学生讲好中国故事的重视，留学生群体对中国国情和中国文化的深刻认知都是扩大教育对外开放、提升学校高品质国际合作交流的重要抓手，都对既能立足中国社会、具备全球视野，又能体现中国国情和中国文化的汉语阅读教材有迫切需求。

阅读对第二语言的学习至关重要。大量的阅读实践对语言学习者的语感、词汇量和语法都具有显著的促进作用。通过长期的阅读实践积累，语言学习者能自然而然地对一门语言进行迅速直接的感知和理解，而不需要时时刻刻通过逻辑判断和推理演绎来“咬文嚼字”。阅读是培养敏锐语感最直接、最便利和最有效的方法。阅读不仅能使语言学习者在潜移默化中掌握语言规律，还能使学习者通过阅读教材编写者有意识地重点词汇复现，下意识地掌握高频词汇，正所谓“读书百遍，其义自见”。此外，语法的学习不是死记硬背句式结构，阅读教材，尤其是有针对性地做课后应用练习，会润物细无声地把语言结构输入学习者的脑中。本教材的目的是通过贴近日常生活的语料，在轻松有趣的阅读氛围中，帮助汉语学习者内化词汇和语法，培养其对汉语的感知力和领悟力。

本教材面向以汉语为第二语言且已具备初级汉语水平，掌握了汉语拼音及《汉语水平词汇等级标准大纲》中的大部分甲级词汇的学习者。本教材既可作为汉语阅读课程或中国国情教育课程专用教材，也可作为课后的拓展阅读材料，还可作为自学者了解当今中国的普适性读本。

本教材的特色之处：

（一）视角现代化。本教材的切入点为向留学生展示现代的、真实的、飞速发展的中国。很多留学生，尤其是没踏足过中国的留学生，对中国的印象关键词仍然是“历史悠久”“景色秀美”“神秘东方”等。目前，中国概况类教材和读本大部分是按照自然、历史、社会、人文、经济等分类介绍中国的。在新时代背景下，在中华民族伟大复兴的壮阔征程中，不仅需要呈现中国传统的一面，更需要向海外传播现代的中国形象，展示中国各领域的发展新气象，比如本教材中涉及的中医先进成果——青蒿素，中国智造——高铁、港珠澳大桥，以及中国航天、移动支付、乡村振兴等中国智慧和中国发展的精华部分。这些主题围绕现代中国，贴近留学生的来华学习生活，可以满足其对当今中国的认知需求，做到“以文化人，以文育人”。

（二）语料“球土化”。教材语篇除名家名篇外，均由编写团队自主撰写。内容既蕴含全球多元文化，又凸显中国国情和江苏特色文化元素，有利于展示真实、立体、全面的中国，提高国家文化软实力。教材以“阅读”为主线，以“全方位感知中国”为学习导向，以现代性、实用性、交际性为选材标准，注重题材和体裁的多样化。教材共分 12 章，每一章由 3 篇相关课文组成，3 篇课文形成一个小坡度，12 章形成一个大坡度，难度逐渐加大。每章的 3 篇课文围绕同一主题，如美丽中国、国际交流、来华留学、跨文化交际、“一带一路”、中国医药、中国交通、中国智造、中国现代经济等。每章包括本章要点、课文、注释、练习和参考答案五个部分。每章主题彰显当下中国的发展战略，以服务国家和行业为导向，凸显智能制造、中国航天、移动支付等新兴产业；语篇内容充分考虑汉语学习者的思维方式和学习习惯，从留学生的视角展开叙述，如“独在异乡非异客”“我在肯尼亚开高铁”等课文，使留学生在学习中保持兴趣；语言注重可读性、趣味性和当代性，词语、句式、结构和文章风格都致力贴近汉语学习者的理解水平和体现真实生活场景中的通用性；语篇体裁注重多样化，体裁既有常用文体如故事、生活小品、科普文章、散文等，又有实用性语料，如导游词、指南、人际交往会话等，让阅读者在学习过程中，饶有兴趣地接触并感知中国。

（三）技能阶梯化。本教材以提高汉语阅读能力为中心，每章的开篇讲解一种阅读技巧，包括：通读、略读、跳读、查读、汉字偏旁、推测词义、标记词和关联词、文章结构、推测、同义词互释、压缩句子、作者态度等。这些汉语阅读技巧的讲解涵盖了阅读技能的各个层面，从汉语的偏旁部首构词到推测词义，从上下文的连接词到语篇结构，从把握文章整体大意的通读、略读技能到推测作者态度的阅读技巧，技能提升上层层递进，力求使学习者通过学习本书，能掌握汉语阅读技能，阅读长篇汉语文章或书籍。每章最后一部分为练习。练习的设置尊重语言规律，呼应本章的阅读技能和主题，练习包括发音、词义解释、词汇搭配、选词填空等机械性强化练习，随着学习者阅读技能和水平的提升，逐步过渡到遣词造句、互动讨论、小段落场景写作等交际性实用练习，这类练习让学习者根据自己的汉语水平和生活体验自由发挥，体现了“学用结合、学用相长”的教学理念。此外，这些汉语阅读技巧和练习的设置符合汉语水平考试（HSK）的大纲要求，通过阅读技巧和练习训练，助力有需求的学习者达到考试要求。

（四）学习思辨化。本教材旨在让学习者通过对汉语的学习，学会用中文表达观点，提升自己的道德素养和人文素养。通过对中国特色文化的学习，学习者在中国文化的熏陶中，深入思考环境、社会、人生等更为宏大的命题，如课文“绿水青山就是金山银山”体现的人与自然和谐共处的绿色低碳理念。通过跨文化比较，培养学习者人类命运共同体意识，如课文“以诗会友　文字寄情”体现了从古至今的中外涓涓文脉，“茶与咖啡——一场东西方文化的浪漫邂逅”和“有空来坐坐”传递了文化互鉴交融理念。学习者在语言学习中，不仅能掌握汉语的词汇和句式结构，还能恰如其分地表达观点，更能理解文中包含的价值观，通过思辨性学习，开阔视野、深化见解。

本教材由钟璟、王宁、杨晶、章晶编著；钟璟、王宁担任主编；杨晶、章晶担任副主编。具体编写分工如下：钟璟负责全书的管理组织和统筹工作，王宁负责全书的内容编撰和审阅统稿。第一章、第六章、第九章、第十二章由王宁、杨晶编著；第三章、第五章、第八章、第十章由杨晶、章晶编著；第二章、第四章、第七章、第十一章由章晶、王宁编著。

本教材的编写人员来自常州大学，均多年从事留学生教学和管理工作，思想意识先进，对教材编写有浓厚的兴趣，对教材编写的重要性和可行性进行了大量的前期研究，并潜心钻研相关理论知识，其中两位编写者讲授过留学生汉语阅读课程，熟悉留学生的汉语学习需求和学习特性。全体编写人员都有海外留学或访学经验，熟知国外的教育体系和学生的学习特点。同时，两位主编丰富的教学和科研成果、专业背景和留学生管理工作经历为教材编写的顺利开展提供了良好的基础。

在本教材的编写过程中，我们得到了各方面的大力支持和帮助，在此对常州大学教务处、国际交流处、海外教育学院、石油化工学院各位领导的指导和支持表示感谢。衷心感谢江苏大学出版社杨海濒、张冠两位编辑的专业建议和中肯意见，在审稿、排版、校对到最终出版的全过程中，他们耐心细致，尽职尽责，在此表示诚挚的谢意！

在本教材的编写过程中，我们从网络上选用了一些与课文内容配套的图片，由于无法与图片拍摄者一一取得联系获得其授权，在此我们表示遗憾。如确实给拍摄者带来不必要的困扰，希望您能尽快联系我们，我们将作相应处理。在此也对本教材中所引用照片的拍摄者表示衷心的感谢。

希望这本教材的出版能为留学生的汉语学习提供活力，为汉语国际教育的专业发展提供助力，为向世界讲好中国故事提供动力！

作　者

2022 年 5 月

目录

第十章　同义词互释

第十一章　压缩句子

第十二章　作者态度

第一章

通读

一、本章要点

（一）阅读技能：通读

通读，意思是把书籍或文章从头到尾阅读一遍。通读的主要目的是通过浏览全书或全文，知晓其主要内容，理解其整体结构，对作者的写作意图有初步把握。通读一般采取以较快的速度阅读，读时可适当辅以标记，不因对细节的理解影响阅读速度，不明白的地方可暂时放下，待精读时再弄清楚。

（二）教学目标

1. 了解中国的基本国情，了解江苏省和常州市的概况。
2. 领会地点介绍的基本表达方法。
3. 掌握通读的阅读技能，能通过通读理解文章大意和作者意图。

（三）教学重点

1. 有关地点介绍的常用词汇和句型。
2. 阅读地点介绍时，培养整合信息、处理复杂句子的能力。
3. 地点介绍表达时的准确性和条理性。

二、课文一

美丽中国

中华人民共和国，简称“中国”，于 1949 年 10 月 1 日成立，位于亚洲东部，太平洋西岸，与 14 国接壤。陆地面积约 960 万平方千米，台湾岛是中国最大的岛屿。中国的国旗是五星红旗；国歌是《义勇军进行曲》；国徽是五星照耀下的天安门，天安门周围是谷穗和齿轮。目前中国有 34 个省级行政区，包括 23 个省、5 个自治区、4 个直辖市，以及香港和澳门 2 个特别行政区。北京是中国的首都。

中国总人口超过 14 亿，有 56 个民族，是一个多民族、多语言、多方言、多文字的国家，通用语言文字是普通话和规范汉字。汉语是世界上使用人数最多的语言，是联合国六种正式工作语言之一。国家通用语言文字以《汉语拼音方案》为拼写和注音工具。

中国幅员辽阔，地形多种多样，陆地上的五种基本地貌类型在中国均有分布，有雄伟的高原、起伏的山地、辽阔的平原、低缓的丘陵和巨大的盆地，这为中国农业的发展提供了便利条件。高原、山地和丘陵约占中国陆地面积的 67%，平原和盆地约占陆地面积的 33%。经历了几个不同的地壳运动阶段，青藏高原隆起，高原地貌由此形成。青藏高原一般海拔在 3 000~5 000 米，有“世界屋脊”之称，珠穆朗玛峰为世界第一高峰。从空中俯瞰中国大地，地势就像阶梯一样，由西向东，逐渐下降，从高峰、高原一直延伸至丘陵、平原和海洋。

中国河流湖泊众多并且蕴含着丰富的自然资源。受地势影响，中国的河流大多东流入海。地势下降带来的落差蕴藏着丰富的水能资源，同时，河流沟通了东西，便利了沿海和内地的联系，促进了沿岸城市的经济发展。长江是中国第一大河，也是亚洲第一长河、世界第三长河。除了天然河流，中国还有许多人工开凿的运河，比如世界上开凿时间最早、里程最长的京杭大运河。

中国地质地貌复杂，气候类型多样，季风气候显著，主要表现为夏季高温多雨，冬季寒冷干燥。冬季南方温暖，北方寒冷，南北温差大；夏季除地势较高的青藏高原等地以外，全国普遍高温。多样的气候条件，使世界上大多数农作物都能在中国找到适宜生长的地方。中国的土地类型复杂多样，利用情况参差不一，面临着突出的保护和开发问题。通过植树造林和国土绿化行动，低碳绿色中国，渐行渐近。

中国是世界上历史最悠久的国家之一，也是世界四大文明古国之一，有光辉灿烂的文化，有将近 4 000 年文字可考的历史。截至 2021 年，中国已成功申报世界遗产 56 处，世界遗产总数、自然遗产和自然与文化双遗产数量均居世界第一。

我们拥有的是一个地大物博、山河壮丽、文化多样的美丽中国！

图 1-1　中国长城

注释

(1) **接壤** jiērǎng（动）

释义：交界

示例：中国与俄罗斯接壤。

(2) **方言** fāngyán（名）

释义：一种语言中跟标准语有区别的、只在一个地区使用的话

示例：汉语有许多方言，如吴方言、粤方言等。

(3) **规范** guīfàn（名）

释义：约定俗成或明文规定的标准

示例：这个词的用法不合规范。

(4) **幅员** fúyuán（名）

释义：领土面积（幅：宽度；员：周围）

示例：中国地大物博，幅员辽阔。

(5) **高原** gāoyuán（名）

释义：海拔较高、地形起伏较小的大片平地，一般海拔在 500 米以上

示例：高原上的空气很稀薄。

(6) **山地** shāndì（名）

释义：多山的地带

示例：农民在山地种上了果树。

(7) **平原** píngyuán（名）

释义：陆地上广阔低平的地区

示例：世界上最大的平原是亚马孙平原。

(8) **丘陵** qiūlíng（名）

释义：连绵成片的小山

示例：这里不是高原，也不是平原，而是丘陵地带。

(9) **盆地** péndì（名）

释义：被山或高地围绕的平地

示例：塔里木盆地蕴藏着丰富的油气资源。

(10) **地壳** dìqiào（名）

释义：地球固体圈层的最外层

示例：这里由于地壳运动而隆起了一座高原。

(11) **屋脊** wūjǐ（名）

释义：屋顶中间高起的部分

示例：珠穆朗玛峰高耸在“世界屋脊”。

(12) **俯瞰** fǔkàn（动）

释义：从高处往下看

示例：从大楼的屋顶俯瞰，汽车就像火柴盒那么大。

(13) **地势** dìshì（名）

释义：地面高低起伏的状态

示例：军队埋伏在地势低陷的地方。

(14) **阶梯** jiētī（名）

释义：台阶和梯子，比喻向上的途径

示例：书籍是人类进步的阶梯。

(15) **蕴含** yùnhán（动）

释义：包含

示例：这句朴素的话蕴含着丰富的道理。

(16) **落差** luòchā（名）

释义：① 由于河床高度的变化所产生的水位的差数

示例：水位的巨大落差形成了壮观的瀑布。

释义：② 泛指对比中的差距或差异

示例：他的工作预期和实际落差太大，一时很难接受。

(17) **开凿** kāizáo（动）

释义：挖掘（河道、隧道等）

示例：修筑这条铁路共开凿了十多条隧道。

(18) **季风** jìfēng（名）

释义：随季节而改变风向的风，主要是海洋和陆地间温度差异造成的

示例：气候变化会加强还是会削弱季风，有待进一步研究。

(19) **地大物博** dìdà-wùbó

释义：土地广大，物产丰富

示例：中国地大物博，是个资源大国。

练习

1．选择下列词语的正确读音。

(1) 方言 (　　)

A. fāngyán　B. fāyán　C. fāngyáng　D. fāyáng

(2) 屋脊 (　　)

A. wūjǐn　B. wújī　C. wūjǐ　D. wújǐn

(3) 地壳 (　　)

A. dìké　B. dìqiào　C. dīké　D. dīqiào

(4) 俯瞰 (　　)

A. fúkàn　B. fǔgàn　C. fúgàn　D. fǔkàn

(5) 落差 (　　)

A. luòchā　B. luòchāi　C. làchā　D. làchāi

2．根据课文内容，选择正确答案。

(1) 中国陆地面积约________万平方千米。 (　　)

A. 998　B. 960　C. 690　D. 899

(2) 中国的国歌是________。 (　　)

A.《中国人民志愿军战歌》　B.《中国人民解放军进行曲》

C.《英雄赞歌》　D.《义勇军进行曲》

(3) 联合国六种正式工作语言是________。 (　　)

A. 汉语、英语、法语、俄语、葡萄牙语、西班牙语

B. 汉语、英语、德语、俄语、阿拉伯语、西班牙语

C. 汉语、英语、法语、俄语、阿拉伯语、西班牙语

D. 汉语、英语、德语、俄语、葡萄牙语、西班牙语

(4) 中国通用语言文字以________作为拼写和注音工具。 (　　)

A.《汉语拼音方案》　B.《汉语拼音正词法基本规则》

C. 注音字母　D.《新华字典》

（5）青藏高原形成的原因是________。（　　）

A．地壳运动　　B．地震

C．小行星撞击地球　　D．海啸

3．根据课文内容判断正误，对的打✓，错的打×。

（1）中国最大的岛屿是海南岛。（　　）

（2）中国的2个特别行政区分别是香港和台湾。（　　）

（3）中国的基本地貌类型有高原、山地、平原、丘陵和盆地。（　　）

（4）中国的地势是自东向西由高到低。（　　）

（5）世界上开凿时间最早、里程最长的人工运河是中国的京杭大运河。（　　）

4．用汉语解释下列词语并造句。

（1）岛屿：______________________________

____

（2）复杂：______________________________

____

（3）悠久：______________________________

____

（4）领先：______________________________

____

（5）规范：______________________________

____

5．根据课文内容回答问题。

（1）中华人民共和国是什么时候成立的？

____

（2）中国有多少个民族？

____

（3）中国的通用语言文字是什么？

____

（4）请简要介绍中国的自然地理情况。

____

____

（5）你有什么学习汉语的好方法吗？

6．讨论题。

请说说你对中国的印象。可围绕以下要点展开：来中国之前，你想象中的中国是什么样的？你从哪里获得有关中国的信息（如电视新闻、报纸、网络、亲朋好友等）？来中国之后，你想象中的中国和实际感受的中国有什么不一样的地方？

三、课文二

水韵江苏　多样魅力

江苏，简称"苏"，是中华人民共和国的一个省级行政区，位于中国大陆东部，江淮下游，黄海之滨，东南毗邻浙江省和上海市，西接安徽省，北连山东省。江苏省现有 13 个设区市，分别为南京市、无锡市、徐州市、常州市、苏州市、南通市、连云港市、淮安市、盐城市、扬州市、镇江市、泰州市、宿迁市，省会是南京。

江苏自然资源属性好，地势平坦，适合耕作，有平原、山地和丘陵三种地貌类型，素有"鱼米之乡"的美誉。境内水网密布，河流纵横，是全国唯一拥有大江、大河、大湖、大海的省份，长江横贯东西，大运河纵贯南北。江苏位于东亚温带季风气候区，四季分明，光照充足，雨量充沛。

江苏经济繁荣发达，文化底蕴深厚，教育资源丰富。江苏为全国经济最发达的地区之一，农业、工业和商业均处于领先地位，农业立本，工业发达，商业昌盛。江苏拥有吴、金陵、淮扬、中原四大多元文化，民风民俗富于交融性和包容度。江苏人杰地灵，名人荟萃，历来看重人才培养，社会风气崇尚教育。江苏旅游资源丰富，自然景观与人文景观相互交融。

2017 年，在江苏发展大会开幕式上，专题片《水韵江苏》首播。作为全国水域面积占比最高的省份，江苏依水而生，因水而兴，水滋养了江苏的锦绣繁华，孕育了江苏的多彩文化。目前，江苏省境内的京杭大运河河段仍是重要的水上运输线。在“南水北调”的东线工程中，它是长江水源北上的渠道。江苏湖泊众多，有烟波浩渺的太湖、一碧万顷的洪泽湖，滋养着一方水土。桨声灯影里的秦淮河，造就了水韵江苏的独特气质。

江苏的很多美味饮食取材于水，善用鱼禾，料实在，味清鲜。盐水鸭是南京的特产，又叫桂花鸭，因中秋前后桂花盛开时节制作的盐水鸭色味最佳而得名。盐水鸭鸭皮白，肉细嫩，肥而不腻，具有香、酥、嫩的特点。松鼠鳜鱼，又名松鼠桂鱼，是苏帮菜的代表之作。在鱼肉上刻花纹，形状似鼠，入油锅嫩炸后淋上糖醋卤汁，色香味俱佳，因相传得到乾隆皇帝的赞誉而负盛名。阳澄湖大闸蟹体大膘肥，滋味鲜美，营养丰富，是一道时令美味，一般在 10、11 月食用为佳。这些水生美味令人垂涎三尺！

无数文人骚客在江苏留下过与水相关的传世佳句。“烟笼寒水月笼纱，夜泊秦淮近酒家”是六朝古都南京的朦胧；“姑苏城外寒山寺，夜半钟声到客船”是柔美温婉的苏州的静谧；“要看银山拍天浪，开窗放入大江来”是镇江江水的壮观；“烟花三月下扬州”是积淀深厚的扬州的灵动。

优越的自然条件赋予了江苏发展先机，我们要对母亲河、母亲湖心存敬畏，统筹规划产业发展和生态保护，打造令人向往的沿江、沿湖生态风光带，再现“春江花月夜”的美好景象，留住“春风又绿江南岸”的诗意。

一幅关于江苏的山水画卷正徐徐展开，江苏人民以海纳百川的胸怀、水滴石穿的韧劲和奔腾不息的力量，继续书写着江苏的美好明天！

图 1-2　繁体字“苏”

注释

(1) **下游** xiàyóu（名）

释义：① 江河接近出口的部分及所流经的地区

示例：江苏省位于长江下游。

释义：② 比喻落后的地位

示例：他的成绩处于全班下游。

(2) **滨** bīn（名）

释义：水边，靠近水的地方

示例：我的家乡是一座海滨小城。

(3) **毗邻** pílín（动）

释义：相邻接，边地接壤

示例：这座城市毗邻太平洋，风景优美。

(4) **资源** zīyuán（名）

释义：生产资料或生活资料的天然来源

示例：地球上的资源不是无限的，我们要合理使用。

(5) **平坦** píngtǎn（形）

释义：没有高低不平

示例：他走在平坦宽阔的马路上。

(6) **耕作** gēngzuò（动）

释义：用各种方法处理土壤表层，使适合农作物生长，包括耕、耙、锄 等

示例：春天是耕作的季节。

(7) **密** mì（形）

释义：① 距离近，空间小

示例：森林中的树长得很密。

释义：② 关系近，感情好

示例：他们俩是密友。

(8) **唯一** wéiyī（形）

释义：只有一个

示例：她现在唯一能做的，就是等待。

(9) **横** héng（形）

释义：① 和地面平行的，与“竖”相对

示例：大桥横跨长江。

释义：② 地理上东西向的，与“纵”相对

示例：这条铁路横贯东西。

(10) **纵** zòng（形）

释义：① 地理上南北向的，与“横”相对

示例：这条公路纵贯南北。

释义：② 从前到后

示例：纵观古今，和平发展才是人民的期盼。

(11) **充沛** chōngpèi（形）

释义：充足旺盛

示例：他是个精力充沛的人。

(12) **繁荣** fánróng（形）

释义：经济或事业蓬勃发展

示例：我们要努力把祖国建设得繁荣昌盛。

(13) **多元** duōyuán（形）

释义：三个以上的整体或实体

示例：多元文化和谐共处是世界的主流。

(14) **交融** jiāoróng（动）

释义：交汇，融合

示例：中华民族的历史是一部民族交融史。

(15) **包容** bāoróng（形/动）

释义：① 宽容，大度（形）

示例：对待别人的小错误，我们要包容。

释义：② 容纳（动）

示例：这个小剧场能包容 100 名观众。

(16) **荟萃** huìcuì（动）

释义：汇集，聚集

示例：这个高新技术开发区是群英荟萃之地。

(17) 烟笼寒水月笼纱，夜泊秦淮近酒家

出自唐代诗人杜牧的绝句《泊秦淮》："烟笼寒水月笼纱，夜泊秦淮近酒家。商女不知亡国恨，隔江犹唱后庭花。"意思是："迷离月色和轻烟笼罩寒水和白沙，夜晚船停靠在秦淮河边靠近岸上的酒家。卖唱的歌女不明白什么是亡国之恨，隔着江水仍然在高唱南朝陈后主所作的《玉树后庭花》。"这是一首触景感怀诗，表达了作者看到唐朝国运衰败后的无限感伤之情。

(18) 姑苏城外寒山寺，夜半钟声到客船

出自唐代诗人张继的《枫桥夜泊》："月落乌啼霜满天，江枫渔火对愁眠。姑苏城外寒山寺，夜半钟声到客船。"意思是："月亮已经落下，乌鸦啼叫，寒气漫天，江边的枫树与船上的渔火，难抵我独自傍愁而眠。苏州城外的寒山古寺，半夜里敲钟的声音传到了我乘坐的客船。"这首写愁之诗，表达了作者的家国之忧，以及自己身处乱世尚无归宿的顾虑。

(19) 要看银山拍天浪，开窗放入大江来

出自北宋诗人曾公亮的绝句《宿甘露僧舍》："枕中云气千峰近，床底松声万壑哀。要看银山拍天浪，开窗放入大江来。"意思是："床枕上弥漫着云气，使我恍若睡在千峰之上，阵阵松涛从万壑传来，似乎在我床下轰响。我忍不住想看那如银山一样的冲天巨浪，一打开窗户，滚滚长江仿佛涌进了我的窗栏。"甘露寺在江苏镇江北固山上。这是一首写景诗，写出了长江的雄伟气势。

(20) 烟花三月下扬州

出自唐代诗人李白的《黄鹤楼送孟浩然之广陵》："故人西辞黄鹤楼，烟花三月下扬州。孤帆远影碧空尽，唯见长江天际流。"意思是："友人孟浩然在黄鹤楼与我告别，在柳絮如烟、繁花似锦的阳春三月去扬州远游。孤船帆影渐渐消失在碧空尽头，只看见滚滚长江向天际奔流。"这是一首送别诗，表达了诗人送别朋友时的惜别深情。

(21) 春江花月夜

《春江花月夜》是唐代诗人张若虚创作的七言长篇歌行，以月为主体，以江为场景，描绘了一幅优美迷离的春江月夜图。

(22) 春风又绿江南岸

出自北宋王安石的《泊船瓜洲》："京口瓜洲一水间，钟山只隔数重山。春风又绿江南岸，明月何时照我还。"意思是："京口和瓜洲不过一水之遥，钟山也只隔着几重青山。温柔的春风又吹绿了大江南岸，天上的明月呀，你什么时候才能够照着我回家呢？”这首诗表达了诗人眺望江南思念家乡的深切感情。

(23) **海纳百川** hǎinà-bǎichuān

释义：大海容得下成百上千条江河之水，比喻包容的东西广泛且数量大

示例：我们要有海纳百川的心胸，生活才会美好。

(24) **水滴石穿** shuǐdī-shíchuān

释义：水经常滴在石头上，能使石头穿孔，比喻只要坚持，就能成功

示例：只要发挥水滴石穿的精神，就能把汉语学好。

(25) **奔腾不息** bēnténg-bùxī

释义：江水波浪滔滔、急速流淌，比喻事物不停息地运转、永不懈怠

示例：生命的意义如同奔腾不息的江水，不断进取。

练习

1．选择下列词语的正确读音。

(1) 毗邻

A. pílín　B. pílíng　C. bǐlín　D. bǐlíng

(2) 资源

A. zhīyuán　B. zīyán　C. zīyuán　D. zhīyán

(3) 平坦

A. píngtǎn　B. píngdàn　C. píndàn　D. píntǎn

(4) 繁荣

A. fánlóng　B. fánglóng　C. fángróng　D. fánróng

(5) 荟萃

A. huīcuì　B. huìcuì　C. huìzuì　D. huīzuì

2．根据课文内容，选择正确答案。

(1) 下列哪个地方不与江苏相邻？

A. 上海　B. 江西　C. 安徽　D. 山东

(2) 江苏有多少个设区市？

A. 11　　B. 12　　C. 13　　D. 14

(3) 江苏的主要地貌类型包括________。

A. 平原、山地和丘陵　　B. 高原、山地和丘陵

C. 平原、盆地和丘陵　　D. 平原、山地和高原

(4) 下列哪个说法不正确？

A. 江苏的省会是南京。

B. 江苏位于长江下游，黄海之滨。

C. 江苏的水资源十分丰富。

D. 江苏拥有吴、京、淮扬、中原四大多元文化。

(5) 这篇文章最可能选自哪本杂志？

A.《旅行家》　　B.《科幻世界》

C.《动物世界》　　D.《军事迷》

3. 根据课文内容先后顺序，给下列句子排序。

(1) 江苏是中国农业、工业和商业最发达的地区之一。

(2) 江苏的省会是南京。

(3) 江苏，位于中国大陆东部沿海中心。

(4) 江苏很重视教育，有很多名人。

(5) 江苏代表性水资源有长江和大运河。

____

4. 请将作者与作品名配对。

(1) 李白　　a.《枫桥夜泊》

(2) 杜牧　　b.《泊船瓜洲》

(3) 张继　　c.《黄鹤楼送孟浩然之广陵》

(4) 王安石　　d.《宿甘露僧舍》

(5) 曾公亮　　e.《泊秦淮》

5. 请在横线上填写所缺诗句。

(1)《宿甘露僧舍》："枕中云气千峰近，床底松声万壑哀。

____________________，开窗放入大江来。"

(2)《泊秦淮》："烟笼寒水月笼纱，____________________。

商女不知亡国恨，隔江犹唱后庭花。"

(3)《黄鹤楼送孟浩然之广陵》："故人西辞黄鹤楼，______________。孤帆远影碧空尽，唯见长江天际流。"

(4)《枫桥夜泊》："月落乌啼霜满天，江枫渔火对愁眠。姑苏城外寒山寺，______________。"

(5)《泊船瓜洲》："京口瓜洲一水间，钟山只隔数重山。______________，明月何时照我还。"

6．请介绍一首你的祖国的诗，并说说它的意思。

7．讨论题。

请说说你对江苏美食的印象。可围绕这些要点展开：你来江苏留学多久了？在江苏的生活习惯吗，特别是饮食方面？江苏的饮食习惯与你家乡的饮食习惯有什么相同和不同？你最喜欢江苏的哪些特色美食呢？

四、课文三

教我如何不想她——常州

常州市，简称"常"，别称龙城、兰陵。常州地处江苏省南部，长三角腹地，西与南京、镇江接壤，南与无锡交界，是环太湖都市圈和苏锡常都市圈的核心城市。常州是国家历史文化名城。

常州有文字记载的历史 3 200 多年。常州历来重文兴教，科举兴盛，历史上共出过 19 名状元、2 920 名进士。宋大观三年（1109 年），全国取进士 300 人，常州中了 23 人，占全国的 1/13。政府为了表扬科举世家，纷纷立牌坊："双桂坊"说的是兄弟二人同科高中进士；"椿桂坊"是父子五人金榜题名；"早科坊"是指中进士中得早，18 岁就中了；"世科坊"则说的是常州庄氏家族中试和为官的人非常多，世世代代有人登科及第。清代诗人龚自珍称赞常州的儒风，写下诗句"天下名士有部落，东南无与常匹俦"。

在常州市护城河的北岸，有条小巷叫青果巷。青果巷历史文化街区位于常州市区，东起和平中路，西至晋陵中路，始建于明万历年间，12.6 公顷的范围内，有 11 处各级文保单位、17 处历史建筑，被称为"一条青果巷，半部常州史”。2019 年 4 月 29 日，经过 4 年的全封闭施工，青果巷中老建筑和老民居部分修缮完工，承载了常州历史文化和家乡情怀的青果巷街区焕新归来。其特别之处在于，作为常州市区保存最完整、最负盛名的古街巷，青果巷并没有被封闭式保护或只能参观式游览，目前仍保留 35 户居民，形成了结合文创、零售、民宿、轻餐饮，具有本土化、原创性和特色化的文化业态布局。2016 年成立的青果巷历史文化研究院，正进行青果巷口述史项目，邀请青果巷名人后裔及普通居民讲述“青果故事”，目前已录制 60 人，预期目标录制 300 至 500 人，结合现代声光电技术，形成青果巷记忆库，更好地挖掘和传承青果巷历史积淀和文化内涵。

巷短故事长，青果巷是常州历代名门望族的聚居地，其文化亮点在于生于斯长于斯的名人名士。这条小巷不仅走出了近百名进士，而且走出了一批誉满中华的优秀人物。清末，这里诞生了三位杰出的语言学家：赵元任、瞿秋白和周有光，一巷三杰，令人称奇。纪录片《百岁学人周有光》再现了时年 109 岁的语言文字学家周有光的传奇一生。以周有光的个体串联了江南文人的群像，勾勒了百年江南文脉的保存和传承历程。《教我如何不想她》诞生于 1920 年，是常州府中学堂校友、文学家、语言学家和教育家刘半农在英国留学期间所作的小诗，刘半农在这首诗中首创了“她”字的使用。经常州籍语言学家、中国现代汉语言学之父赵元任谱曲后，广为传唱。时隔百年，这首满怀乡情眷恋、饱含祖国情愫的经典歌曲依然荡气回肠：“天上飘着些微云，地上吹着些微风。啊！微风吹动了我头发，教我如何不想她？……”

当然，在人才辈出的常州，青果巷只是一个缩影，但从某种意义上说，它是了解常州深厚历史文化积淀的一个窗口。或是充满传奇的智慧学者，或是胸怀天下的商贾名家，或是为国捐躯的爱国将领，这些青果巷名人，激发着一代又一代常州人对家乡由衷的热爱之情，在小巷中留存、再现并传播着常州精神，达到弘扬历史文化与追求现代城市诗意生活的和谐统一，同时引发如何在历史名巷保护传承和城市现代化发展中寻求平衡的思索。

常州历史上人才济济，构成了一道引人注目的风景线。有人曾做过专门的统计，指出常州历史上的人才数仅次于北京、苏州和杭州，在中国居于第四位。如果你想了解常州更多的故事，请亲自来常州看一看吧！

图 1-3　青果巷夜景

注释

（1）**腹地**　fùdì（名）

释义：靠近中心的地区

示例：我军攻占了敌人的腹地。

（2）**科举**　kējǔ（名）

从隋唐到清代的封建王朝分科考选文武官吏后备人员的制度。唐代文科的科目很多，每年举行。明清两代文科只设进士一科，考八股文；武科考骑射、举重等武艺，每三年举行一次。

（3）**状元**　zhuàngyuan（名）

科举时代的一种称号。唐代称进士科及第的第一人；宋代主要指第一名，有时也用于第二、第三名；元代称殿试一甲第一名。泛指考第一的人。比喻在某个行业中成绩最好的人。

（4）**进士**　jìnshì（名）

科举时代称殿试考取的人。

（5）**牌坊**　páifāng（名）

形状像牌楼的构筑物，旧时多用来表彰忠孝节义的人物。

（6）**修缮**　xiūshàn（动）

释义：修理（建筑物）

示例：他的老屋修缮一新。

(7) **文创** wénchuàng（名）

释义：以文化为元素的创意

示例：这个公司开发了很多故宫文创产品。

(8) **口述史** kǒushùshǐ（名）

史学研究的一种方法，以搜集和使用口头史料来研究历史。

(9) **后裔** hòuyì（名）

释义：后代子孙

示例：他姓孔，自称是孔子的后裔。

(10) **串联** chuànlián（动）

释义：一个一个地联系

示例：音乐会上的一首首歌曲串联起来，勾起了我的美好回忆。

(11) **勾勒** gōulè（动）

释义：① 用线条画出轮廓

示例：他用铅笔勾勒出建筑物的外形。

释义：② 用简单的笔墨描写事物的大致情况

示例：这位作家用短短几句话就勾勒了一位美丽的少女形象。

(12) **情愫** qíngsù（名）

释义：① 感情

示例：思乡的情愫涌上他的心头。

释义：② 真情实意

示例：他俩在朝夕相处中，互生情愫。

(13) **人才辈出** réncái-bèichū

释义：形容有才能的人一批接一批地出现

示例：当今的文坛人才辈出。

(14) **人才济济** réncái-jǐjǐ

释义：形容有才能的人很多

示例：我们的国家人才济济，有各行各业的专家。

练习

1. 选择下列词语的正确读音。

（1）状元

A. zuàngyuan　B. zhuàngyuan　C. zuāngyuán　D. zhuāngyuán

（2）牌坊

A. páifāng　B. bēifang　C. bēifàng　D. páifàng

（3）勾勒

A. jūlè　B. jūlì　C. gōulì　D. gōulè

（4）情愫

A. qīngshù　B. qíngshù　C. qíngsù　D. qīngsù

（5）济济

A. jǐjǐ　B. qíqí　C. jìjì　D. qīqī

2. 选出与画线部分意思相近的项。

（1）过不多时，就进入了群山环抱的腹地。

A. 肚皮　B. 腹部　C. 中心地区　D. 区域

（2）老师表扬我汉语说得流利。

A. 宣传　B. 赞美、肯定

C. 表现好　D. 认可、承认

（3）淳朴的人民世世代代在这片土地上辛勤地耕耘着。

A. 一辈子　B. 一生一世

C. 一代人　D. 延续的各代

（4）此路因施工封闭，请绕道通行。

A. 关住使不能通行　B. 锁住

C. 密封，不透气　D. 局限于狭小领域

（5）他是皇族的后裔。

A. 亲戚　B. 后代子孙

C. 人名　D. 好朋友

3. 选词填空。

游览	挖掘	传承	积淀	传播

（1）老师很注重________我们的学习潜力，同学们进步都很快。

（2）经过 5 年的________，他完成了这本 40 万字的小说。

（3）暑假期间，我们全家________了黄山。

（4）这种病毒的________速度很快。

（5）我们要把祖国的优秀文化世世代代________下去。

4．根据课文内容填空。

常州，别称____________。常州______兴盛，历史上出过许多______和______。政府因此树立了很多________。常州有一条名叫________的小巷子，也是名人的聚居地。

5．讨论题

（1）请讲一段话，介绍你的家乡，可以说说家乡的名称由来、地理位置、气候条件、产业、景点、特产等。

（2）请说说你对常州这座城市的印象。可围绕以下要点展开：你来过常州吗？你来常州留学多久了？你有没有交几位常州好朋友呢？你听过哪些知名的常州人的故事？

参考答案

课文一

1. (1) A　(2) C　(3) B　(4) D　(5) A

2. (1) B　(2) D　(3) C　(4) A　(5) A

3. (1) ×　(2) ×　(3) ✓　(4) ×　(5) ✓

4.

(1) 岛屿：指四面环水、涨潮时高于水面的陆地区域。
造句：中国有很多岛屿。

(2) 复杂：（事务的种类、头绪等）多而杂。
造句：这篇文章太复杂，我看不懂。

(3) 悠久：长久、久远。
造句：中国是一个历史悠久的国家。

(4) 领先：在某一方面居第一或前列。
造句：中国奥运代表团在金牌榜处于领先地位。

(5) 规范：明文规定或约定俗成的标准。
造句：学生应遵守《学生行为规范》。

5.

(1) 中华人民共和国成立于 1949 年 10 月 1 日。

(2) 中国有 56 个民族。

(3) 中国的通用语言文字是普通话和规范汉字。

(4) 中国幅员辽阔，基本地貌类型有高原、山地、平原、丘陵和盆地，气候多样，地质条件复杂，矿产资源丰富。

(5) 略

6. 略

课文二

1. (1) A　(2) C　(3) A　(4) D　(5) B

2. （1）B　（2）C　（3）A　（4）D　（5）A

3. （3）（2）（5）（1）（4）

4. （1）c　（2）e　（3）a　（4）b　（5）d

5.

（1）要看银山拍天浪　（2）夜泊秦淮近酒家

（3）烟花三月下扬州　（4）夜半钟声到客船

（5）春风又绿江南岸

6. 略

7. 略

课文三

1. （1）B　（2）A　（3）D　（4）C　（5）A

2. （1）C　（2）B　（3）D　（4）A　（5）B

3. （1）挖掘　（2）积淀　（3）游览　（4）传播　（5）传承

4. 龙城/兰陵，科举，状元，进士，牌坊，青果巷

5. 略

第二章

略读

一、本章要点

（一）阅读技能：略读

略读，即粗略的阅读，是一种非常实用的快速阅读技能。略读旨在通过快速阅读文章的方法，了解文章的内容大意。

要具备略读能力，就必须学会浏览，根据需要快速地看。可以先读文章标题，再看正文，看的过程可以“一目十行”，迅速扫视文章，摘取重要信息，抓住主要内容，忽略无关的细节。遇到不懂的词语不必停留，不需要纠结某个字、词或者句子的意思，可以跳过某个部分或者某些部分不读。在考试过程中，如果没有充足的时间，而且文章不需要深层次理解，就可以运用略读的方法，根据文章的难易程度和阅读目的，灵活地调整阅读速度。

（二）教学目标

1. 了解中国的国际交往和江苏的国际友城。
2. 领会诗句辞赋的文化内涵。
3. 掌握略读的阅读技能，能通过略读，了解文章的内容大意。

（三）教学重点

1. 了解有关日本遣唐使的历史背景。
2. 知道著名诗人和他们的重要作品。
3. 了解国际交往的规则和礼仪。

二、课文一

以诗会友　文字寄情

中日两国是一衣带水的邻邦，有着两千多年的友好往来和文化交流的历史。诗歌作为一种特殊的文化载体，记录了中日两国间的文化交流、政治交流和情感交流。从唐代开始，就有反映日本遣唐使与唐代诗人相互交流的诗歌被保留下来，成为研究中日交往历史不可多得的宝贵财富。

中日两国的文化交流从汉代就开始了，在唐代达到两国交往的高峰。一方面，唐朝盛世，经济繁荣，文化昌盛，国威远播，吸引了不少外国使节、留学生来中国学习访问；另一方面，中国皇帝非常重视与异邦的文化交流，主张打开国门，欢迎不同文化背景的使者来中国，也可以向不同的国家学习。人们在互相唱和的诗中抒发丰富感情，记录中日友谊的发展。“两乡何异照，四海同是家”就表达了中日两国虽被大海相隔，却仍有同天、同地、同心的邻国邦交之情。

在喜欢用诗歌表达情感的唐朝，会作诗的不仅仅有诗人，还有各种身份的人群，从皇帝到官员，甚至还有很多无生平记录的僧侣和平民。唐玄宗就曾作过《送日本使》一诗，送给日本第十一次遣唐使团；在日本，也有平安初期的嵯峨天皇，看了来自大唐的使者在日本皇宫打球后写下的诗作《早春观打球》。嵯峨天皇爱好中国诗文，尤其欣赏白居易的诗。

日本遣唐使中的杰出代表之一阿倍仲麻吕与著名诗人李白、王维的友情就是由诗歌见证的。当晁衡（阿倍仲麻吕的汉名）要回日本时，王维等友人纷纷作诗相赠，王维诗曰：“九州何处远，万里若乘空。”表达了对友人要横渡大海回日本的冒险行为的迷茫和担忧。听闻晁衡海上遇难的噩耗，李白十分悲痛，挥泪写下中日友谊史上传诵千年的不朽名作《哭晁卿衡》：“日本晁卿辞帝都，征帆一片绕蓬壶。明月不归沉碧海，白云愁色满苍梧。”此诗言辞哀婉，深切表达了对故友的哀悼之情。幸运的是，晁衡并没有死，而是被风暴刮去了越南，后来又活着回到了长安。晁衡看到李白为他写的诗，百感交集，写下著名诗篇《望乡》：“一片望乡情，尽付水天处。”

20 世纪 90 年代初，为了纪念晁衡，江苏省镇江市对外友好协会、日本日中文化交流协会在镇江北固山上树立了一座大理石诗碑，上面镌刻着晁衡的诗——《望月望乡》，由赵朴初题写碑额，书法家沈鹏和日本书道院院长田中冻云书写诗文，成为一段历史的见证与记录。

直到现在，诗文依然是表达情意最理想的载体。自从 2020 年新冠肺炎疫情暴发以来，日本从官方到民间纷纷向中国伸出援助之手。有趣的是，在日本援助物资的外包装箱上印着耳熟能详的诗句，有“山川异域，风月同天”“岂曰无衣？与子同裳”“青山一道同云雨，明月何曾是两乡”，等等。这些优美的诗句，仿佛缕缕春风，给中国人民送来丝丝暖意。日本人民不仅捐赠给我们物资，更是表达了对中国人民的同理心，如此的感同身受，在当今的国际关系中实在是弥足珍贵。

以诗会友，用文字寄托感情。回顾历史，继承传统，让诗歌促进中日人民的友谊和中日文化的交流进一步发展。

图 2-1　镇江北固山诗碑　阿倍仲麻吕《望月望乡》

注释

(1) **一衣带水** yīyīdàishuǐ

释义：一水之隔，比喻离得很近

示例：中国与韩国是一衣带水的邻邦。

(2) **载体** zàitǐ（名）

释义：泛指一切能够承载其他事物的事物

示例：书籍是人类智慧的载体，记录着人类的经验和教训。

(3) **遣唐使** qiǎntángshǐ（名）

唐代时日本派遣到中国学习交流的使节团。日本的遣唐使团成员人数多时达五六百人，有大使、副使、文书、医生、翻译、画师等。他们将中国的法律、文化、科学技术等传入日本，对日本社会的发展产生了重大影响，促进了中日文化的交流。

(4) **盛世** shèngshì（名）

释义：兴盛的时代

示例：我们生活在太平盛世。

(5) **重视** zhòngshì（动）

释义：认为很重要而认真对待

示例：学校不能只重视智育，还要重视德育和体育。

(6) **僧侣** sēnglǚ（名）

释义：僧人，僧徒，指和尚，佛教僧徒

示例：僧侣通常过着简朴的生活。

(7) **平民** píngmín（名）

释义：普通人，老百姓

示例：战争年代，平民百姓生活在水深火热之中。

(8) **《送日本使》**

《送日本使》是唐玄宗李隆基创作的一首五言律诗，这里的日本使是指唐玄宗天宝十一年（752 年）赴唐的日本第十一次遣唐使藤原清河。

(9) **白居易** Bái Jūyì

唐代诗人，字乐天，号香山居士，是唐代伟大的现实主义诗人。白居易的诗歌题材广泛，形式多样，语言通俗，代表作品有《长恨歌》《卖炭翁》《琵琶行》等。白居易在日本文坛的影响力甚至超过了李白和杜甫，许多古籍都记载了嵯峨天皇对白居易的喜爱。白居易的诗词符合日本民族的审美，更容易引起日本人情感上的共鸣。

（10）**九州何处远，万里若乘空**

出自唐代诗人王维的《送秘书晁监还日本国》："积水不可极，安知沧海东。九州何处远，万里若乘空。向国唯看日，归帆但信风。鳌身映天黑，鱼眼射波红。乡树扶桑外，主人孤岛中。别离方异域，音信若为通。"意思是："茫茫的海水简直不可能有尽头，又怎么知道沧海以东是怎样的一番景象呢？……"这是一首送别诗，表达了对晁衡横渡大海回日本的冒险行为的迷茫和担忧。

（11）**不朽** bùxiǔ（形）

释义：永远存在，永不磨灭

示例：伟大的浪漫主义诗人李白，创作了许多不朽的诗篇。

（12）**《哭晁卿衡》**

《哭晁卿衡》是李白听闻好友晁衡回日本途中沉船溺亡后写下的表达悲痛和哀悼的诗，收录于《全唐诗》卷一百八十四。诗文的意思是："日本友人晁衡辞别长安回家乡，乘坐帆船在东海航行。晁卿如同明月沉入碧海，层层愁云笼罩天地间。"标题中的"哭"定下了诗歌悲痛的基调。诗人用了象征、隐喻、拟人等手法，在看似平淡的文字中蕴藏了深厚的感情。

（13）**哀婉** āiwǎn（形）

释义：多指声音悲伤委婉

示例：她的琴声哀婉动人，催人泪下。

（14）**百感交集** bǎigǎn-jiāojí

释义：各种感受混杂交织在一起，形容思绪混乱，感情复杂

示例：故地重游，物是人非，真是令人百感交集！

（15）**诗碑** shībēi（名）

释义：刻有诗文的石碑

示例：诗碑竖立于苏州寒山寺，正面镌刻着唐朝诗人张继的著名诗篇——《枫桥夜泊》。

（16）**镌刻** juānkè（动）

释义：① 雕刻，把铭文刻或者画在某种坚硬的物质上，比如石

头上、木头上等

示例：大殿的柱子上镌刻着龙的形象。

释义：② 铭记

示例：母亲温暖的笑容镌刻在我的脑海中，无论何时都能给我力量。

（17）**耳熟能详** ěrshú-néngxiáng（动）

释义：听得多了，可以详细清楚地说出来

示例：这是一首耳熟能详的乐曲。

（18）**山川异域，风月同天**

出自日本人真人元开撰写的《唐大和尚东征传》。相传，当年日本国长屋王子赠送给我国僧人的僧衣上便绣着“山川异域，风月同天”的字样。意思是：“虽然我们并不栖息于同一片山川之中，但照耀我们的是同一轮明月。”与“海上生明月，天涯共此时”有异曲同工之妙。

（19）**岂曰无衣？与子同裳**

出自《诗经·秦风·无衣》：“岂曰无衣？与子同袍。王于兴师，修我戈矛。与子同仇！岂曰无衣？与子同泽。王于兴师，修我矛戟。与子偕作！岂曰无衣？与子同裳。王于兴师，修我甲兵。与子偕行！”这是《诗经》中的一首战歌，意思是：“谁说我们没有军服？我们穿着一样的战袍，一同修整兵器，迎接战斗……”面对突如其来的灾难，人人都是战士，只有团结互助，才能快速攻克疾病这一人类共同的敌人。

（20）**青山一道同云雨，明月何曾是两乡**

出自唐代诗人王昌龄的《送柴侍御》：“沅水通波接武冈，送君不觉有离伤。青山一道同云雨，明月何曾是两乡。”意思是：“沅江水路相通连接着武冈，送你离开没有离别的伤感。两地青山共沐风雨，头顶同一轮明月，又何曾身处两地呢？”这是一首送别诗，诗人通过乐观豁达的比喻，减轻柴侍御的离愁。

（21）**同理心** tónglǐxīn（名）

释义：心理学概念，也叫作共情、换位思考，即站在对方的角度看问题，设身处地理解他人

示例：他是一位有同理心的父亲，懂得如何跟孩子沟通。

(22) **感同身受**　gǎntóng-shēnshòu

释义：指虽然没有亲身经历，却如同亲身经历过一样，是共情能力的一种体现

示例：倾听和理解能让你对别人的遭遇感同身受。

(23) **弥足珍贵**　mízú-zhēnguì

释义：非常珍贵

示例：生命的每一秒钟都弥足珍贵！

练习

1．选择下列词语的正确读音。

（1）载体

A．zàitǐ　　B．zǎitǐ　　C．zāitǐ　　D．cáitǐ

（2）重视

A．chóngxiàn　　B．zhòngxiàn　　C．chóngshì　　D．zhòngshì

（3）平民

A．píngmíng　　B．píngmín　　C．pínmín　　D．pínmíng

（4）镌刻

A．jùnhái　　B．juānhái　　C．juānkè　　D．juànkè

（5）僧侣

A．cénglǚ　　B．cénglǔ　　C．sēnglǚ　　D．sēnglǔ

2．根据课文内容，选择正确答案。

（1）中日两国的文化交流从哪个朝代开始？

A．秦代　　B．汉代　　C．唐代　　D．宋代

（2）下列诗人中，哪一位不是唐朝的？

A．白居易　　B．王勃　　C．苏轼　　D．孟浩然

（3）表达中日两国虽被人海相隔，却同心同行的诗句是________。

A．两乡何异照，四海同是家。

B．海上生明月，天涯共此时。

C．九州何处远？万里若乘空。

D．青山一道同云雨，明月何曾是两乡。

（4）镌刻着著名诗篇《望月望乡》的石碑在哪里？

A. 中国　　B. 日本　　C. 越南　　D. 朝鲜

（5）从诗歌的题材内容来看，《哭晁卿衡》是一首________。

A. 咏物诗　　B. 咏史诗　　C. 边塞诗　　D. 抒情诗

3．根据课文内容判断正误，对的打✓，错的打×。

（1）中美两国是一衣带水的邻邦。（　　）

（2）诗歌和词记录了中日两国间的政治文化交流。（　　）

（3）“九州何处远，万里若乘空”表达了李白对好友晁衡出行的担忧。（　　）

（4）北固山在江苏省镇江市。（　　）

（5）2020 年，中国对日本的疫情施以援手。（　　）

4．用汉语解释下列词语并造句。

（1）特殊：____

____

（2）繁荣：____

____

（3）迷茫：____

____

（4）担忧：____

____

（5）见证：____

____

5．根据课文内容回答问题。

（1）什么是遣唐使？

____

（2）日本为何要往中国派遣唐使？

____

（3）日本嵯峨天皇最喜爱哪一位唐朝诗人和他的作品？

____

____

（4）日本为何要在给中国的援助物资上印上经典诗文？请说一下你的理解。

（5）请介绍一首你最喜欢的唐诗。

6．讨论题。

请说说你对日本遣唐使的看法。可围绕以下要点展开：遣唐使来华学习唐朝文化，对日本社会的发展产生了什么影响？遣唐使对于中日两国文化交流做出过哪些贡献？从遣唐使来华，你得到了什么启示？

三、课文二

国际朋友圈——江苏友城

位于中国东部沿海的江苏，有着悠久的历史，是中国经济最发达的省份之一。1978 年，南京与名古屋正式结为友好城市，也是江苏省缔结的第一对国际友城，开启了江苏国际朋友圈。到 2018 年，江苏省已与世界上 60 个国家缔结了 317 对国际友好省州和城市、423 对国际友好交流省州和城市，国际友城数量领跑全国。

江苏构建国际朋友圈的 40 年，是改革开放的 40 年，是合作共赢的 40 年，是辉煌且值得铭记的。江苏国际友城的蓬勃发展，得益于改革开放，并且推动了改革开放。江苏国际朋友圈实现了对全球主要经济体、新兴经济体和区域性大国的全覆盖。江苏省级 35 对友好省州，总面积达 394 万平方千米，总人口有 2.95 亿，经济总量超过 8 万亿美元。江苏积极与“一带一路”沿线国家缔结国际友好城市关系，促进政策沟通、基础设施联通、贸易畅通、资金融通、民心相通，推动经济合作与文化交流。国际朋友圈如同桥梁和纽带，把江苏与世界更加紧密地联系在一起，为江苏扩大对外开放、推动对外互利合作、增进与他国了解和沟通做出了重要贡献。

曾经，连云港街头很少能看到外国人，但随着改革开放的推进，连云港首先于1983年与日本堺市缔结友好城市关系，实现了连云港国际友好城市零的突破。随后，连云港相继与韩国木浦市、新西兰纳皮尔市、澳大利亚吉隆市、俄罗斯伏尔加斯基市、日本佐贺市、西班牙萨瓦德尔市和吉尔吉斯斯坦比什凯克市缔结了友好城市关系，国际朋友圈不断壮大，友城之间的经贸合作和文化交流也日益增加。连云港几乎每年都会赴日开展招商活动，日方相关友城都会给予全方位的支持和帮助。连云港在友城举办过连云港物产展、经贸恳谈会、产业洽谈会、旅游推介会等活动50多次，并邀请日本政界、工商界、文化教育界知名人士来连云港考察交流。20世纪末，连云港重点打造了本土特色文化项目，像徐福文化、水晶文化、江苏女子民族乐团、丝路东方留学等，与友好城市在各个领域开展更加深入的合作与交流。

日本前首相羽田孜的事迹是中日共同推进徐福文化的一段佳话。羽田孜曾多次表示，“他身上有徐福的遗传因子，作为徐福的后代，他感到骄傲，对徐福的老家充满向往……”2002年，羽田孜在中国对外友协相关人员的陪同下访问了赣榆，留下了“日中友好始祖徐福”的墨宝，并种下了象征中日友谊的银杏树，中日友好文化交流开启了新篇章。随着“一带一路”倡议的提出，作为“一带一路”重要节点城市，连云港迎来了巨大的发展机遇。

如今的江苏吸引着世界关注的目光，未来的江苏会以更加开放的胸怀，拥抱更多的国际“朋友”，与友城共同发展。

图 2-2 江苏省国际友好城市 40 周年图片展

注释

(1) **友城** yǒuchéng（名）

释义：友好城市

示例：溧阳市收到日本友城白山市的来信。

(2) **缔结** dìjié（动）

释义：结交，建立（条约、邦交等）

示例：两国首脑在会议厅缔结盟约。

(3) **领跑** lǐngpǎo（动）

释义：带领、引导，作为先驱者引导一种潮流与倾向

示例：改革开放以来，汽车产业一直领跑中国经济。

(4) **共赢** gòngyíng（动）

释义：大家共同获得利益

示例：只有合作，才能实现共赢。

(5) **辉煌** huīhuáng（形）

释义：① 光辉灿烂

示例：节日的广场灯火辉煌。

释义：② 杰出，显著，卓著

示例：我国的航天事业取得了辉煌的成就。

(6) **铭记** míngjì（动）

释义：牢记在心中

示例：老师的谆谆教诲，我们都将铭记在心。

(7) **蓬勃** péngbó（形）

释义：繁荣，旺盛

示例：青少年是祖国的未来，就应该朝气蓬勃、积极向上。

(8) **覆盖** fùgài（动）

释义：遮盖，掩盖

示例：积雪覆盖了整个操场。

(9) **畅通** chàngtōng（动）

释义：毫无阻碍

示例：新修建的公路宽阔平整，汽车行驶起来畅通无阻。

(10) **桥梁** qiáoliáng（名）

释义：① 供铁路、道路、渠道、管线等跨越河流、山谷或其他交通线使用的建筑物

示例：暴雨导致山洪暴发，冲垮了多地的桥梁，淹没了农田。

释义：② 比喻能起到联系作用的人或事物

示例：良好的沟通是化解矛盾的桥梁。

(11) **纽带** niǔdài（名）

释义：指起到联系作用的东西，比喻起联系作用的人或事物

示例：音乐无国界，是沟通的桥梁，是链接世界的纽带。

(12) **贡献** gòngxiàn（名）

释义：对国家或者公众所做的有益的事

示例：科学需要一个人贡献毕生的精力。

(13) **壮大** zhuàngdà（动）

释义：变得强大

示例：广场舞的队伍不断壮大。

(14) **招商** zhāoshāng（动）

释义：用广告、展览等方式吸引商家（投资）

示例：招商引资是这个小县城快速发展的秘诀。

(15) **洽谈** qiàtán（动）

释义：接洽商谈，一般指商业活动中关于商业、商品、买卖的交谈行为

示例：改革开放以来，越来越多的外国商人来我国洽谈生意。

(16) **推介** tuījiè（动）

释义：推荐、介绍

示例：会议室正在举行新产品推介会（推介会就是推广介绍某事物的大会或活动）。

(17) **考察** kǎochá（动）

释义：实地观察调查

示例：农学家到各地考察小麦的种植情况。

(18) **领域** lǐngyù（名）

释义：某一特定的范围或者区域

示例：他的研究成果填补了这个领域的空白。

(19) **佳话** jiāhuà（名）

释义：被传诵的美谈，好的事迹或故事

示例：他舍己救人的事迹在当地被传为佳话。

(20) **墨宝** mòbǎo（名）

释义：珍贵的书法真迹，也可用来尊称别人写的字或画的画

示例：峭壁上留下了历代文人的珍贵墨宝。

(21) **象征** xiàngzhēng（动/名）

释义：① 用具体的事物表达某种特殊意义（动）

示例：橄榄枝象征着和平。

释义：② 用来表达某种特殊意义的事物（名）

示例：橄榄枝是和平的象征。

(22) **胸怀** xiōnghuái（动/名）

释义：① 心中怀揣着（动）

示例：胸怀大志者，不拘小节。

释义：② 胸襟，气度，思想境界（名）

示例：胸怀宽广的人不会斤斤计较。

练习

1．选择下列词语的正确读音。

(1) 共赢

A. gòngyíng　B. gōngyíng　C. gòngyín　D. gōngyín

(2) 辉煌

A. jūnhuáng　B. jūnhuán　C. huīhuáng　D. huīhuán

(3) 畅通

A. chàntōng　B. chàngtōng　C. yántōng　D. yángtōng

(4) 墨宝

A. hēibǎo　B. mōbǎo　C. móbǎo　D. mòbǎo

(5) 遗传

A. yízhuàn　B. yíchuán　C. guìzhuàn　D. guìchuán

2．根据课文内容，选择正确答案。

（1）江苏位于中国哪个区域？

A．中国东部沿海　　B．中国南部沿海

C．中国西部沿海　　D．中国北部沿海

（2）南京的第一对友好城市关系建立是在哪一年？

A．1976　　B．1977　　C．1978　　D．1979

（3）连云港结交的首个友好城市是________。

A．日本佐贺市　　B．日本堺市

C．新西兰纳皮尔市　　D．韩国木浦市

（4）连云港重点打造的本土特色文化项目不包括________。

A．徐福文化　　B．水晶文化

C．江苏女子民族乐团　　D．新东方留学

（5）江苏能够不断壮大朋友圈，得益于________。

A．改革开放　　B．可持续发展

C．人才强国　　D．西部大开发

3．根据课文内容，选择与下列词语意思相近的词语。

（1）得益

A．受益　　B．得到　　C．获得　　D．损失

（2）紧密

A．密切　　B．秘密　　C．紧张　　D．紧迫

（3）相继

A．相互　　B．继续　　C．接踵　　D．断续

（4）日益

A．益处　　B．增加　　C．减少　　D．日渐

（5）骄傲

A．傲慢　　B．自豪　　C．自大　　D．骄横

4．根据课文内容判断正误，对的打✓，错的打×。

1．到2018年，江苏开启国际朋友圈有40多年的历史了。（　）

2．江苏的友好省州，覆盖总面积达394万平方千米，总人口有2.95亿，经济总量超过8万亿美元。（　）

3．江苏利用国际朋友圈扩大对外开放、推动对外互利合作，进一步推

动改革开放。 (　　)

4. 水晶与和田玉都是连云港的特产。 (　　)

5. 连云港与塔吉克斯坦首都建立友好城市关系填补了江苏省在中亚地区友城的空白。 (　　)

5. 根据课文内容填空。

江苏，有着悠久的________，是中国________最发达的省份之一。江苏构建________的 40 年是辉煌且值得铭记的。如今，江苏积极与“一带一路”沿线国家________国际友好城市关系，促进________沟通、________联通、________畅通、________融通、________相通，推动________合作与________交流。国际朋友圈如同________和________，把江苏与世界更加紧密地联系在一起。

6. 讨论题。

随着改革开放的深入，中国在国际上的影响力越来越大，越来越多的中国城市和海外城市结成了友好城市关系。发展友好城市，建立这样的友好关系有什么作用？友好城市之间可以开展哪些活动？人民可以从哪些方面受益？请以你所在的城市或者你熟悉的城市为例展开讨论。

7. 辩论时间。

你认为是否应该在微信朋友圈表达情绪？

有的人认为情绪应该在朋友圈里表达。因为微信朋友圈里都是彼此信赖、相互了解的家人和朋友，他们会愿意分享你的快乐、安慰你的痛苦，所以情绪应该在朋友圈里表达出来。还有的人认为，情绪不应该在朋友圈里表达出来，朋友没有义务成为你的情绪垃圾桶，被迫接受你的坏情绪，所以情绪不应该被写在朋友圈里。你是如何看待这个问题的？请谈谈你的观点。

四、课文三

友好使者——大熊猫

嗨！大家好！我是呆萌可爱的中国国宝大熊猫“武雯”。其实我应该叫猫熊，这是为什么呢？原来在中华人民共和国成立前，重庆北碚博物馆曾经展示过熊猫的标本，在标本前面的说明牌上从左往右横写着：猫熊。可是当时人们的书写习惯是从右往左，所以就错把“猫熊”读成“熊猫”啦！无论是熊猫还是猫熊，都不能影响我们家族八百万年的历史，不能撼动我们中国“活化石”的地位，更不能动摇我们中国与世界各国间“和平使者”的身份。

我的性格开朗大方，最喜欢打滚卖萌，是个人见人爱的乖巧小萌妹。可是，今天我有点儿不开心，因为明天我就要从四川卧龙神树坪基地启程，出国去荷兰住一段时间。听饲养员哥哥说，早在公元685年，我的太太太爷爷和太太太奶奶就被唐朝女皇武则天作为国礼赠送给日本天武天皇，来表示友好。据哥哥说，1957年到1982年间，中国共赠送给9个国家23只大熊猫。我们熊猫凭借著名的“熊猫外交”开创了中国新的外交格局，迎来了中国与外国建交的高峰时代。1982年，中国政府宣布停止向外国赠送大熊猫，大熊猫作为“国礼”的时代结束，改为熊猫租借。不过，这并不影响外国民众对熊猫的狂热。

这次轮到我出国做“外交官”，我是既兴奋又紧张，还有点小忐忑！毕竟是去那么遥远的国外，实在是有点前途未卜的感觉，心里七上八下的。不过还好，我的青梅竹马“星雅”跟我一起去。星雅和我都是2013年8月出生在中国大熊猫研究中心雅安碧峰峡基地的熊猫宝宝。星雅比我大六天，是我的小哥哥。他的脸圆圆的，性格活泼，爱爬树，爱滚坡，胃口也棒棒的！我们都很爱我们雅安的家，这里有美丽的自然风光，有适宜的温度，有我最爱吃的竹子，还有朝夕相处的家人、朋友和精心照料我们生活的饲养员。离开我最爱的亲人和熟悉的环境，去一个陌生的国度，我忍不住地担心：那里的家也温馨，竹子也美味吗？

2017年4月11日下午，我们正式出发啦！我们如约从中国四川飞往荷兰。到达机场，我就被我们的专机惊艳到了！飞机上画了好可爱的熊猫图案和我们的名字，我喜欢我们的专机。飞机上的时光过得很快，吃吃睡睡，还能聊聊天。听星雅说，荷兰雷纳的欧维汉动物园（Ouwehands Dierenpark）花费700万欧元的巨资（约5 300万元人民币），为我们打造了一座“史上最豪华熊猫馆”，总面积有9 000平方米，熊猫生活面积3 400平方米，我们可以尽情撒欢儿了。

看到我们的新家，我惊呆了！红砖墙、琉璃瓦，这是皇宫吗？星雅也不敢相信自己的眼睛。原来这豪华的中式宫殿，还真的是照北京故宫的宫殿风格建造的，就连琉璃瓦都是北京故宫琉璃瓦厂产的，专门被邀请来的中国匠人用他们的独特手艺让这里的一木一瓦都充满了中国的味道，太有家乡的感觉了。这儿不仅有世界上最大的熊猫室内活动区，还有储存食物（竹子）的冷库，熊猫宝宝的卧室、餐厅、产房和诊疗所，这生活环境真是没话讲，简直是熊猫界的天堂啊。本来我还担心会不会水土不服、食欲不振、思念家乡、心情抑郁什么的，没想到我们适应得很呢！住得舒服，吃得更舒服。动物园怕我们吃不惯，准备了 20 多个品种的竹子让我们挑选，最后我们还是觉得荷兰本地竹最原汁原味，鲜美多汁。每天足足的 50 公斤，太过瘾了！悬着的一颗心落地，我们可以放心地开始我们幸福的“熊生”啦！

事实上，为了得到大熊猫，荷兰政府花的可不止是钱，更是花了 15 年的时间，经历了 3 个首相，终于在 2015 年荷兰国王访华的时候，中国答应租借两只熊猫给荷兰，也就是后来的星雅和我（武雯）。为什么外国人这么锲而不舍地想要得到我们呢？因为我们可爱呗！大圆脸，黑眼圈，胖乎乎，毛茸茸，三头身，小短手，小短腿，性情温顺，蠢萌蠢萌，让人没有抵抗力。看看我们在荷兰的待遇，是不是很符合“最萌外交官”的身份呢？

图 2-3　星雅和武雯的专机

图 2-4　星雅和武雯的新家——荷兰超豪华熊猫馆

注释

(1) **呆萌**　dāiméng（形）

释义：形容有点笨、有点傻又很可爱，重点是可爱

示例：妹妹最喜欢的是呆萌的小龙猫。

(2) **标本**　biāoběn（名）

释义：经过处理保持实物原样，供学习、研究时用的动物、植物、矿物等

示例：有人专门收集各种蝴蝶，制成标本，用于收藏和研究。

(3) **撼动**　hàndòng（动）

释义：摇动，震动

示例：蚂蚁岂能撼动大树！

(4) **动摇**　dòngyáo（动）

释义：不稳固，不坚定

示例：在金钱的引诱下，他已有的价值观开始有些动摇。

(5) **基地**　jīdì（名）

释义：作为某种事业基础的地区

示例：四川省成为中国最大的中药材基地。

(6) **启程**　qǐchéng（动）

释义：动身，出发，上路；行程开始

示例：在南京逗留了几天之后，他又启程去上海了。

(7) **凭借** píngjiè（动）

释义：依靠，依仗

示例：他们的成功主要是依仗集体的力量。

(8) **租借** zūjiè（动）

释义：出租，把东西借给别人并且收取一定的费用

示例：游艇可以按小时或按天租借使用。

(9) **忐忑** tǎntè（形）

释义：心神不定

示例：他预感有什么不好的事情要发生，内心忐忑不安。

(10) **前途未卜** qiántú-wèibǔ

释义：对未来难以预测

示例：事业前途未卜，他选择离开陌生的城市，回到熟悉的故乡。

(11) **七上八下** qīshàng-bāxià

释义：形容心里慌乱不安，心神不定

歇后语：十五个吊桶打水——七上八下。

示例：考试成绩就要公布了，小李心里七上八下，生怕自己没考好。

(12) **青梅竹马** qīngméi-zhúmǎ

释义：形容男女小时候天真无邪，一起玩耍

示例：我们是从小一起长大的好朋友，青梅竹马，两小无猜。

(13) **温馨** wēnxīn（名）

释义：温暖，馨香

示例：家，是世界上最温馨的地方。

(14) **惊艳** jīngyàn（动）

释义：看到非常美丽或精彩的事物而感到惊讶，内心有震动

示例：昙花一现，生命短暂，却足以让人惊艳。

(15) **豪华** háohuá（形）

释义：①（生活）铺张，奢侈

示例：那个百万富翁开着豪华轿车。

释义：②（建筑装饰）富丽堂皇，非常华丽

示例：一座座豪华的宫殿，金碧辉煌。

(16) **水土不服** shuǐtǔ-bùfú

释义：对于一个地方的气候条件或者饮食习惯不能适应

示例：旅游时，腹泄可能是因为水土不服，而不一定是细菌感染引起的。

(17) **抑郁** yìyù（形）

释义：心中忧伤，烦闷

示例：他的一生都遭受着抑郁情绪的折磨。

(18) **悬** xuán（动）

释义：① 吊、挂在空中

示例：月亮低悬在天上。

释义：② 没着落，没结果

示例：原来担心的不好的事情没发生，总算松了一口气，悬着的心终于落地了。

(21) **锲而不舍** qiè’érbùshě

释义：不停地刻下去而不停止，比喻有恒心，有毅力

示例：愚公移山，讲的是一种锲而不舍的追求。

练习

1．选择下列词语的正确读音。

(1) 撼动

A. hǎndòng　B. gàndòng　C. hàndòng　D. gǎndòng

(2) 忐忑

A. shàngxià　B. tǎntè　C. shàngtè　D. tǎnxià

(3) 前途未卜

A. qiántú-wèibo　B. qiántú-wèibǔ

C. qiántú-wèibó　D. qiántú-wèibù

(4) 悬

A. xuán　B. xuàn　C. xiàn　D. xiān

（5）锲而不舍

A. qì’érbúshě　　B. qiè’érbúshě

C. qì’érbùshě　　D. qiè’érbùshě

2．选出与画线部分意思相近的选项。

（1）二哈堪称世界上最呆萌的狗了。

A. 又呆又笨　　B. 傻乎乎

C. 傻得可爱　　D. 反应迟钝

（2）哥哥出差，妈妈心里总是七上八下的。

A. 心神不宁　　B. 心安理得

C. 若无其事　　D. 七零八落

（3）姐姐刚到英国的时候，因为水土不服而生了一场大病。

A. 喝不惯当地的水土　　B. 不喜欢当地的土地

C. 不服气当地的水土　　D. 不适应当地的环境

（4）抑郁严重威胁着人们的身心健康。

A. 情绪消沉　　B. 情绪暴躁

C. 情绪激动　　D. 情绪焦虑

（5）我们要学习他工作中锲而不舍的精神。

A. 一曝十寒　　B. 坚韧执着

C. 半途而废　　D. 舍己为人

3．选词填空。

影响	动摇	启程	租借	基地

（1）被称为“齐鲁小江南”的是五洲农业水稻种植________。

（2）战士们连夜________，奔赴救援第一线。

（3）无论多么艰难，也________不了我们的决心。

（4）这座蜡像是从上海杜莎夫人蜡像馆________来的，展期六个月。

（5）受疫情________，许多企业都停工了。

4．根据课文内容，给下列句子排序。

（1）荷兰斥巨资打造了最豪华的熊猫馆。

（2）武雯和星雅很适应荷兰的新环境，开启了新生活。

（3）熊猫，本名“猫熊”，已有八百万年的历史，是罕见的“活化石”。

(4) 熊猫是中国与世界各国间的“和平使者”。

(5) 熊猫被作为“国礼”赠送给别国始于唐朝。

5．讨论题

1．请讲一段话，介绍中国大熊猫，可以从栖息环境、生活习性、生存现状等方面切入。此外，中国的珍稀动物并不少，还有扬子鳄、东北虎等，请你谈谈为什么只有大熊猫成了国宝。

2．每个国家都有自己独特的国宝动物，比如秘鲁有羊驼，俄罗斯有北极熊，澳大利亚有考拉，你们国家的国宝是哪种动物呢？请选择一种你感兴趣的国宝动物介绍一下。

参考答案

课文一

1. (1) A　(2) D　(3) B　(4) C　(5) C

2. (1) B　(2) C　(3) A　(4) A　(5) D

3. (1) ×　(2) ✓　(3) ×　(4) ✓　(5) ×

4.

(1) 特殊：特别，不一样的，与众不同的。

造句：如果没有特殊情况，所有人都要参加运动会。

(2) 繁荣：蓬勃发展，兴旺发达。

造句：祖国繁荣昌盛、长治久安，是每个老百姓的心愿。

(3) 迷茫：因为困惑而不知怎么办。

造句：留北京还是回老家，她不知所措，前途一片迷茫。

(4) 担忧：忧愁，忧虑，放心不下。

造句：儿行千里母担忧。

(5) 见证：见证人或者可以作证据的物品。

造句：历史是最好的见证。

5.

(1) 遣唐使是唐代时日本派遣到中国学习交流的使节团。

(2) 为了学习唐朝的政治、经济和文化。

(3) 嵯峨天皇最喜爱白居易的诗。

(4) 通过熟悉的诗句表达对中国人民遭遇疫情的感同身受，给予心灵上的安慰。

(5) 略

6. 略

课文二

1. (1) A　(2) C　(3) B　(4) D　(5) B

2. （1）A　（2）C　（3）B　（4）D　（5）A

3. （1）A　（2）A　（3）C　（4）D　（5）B

4. （1）×　（2）✓　（3）✓　（4）×　（5）×

5. 历史，经济，国际朋友圈，缔结，政策，基础设施，贸易，资金，民心，经济，文化，桥梁，纽带

6. 略

7. 略

课文三

1. （1）C　（2）B　（3）B　（4）A　（5）D

2. （1）C　（2）A　（3）D　（4）A　（5）B

3. （1）基地　（2）启程　（3）动摇　（4）租借　（5）影响

4. （3）（4）（5）（1）（2）

5. 略

第三章 跳读

一、本章要点

（一）阅读技能：跳读

跳（tiào），越过应该经过的一处而到另一处。跳读，意思是跳跃式的阅读，是专门寻找所需材料的阅读方法。跳读最大的作用就是寻找所需材料，可以从几个步骤：首先，看书的前言、目录、大小标题、后记，对书有个大概的了解；其次，打开书在相应的页码寻找资料；最后，要眼脑并用，精神高度集中，迅速扫描，寻找所需资料。跳读又可分为标题跳读法、语句跳读法、首尾句跳读法、选择跳读法和语法词跳读法等数种。

（二）教学目标

1. 了解来华留学教育的历史和特色。
2. 探讨用第一人称叙事的作用。
3. 掌握跳读的阅读技能，能通过跳读找到自己想要的内容。

（三）教学重点

1. 有关教育的常用词汇和句型。
2. 阅读历史故事，了解中国传统文化。
3. 将第一人称叙事的方式用于写作当中。

二、课文一

海纳百川　兼收并蓄

中华人民共和国成立伊始，教育事业百废待兴。如今，来华留学教育一步一个脚印，已经稳稳地走过了70多年。回顾这一历程，可以简要分为四个发展阶段：1950—1977年是迅速起步阶段；1978—1989年是改革探索阶段；1990—2000年是定位调整阶段；2001年至今是跨越发展阶段。目前，全世界都面临着百年未有之大变局，而中国正凭借着日新月异的发展变化吸引着越来越多的国际人才，依靠着“润物细无声”的悉心教育成就了越来越多的国际人才，仰仗着海纳百川的气度感染着越来越多的国际人才。

来华留学教育作为中国高等教育国际化发展的重要组成部分，是国家战略的重要环节、对外开放的重要内容、国际外交的重要途径。中国已经成为亚洲最大的留学目的地。据统计，2018年共有来自196个国家和地区的492 185名各类外国人员在全国31个省（自治区、直辖市）和新疆生产建设兵团的1 004所高等院校学习，比2017年增加了3 013人（以上数据均不含港、澳、台地区）。其来华留学动机，除了喜欢中国文化和希望了解中国之外，越来越多的留学生是被中国的经济发展速度和先进科技吸引而来。随着留学专业结构的不断优化，以及留学人数的不断增长，“留学中国”这个品牌开始绽放其无与伦比的魅力。

越来越多的外国学生将目光投向了中国，选择到中国留学成为一种潮流。来自尼日利亚的小伙子韩茂宇是一名就读于南开大学国际关系专业的博士生，从2017年到中国留学起，他努力的方向就是“希望能为中尼两国的交流、发展、友谊与合作贡献自己的力量”。来自美国的柯鲁瀚，从对外经济贸易大学硕士毕业后，选择留在中国做了一名视频策划人，他做节目的宗旨就是向外国朋友介绍中国。

越来越多留学生的到来，将有利于树立中国良好的国际形象，能够促进与其他国家多领域的深入合作，更好地传播中国文化、讲好中国故事，为构建人类命运共同体打好坚实的基础。

有朋自远方来，不亦乐乎！中国张开臂膀欢迎更多的外国学生来华学习工作，我家大门常打开！

图 3-1　来自外国的留学生们在畅谈

注释

（1）**兼收并蓄**　jiānshōu-bìngxù

释义：把不同性质的东西吸收、保留下来，比如吸收、招揽人才或事物

示例：我们在学习上要兼收并蓄，博采众长。

（2）**伊始**　yīshǐ（名）

释义：开始，开端

示例：新年伊始，让我们为这些平凡人点赞。

（3）**日新月异**　rìxīn-yuèyì

释义：每天每月都有新的变化。形容发展、变化迅速，不断出现新事物

示例：当今科学技术的发展日新月异。

（4）**润物细无声**

出自唐代诗人杜甫的《春夜喜雨》："好雨知时节，当春乃发生。随风潜入夜，润物细无声。野径云俱黑，江船火独明。晓看红湿处，花重锦官城。"意思是："春雨好像知道时节的需要，到了春天，它就自然地应时而下。随着风在夜里悄然飘落，默默滋润着万物。野外的小路上空乌云密布，只有江上的小船还亮着一盏渔灯。清早观赏被细雨滋润过的春花，繁花开

满了美丽的锦官城。”这是一首描绘并赞美春雨的诗歌。

(5) **成就** chéngjiù（名/动）

释义：① 事业上的成绩（名）

示例：这位科学家希望获得巨大成就。

释义：② 完成（某项事业）（动）

示例：伟大梦想成就伟大事业。

(6) **仰仗** yǎngzhàng（动）

释义：依靠，依赖

示例：此事还仰仗各位的大力支持。

(7) **感染** gǎnrǎn（动）

释义：① 病原体侵入机体，在机体内生长繁殖引起病变

示例：为了预防感染病毒，请戴好口罩。

释义：② 通过语言或行动引起他人相同的想法和行为

示例：她努力学习的行为感染了我。

(8) **战略** zhànlüè（名）

释义：最早是军事方面的概念，现在泛指决定全局的策略

示例：中国实施科教兴国的战略。

(9) **优化** yōuhuà（动）

释义：采取一定措施使变得优秀

示例：公司决定加快产业结构优化升级。

(10) **绽放** zhànfàng（动）

释义：（花朵）开放

示例：春天到了，娇艳的桃花绽放在枝头。

(11) **无与伦比** wúyǔlúnbǐ

释义：事物非常完美，没有能够与它相比的同类事物

示例：奥运冠军回国时受到祖国人民无与伦比的热情接待。

(12) **宗旨** zōngzhǐ（名）

释义：主要的目的和意图

示例：本协会的主要宗旨是促进中国和外国的友谊。

(13) **人类命运共同体**

“人类命运共同体”是一种价值观，习近平总书记说：“人类命运共同

体，顾名思义，就是每个民族、每个国家的前途命运都紧紧联系在一起，应该风雨同舟，荣辱与共，努力把我们生于斯、长于斯的这个星球建成一个和睦的大家庭，把世界各国人民对美好生活的向往变成现实。”

（14）有朋自远方来，不亦乐乎

出自《论语·学而》，意思是：“有志同道合的朋友从远方来，不也很愉快吗？”现在这句话常被用来对远道而来的朋友表示欢迎。

（15）我家大门常打开

出自 2008 年北京奥运会歌曲《北京欢迎你》，下一句是“开放怀抱等你”。

练习

1．选择下列词语的正确读音。

（1）伊始

A．yíshǐ　　B．yīshǐ　　C．yínshǐ　　D．yíshí

（2）脚印

A．jiǎoyìn　　B．jiāoyìn　　C．jiǎoyìng　　D．jiǎoyīn

（3）吸引

A．xīyín　　B．xīyíng　　C．xīyǐn　　D．xīyǐng

（4）途径

A．tújìn　　B．tújīng　　C．tújīn　　D．tújìng

（5）感染

A．gǎnrǎn　　B．gǎnlǎn　　C．gānrǎn　　D．gānlǎn

2．选出与画线部分意思相同的选项。

（1）新年<u>伊始</u>，电视台播放了一档新的谈话类节目。

A．开头　　B．发端　　C．开始　　D．起初

（2）青少年只有刻苦学习，将来才能<u>成就</u>大业。

A．完成　　B．造成　　C．收获　　D．产生

（3）我们不能不<u>仰仗</u>他的设计来完成这项工作。

A．抬头　　B．依靠　　C．仰慕　　D．仰头

（4）我市进一步<u>优化</u>投资环境。

A．优秀　　B．促进　　C．改变　　D．改善

（5）冬天，校园里只有梅花绽放。

A. 露出　　B. 开放　　C. 存在　　D. 生长

3. 选词填空。

感染	战略	优化	宗旨	成就

（1）顾客至上是我们的服务__________。

（2）她乐观的态度__________了我。

（3）我国的航天事业取得了惊世__________。

（4）要想身体好，你必须__________自己的睡眠状态。

（5）互联网升级是国家的一项重要__________。

4. 用汉语解释下列词语并造句。

（1）海纳百川：____________________

____

（2）兼收并蓄：____________________

____

（3）日新月异：____________________

____

（4）无与伦比：____________________

____

5. 根据课文内容判断正误，对的打✓，错的打✕。

（1）从中华人民共和国成立至今，来华留学教育发展了不到70年。（　　）

（2）回顾来华留学教育的发展历程，可以分为四个发展阶段。（　　）

（3）中国已经成为世界最大的留学目的国。（　　）

（4）来中国留学的学生只是被中国文化所吸引。（　　）

（5）来华留学教育的发展能为构建人类命运共同体打好基础。（　　）

6. 根据课文内容回答问题。

（1）请问中国的来华留学教育经历了哪几个发展阶段？

____

（2）在新世纪，中国来华留学教育的特点是什么？

____

（3）2018 年，中国一共接收了多少外国留学生？

____

（4）尼日利亚小伙子韩茂宇来中国学习的目的是什么？

____

（5）中国大力发展来华留学教育有什么好处？

____

三、课文二

独在异乡非异客

我是来自泰国曼谷的巴若水，现在在北京大学对外汉语教育学院汉语国际教育专业读硕士。我学中文已经超过十个年头了。在我十六岁的时候，我所就读的泰国中学规定文科生必须选修第三语言，当时摆在我面前的有日语、法语和汉语三种选择。那时，泰国刚刚兴起“汉语热”，我觉得在未来的中国会有更广阔的市场，学习中文会让我有更多施展拳脚的地方，于是我下定决心要学好汉语。语言学习是一个循序渐进的过程，我很享受学习中文的过程，并且逐渐爱上了这门古老的语言。

2014 年，我参加了在泰国举办的“汉语桥”比赛，虽然由于当时自身水平所限，止步于泰国总决赛，但是我被这个比赛的名称所深深打动——汉语桥。在参加完比赛后，我就决定要好好提升自己的汉语水平，到中国来读书，做中泰文化的使者，为中泰两国的友谊添砖加瓦。

可是当我选择来中国读书时，却遇到了障碍，我的家人们持保守态度，希望我慎重考虑。我努力和家人沟通，告诉他们留学中国的优势，以及未来我的发展规划，终于成功说服家人同意我来中国留学。2016 年，我在北京大学开始了我的本科生活。当我踏上中国的土地时，我就看到了经济飞速发展的中国，看到了热闹繁华的北京，也看到了古典而又活力十足的北京大学校园，我知道我的选择没有错。

在北京大学中文系读书并不是一件容易的事情，这一阶段的中文学习给我留下了深刻印象，也使我得到了莫大的收获，尤其是接触到了《论语》，《论语》里很多思想观念至今还影响着我的生活。《论语》中的“己所不欲，勿施于人”使我变得更加包容、更加大度；“三人行，必有我师焉。择其善者而从之，其不善者而改之”让我变得更加虚心，领悟到任何人、任何事都有值得我学习的地方；“小不忍则乱大谋”让我在最急躁的年龄逐步变得成熟。这些都是只有沉浸在中文学习中才能感悟到的人生哲理。

来到中国后，我大部分时间都待在校园里学习，我惊讶于北京大学学生学习时的拼劲，也受到了他们的影响。和来自中国各地最优秀的文科生一起学习，让我倍感压力。遇到困难时，常常需要自己“扛”，但不能一味“闷扛”，必须时刻有较强的“求生欲”，除了向有经验的师兄师姐请教外，自己也必须花更多的时间去查阅参考资料，具体问题具体分析。通过每天一点一滴的努力，把具体困难一步步解决，把压力化为动力。非常感谢老师和同学对我学习的帮助，尤其是我的本科毕业论文导师，她始终耐心地关注我的论文进度，一遍一遍地提出问题与建议，那个时候觉得自己很辛苦，现在回头看，更加感谢她的耐心与督促，压力虽大，受益更大，“不经一番寒彻骨，怎得梅花扑鼻香”。

图 3-2　北京大学校园一角

在中国的这些年，我从未感到孤独，中国的文化和中国人的生活习惯已经深深影响了我的日常生活。除去专业知识，我更是学会了做事的方法和做人的素质——老实做人、兼容并包、批判思维、不断创新。我已经把中国当成了第二故乡。对中文的热爱是我不断向前迈进的动力，在今后的人生中，中文还要陪伴我走很长很远的路：脚踏实地才能仰望星空。

注释

（1）独在异乡非异客

化用唐代诗人王维的《九月九日忆山东兄弟》中的诗句。全诗为：“独在异乡为异客，每逢佳节倍思亲。遥知兄弟登高处，遍插茱萸少一人。”意思是：“我一个人在他乡漂泊，每逢节日就更加思念亲人。遥想今日兄弟们都在登高望远，插上了茱萸花后发现就少了我一个人。”这是一首抒发怀念亲人、思念家乡之情的诗歌。

（2）施展拳脚 shīzhǎn-quánjiǎo

释义：放开手脚，发挥本领

示例：小王毕业后准备在互联网行业施展拳脚。

（3）循序渐进 xúnxù-jiànjìn

释义：按照一定的步骤、顺序逐渐深入或提高

示例：学习语言必须按照循序渐进的原则。

（4）止步 zhǐbù（动）

释义：停止脚步

示例：工作区域，闲人止步！

（5）慎重 shènzhòng（形）

释义：谨慎认真

示例：请您慎重考虑我提出的建议。

（6）己所不欲，勿施于人

出自《论语·卫灵公》，意思是：“自己不想做的事情，就不要让别人去做。”

（7）三人行，必有我师焉。择其善者而从之，其不善者而改之

出自《论语·述而》，意思是：“三个人同行，其中必定有人可以做我的老师。我选择他好的地方向他学习，他不好的地方就对照自己，改正自己的缺点。”

（8）小不忍则乱大谋

出自《论语·卫灵公》，意思是：“小事不忍耐就会败坏大事。”

(9) **急躁** jízào（形）

释义：性子急，遇到不称心的事情易于激动

示例：你容易急躁吗？

(10) **沉浸** chénjìn（动）

释义：泡在水中，多比喻完全处于某种境界或思想活动中

示例：我们沉浸在春节快乐的气氛中。

(11) **哲理** zhélǐ（名）

释义：关于宇宙和人生的根本原理和智慧

示例：让我们来朗读一下这句富含人生哲理的句子吧！

(12) **具体问题具体分析**

在矛盾普遍性原理的指导下，具体地分析矛盾的特殊性，从而提出解决这一问题的方法。

(13) **督促** dūcù（动）

释义：监督催促

示例：他们正在督促我们迅速做出决定。

(14) **不经一番寒彻骨，怎得梅花扑鼻香**

出自唐代黄蘗（niè）禅师的《上堂开示颂》："尘劳迥脱事非常，紧把绳头做一场。不经一番寒彻骨，怎得梅花扑鼻香。"意思是："要想摆脱尘世间的繁杂事物，并不是一件容易的事情。需要努力紧紧抓住凡尘俗事的由头，大干一场。就如梅花，如果不是经历了一番彻骨的寒冷，它怎么能有如此扑鼻的香味呢。"这首诗用梅花作比喻，鼓励人们要敢于吃苦，不畏艰辛，克服困难，成就事业。

(15) **兼容并包** jiānróng-bìngbāo

释义：把各个方面或各种事物都容纳进去

示例：只有努力探索、虚心求教，才能兼容并包。

(16) **脚踏实地** jiǎotà-shídì

释义：脚踏在地上，形容做事认真踏实

举例：我们做事应该脚踏实地。

练习

1．选择下列词语的正确读音。

（1）循序渐进

A．xúnxù-jiànjīn　　B．xúnxù-jiànjìng

C．xúnxù-jiànjìn　　D．xúnxù-jiànjīng

（2）止步

A．zhǐbù　　B．shàngbù　　C．chǐbù　　D．shǐbù

（3）慎重

A．shènchòng　　B．shèngchóng

C．zhēnzhòng　　D．shènzhòng

（4）沉浸

A．chéngjìng　　B．chénjìn　　C．chéngjìn　　D．chénjìng

（5）督促

A．dūcù　　B．shūcù　　C．dǔcù　　D．chǔcù

2．根据拼音写出成语，并用这些成语造句。

（1）shīzhǎn-quánjiǎo ____________________

____

____

（2）xúnxù-jiànjìn ____________________

____

____

（3）zhǐbù-bùqián ____________________

____

____

（4）jiānróng-bìngbāo ____________________

____

____

（5）jiǎotà-shídì ____________________

____

____

3．请在横线上填写所缺内容。

（1）独在异乡为异客，________________。遥知兄弟登高处，遍插茱萸少一人。

（2）三人行，____________________。

（3）_________________________，其不善者而改之。

（4）尘劳迥脱事非常，紧把绳头做一场。_______________，怎得梅花扑鼻香。

（5）己所不欲，________________。

4．根据课文内容回答问题。

（1）请问巴若水为何要学习汉语？

____

（2）2014年巴若水参加完泰国的“汉语桥”之后，他获得了什么样的感悟？

____

（3）巴若水在决定到中国留学后，遇到了什么困难？他又是如何解决的？

____

（4）课文中这么一段“和来自中国各地最优秀的文科生一起学习，让我倍感压力。遇到困难时，常常需要自己‘扛’，但不能一味‘闷扛’，必须时刻有较强的‘求生欲’”，请问应该如何理解“扛”“闷扛”“求生欲”？

____

（5）说说你对课文最后的一句“脚踏实地才能仰望星空”的理解。

____

5．口语练习。

请说说你为什么要到中国来留学？在留学的过程中，你碰到了什么困难，是如何解决的？你未来的发展规划是什么样的？

6．写作练习。

校园的生活丰富多彩。请以《学校的一天》为题，写一写你在学校的一天是如何度过的。可以选择记叙一天的日常生活，也可以选择特别的一天，写写你参加了什么特别的活动。

四、课文三

孟母三迁

孟子（约公元前 372 年—公元前 289 年），名轲，字子舆，战国时期哲学家、思想家、政治家、教育家，是孔子之后的儒家学派代表人物。孟子宣扬仁政，最早提出了“民贵君轻”的思想，其主要思想就是仁、义、善，被“唐宋八大家”之首的韩愈列为先秦儒家继承孔子正统思想的人物，被后人称为“亚圣”，孔孟之道也被代指儒家学说。

孟子在小时候就失去了父亲，全靠母亲一个人纺纱织布维持家里的生活。她的母亲是一个勤劳而有见识的妇女，希望自己的儿子读书上进，早日成才。最开始的时候，孟子和母亲住在墓地旁边，孟子就和邻居的小孩一起学着大人跪拜、哭号的样子，玩起了办理丧事的游戏。孟子的母亲看到了，皱起眉头，心想：不行！我不能让我的孩子住在这里了！于是孟子的母亲就带着孟子搬到了市集旁边去住。到了市集，孟子又和邻居的小孩学起商人做生意的样子：一会儿鞠躬欢迎客人、一会儿招待客人、一会儿和客人讨价还价，学得像极了！孟子的母亲知道了，又皱起了眉头，心想：这个地方也不适合我的孩子居住！于是，他们又搬家了。这一次，他们搬到了学校附近，学校的老师和学生们行礼跪拜，互相礼貌相待，孟子也跟着学，变得懂礼仪、守规矩，也喜欢上了读书。到这个时候，孟子的母亲很满意地点着头说：“这才是我儿子应该住的地方呀！”于是他们就定居在了这个地方，孟子也自此开始勤奋学习，有了其后的一番成就。

在一个人的成长过程中，母亲扮演着重要的角色。家长是孩子的启蒙老师，吃饱穿暖之外，还要言传身教，给孩子提供良好的成长环境。俗话说，“近朱者赤，近墨者黑”，我们每个人都会或多或少地受周围的人的言行影响，孩子在幼儿时期模仿力最强，所以我们应该给他们良好的生活环境。古人教导我们要与圣人为伍，远离琐碎之事和卑鄙小人，如此才能有所成就，说的也是这个道理。

孟子的母亲克勤克俭、含辛茹苦，为了培养孟子，几次搬家，对子女教育从不放松，不仅成就了孟子，更为后世的母亲们留下了一整套教育方法，她本人也成为名垂千秋的模范母亲，在中国历史上受到普遍尊崇。黎民百姓传颂她的故事，文人学士为其著书立传，达官显贵、孟氏后代族人为其树碑修祠，后人把她与宋代文学家欧阳修的母亲、“精忠报国”的岳飞的母亲以及晋代名将陶侃的母亲列为历史上母亲的典范，并称中国“四大贤母”，而且将其列于“四大贤母”之首。

孟母三迁这则故事告诉我们：良好的生活环境对于孩子的成长和学习是非常重要的，环境有时候可以帮助一个人，有时候也可以毁掉一个人，我们在教育孩子的过程当中，一定要重视良好环境的塑造。

图 3-3　孟母带着孟子搬家

注释

（1）**轲**　kē（名）

古代的一种车。

（2）**字**　zì（名）

古人认为，在成年之后平辈之间称名不礼貌，于是就在本名以外起表示德行或本名意义的名字用来称呼，称为“字”。

（3）**舆**　yú（名）

车或轿子。

（4）**民贵君轻**　mínguì-jūnqīng

孟子提出的社会政治思想，意思是：从国家的立场来看，人民是基础，人民比君王重要。

(5) **继承** jìchéng（动）

释义：泛指把前人的作风、文化和知识等接受过来

示例：他继承了一笔高达百万的遗产。

(6) **正统** zhèngtǒng（名）

释义：泛指学派、党派等一脉相传的嫡派

示例：他的观念与正统观念格格不入。

(7) **亚圣** yàshèng（名）

亚是“次一等”的意思。亚圣指道德和才智仅次于至圣的人。

(8) **维持** wéichí（动）

释义：保护，保持，使继续存在

示例：工作人员正在会场上维持秩序。

(9) **跪拜** guìbài（动）

释义：旧时一种礼节，跪在地上磕头

示例：跪拜是中国古代最主要的礼节之一。

(10) **鞠躬** jūgōng（动）

释义：弯身行礼

示例：毕业典礼后，小张向班主任周老师鞠躬道别。

(11) **讨价还价** tǎojià-huánjià

释义：买卖东西或者谈判时双方对所提条件斤斤计较，反复争论

示例：小商品市场上，卖家和买家正在讨价还价。

(12) **启蒙** qǐméng（动）

释义：使初学者得到基本入门的知识

示例：《格林童话》是我的启蒙读物。

(13) **言传身教** yánchuán-shēnjiào

释义：一边口头上传授，一边行为上以身作则，言语行为都起模范作用

示例：王教练对队员们言传身教，使球队水平提高得很快。

(14) **近朱者赤，近墨者黑**

接近朱砂就变红，接近墨色就变黑。比喻接近好人可以使人变好，接近坏人可以使人变坏。指客观环境对人有很大影响。

(15) **琐碎** suǒsuì（形）

释义：细小而繁多

示例：我不能为这些琐碎的事去麻烦他。

(16) **卑鄙** bēibǐ（形）

释义：（语言、行为）恶劣，不道德

示例：偷窃是一种卑鄙的行为。

(17) **克勤克俭** kèqín-kèjiǎn

释义：既能勤劳，又能节俭

示例：小两口克勤克俭，生活很幸福。

(18) **含辛茹苦** hánxīn-rúkǔ

释义：经受艰辛困苦

示例：她含辛茹苦地把孩子养大。

(19) **名垂千秋** míngchuí-qiānqiū

释义：好名声永远流传

示例：这些为祖国牺牲的人将名垂千秋。

(20) **尊崇** zūnchóng（形）

释义：尊敬推崇

示例：他是一位受人尊崇的学者。

(21) **黎民百姓** límín-bǎixìng

释义：普通老百姓

示例：这个政策将造福黎民百姓。

(22) **传颂** chuánsòng（动）

释义：辗转传布颂扬

示例：全村人传颂着他英勇救人的事迹。

(23) **达官显贵** dáguān-xiǎnguì

释义：古代职位高而声名显赫的官员

示例：达官显贵们聚集在一起。

练习

1．写出下列字的正确读音。

(1) 轲 ________________

（2）舆 ________________

（3）嚎 ________________

（4）祠 ________________

（5）侃 ________________

2．选择下列词语的正确读音。

（1）继承

A．jìchén　B．jǐchéng　C．duànchéng　D．jìchéng

（2）鞠躬

A．juégōng　B．júgōng　C．jǘgōng　D．jūgōng

（3）启蒙

A．qǐméng　B．qǐmén　C．qìméng　D．qìmén

（4）卑鄙

A．pēipì　B．bēipì　C．bēibì　D．pēibì

（5）尊崇

A．zūnchóng　B．zūnzhòng　C．zūncóng　D．zūnzòng

3．选出与画线部分意思相同的选项。

（1）我们要继承和发扬艰苦奋斗的作风。

A．经受　B．承认　C．承袭　D．接着

（2）为了维持增长，这家公司加大了产业投入。

A．保持　B．维护　C．保护　D．维修

（3）家长对自己的孩子应该言传身教。

A．言听计从　B．上行下效

C．以身作则　D．现身说法

（4）她从不在乎这些琐碎的事。

A．破碎　B．粉末　C．破坏　D．细小而繁琐

（5）总统受到大家的尊崇。

A．羡慕　B．尊敬和崇拜　C．妒忌　D．崇大

4．补全下列成语并造句。

（1）言传__________

____

____

（2）__________克俭

____

____

（3）名垂__________

____

____

（4）__________显贵

____

____

（5）__________茹苦

____

____

5．根据课文内容，选择正确答案。

（1）中国古代有两个著名的大学问家，人称“孔孟”，其中“孟”指的是________，名叫__________。

A．孟子　孟舆　　　　B．孟获　孟舆

C．孟子　孟轲　　　　D．孟舆　孟轲

（2）孟子是什么时候的哲学家、思想家、政治家、教育家？

A．战国时期　　　　B．春秋时期

C．商朝　　　　D．秦朝

（3）孟母总共搬了三次家，第一次住在____________，第二次住在__________，第三次住在____________。

A．市场旁　墓地旁　学校旁　　　　B．墓地旁　市场旁　学校旁

C．学校旁　市场旁　墓地旁　　　　D．学校旁　墓地旁　市场旁

（4）孟母三次搬迁的原因是什么？

A．为了找到舒适的房子

B．为了找到便宜的房子

C．为了给孟子一个良好的居住环境

D．为了给孟子一个安静的居住环境

（5）对这篇课文主要内容的概括，下列哪个词语最恰当。

A．事不过三　B．知错就改　C．知子莫如母　D．择邻而居

6．观点讨论题。

有些人觉得孟母三次搬家是为了给孩子的成长提供良好的学习环境；而另外一些人则觉得孟母是没事瞎折腾，孩子的成才在于个人的努力，和外在环境没有任何的关系。那么你觉得孟母三次搬家有必要吗？说说你的理由。

7．写作练习。

母亲是世界上最伟大的人！是母亲把我们带到这个世界上来，她默默地照顾着我们，给予我们无私的爱。请以《我的母亲》为题，写一篇作文。你可以写妈妈的外貌，可以写妈妈对你的爱，也可以写妈妈的一种品质（比如勤劳）。

参考答案

课文一

1.（1）B　（2）A　（3）C　（4）D　（5）A

2.（1）C　（2）A　（3）B　（4）D　（5）B

3.（1）宗旨　（2）感染　（3）成就　（4）优化　（5）战略

4.

（1）海纳百川：大海容得下成百上千条江河之水。比喻包容的东西广泛且数量大。

造句：大海孕育了智利人民海纳百川的胸怀。

（2）兼收并蓄：把不同性质的东西吸收、保留下来。比如吸收、招揽人才或事物。

造句：对古代文化遗产要批判继承，不能兼收并蓄。

（3）日新月异：每天每月都有新的变化。形容发展、变化迅速，不断出现新事物。

造句：现代科技日新月异，探索火星已经不是梦想。

（4）无与伦比：事物非常完美，没有能够与它相比的同类事物。

造句：这位作家的写作才华无与伦比。

5.（1）×　（2）✓　（3）×　（4）×　（5）✓

6.

（1）中国的来华留学教育分为四个发展阶段：1950—1977 年是迅速起步阶段；1978—1989 年是改革探索阶段；1990—2000 年是定位调整阶段；2001 年至今是跨越发展阶段。

（2）日新月异的变化，润物细无声的教育，海纳百川的气度。

（3）一共接收了 492 185 名各类外国人员。

（4）韩茂宇来中国是希望能为中尼两国的交流、发展、友谊与合作贡献自己的力量。

（5）中国发展来华留学教育有利于树立中国良好的国际形象，能够促进与其他国家多领域的深入合作，更好地传播中国文化、讲好中国故事，为构建人类命运共同体打好坚实的基础。

课文二

1.（1）C （2）A （3）D （4）B （5）A

2.

（1）施展拳脚

造句：这位 19 岁的高中毕业生准备在电竞领域施展拳脚。

（2）循序渐进

造句：做事要循序渐进，否则欲速则不达。

（3）止步不前

造句：我们不能因为这次失败而止步不前。

（4）兼容并包

造句：这部百科全书真是兼容并包，科学技术、文化教育、历史地理等知识应有尽有。

（5）脚踏实地

造句：经过这次考试，我才知道复习要脚踏实地，不能临时抱佛脚。

3.

（1）每逢佳节倍思亲

（2）必有我师焉

（3）择其善者而从之

（4）不经一番寒彻骨

（5）勿施于人

4.

（1）因为他觉得中国会有更广阔的市场，学习中文会让他有更多施展拳脚的地方。

（2）他决定要好好提升自己的汉语水平，到中国来读书，做中泰文化的使者，为中泰两国的友谊添砖加瓦。

（3）他的家人们持保守态度，希望他慎重考虑。他努力和家人沟通，告诉他们留学中国的优势，以及未来他的发展规划，终于成功劝说家人同意他来中国留学。

（4）遇到困难除了向有经验的师兄师姐请教外，自己也必须花更多的时间去查阅参考资料，具体问题具体分析，通过日常一点一滴的努力把具体困难一步步解决，把压力化为动力。

（5）略

5. 略

6. 略

课文三

1. （1）kē　（2）yú　（3）háo　（4）cí　（5）kǎn

2. （1）D　（2）D　（3）A　（4）C　（5）A

3. （1）C　（2）A　（3）C　（4）D　（5）B

4.

（1）言传身教

造句：老父亲对我言传身教，让我在潜移默化中懂得了做人的道理。

（2）克勤克俭

造句：如果不能克勤克俭地持家，万贯家财也会被耗尽。

（3）名垂千秋

造句：这些英雄在战场上英勇杀敌、保家卫国，他们一定会名垂千秋，英名永存。

（4）达官显贵

造句：这个文人很有骨气，不屑结交那些达官显贵。

（5）含辛茹苦

造句：小明很小就没有了爸爸，是他的妈妈含辛茹苦地养育他长大。

5. （1）C　（2）A　（3）B　（4）C　（5）D

6. 略

7. 略

第四章 查读

一、本章要点

（一）阅读技能：查读

查读是一种带有明确的目的性、带着问题寻找答案的阅读方法，具有很高的实用价值。查读的主要目的是在大量文字资料中找到具体信息或有用信息。查读的目的单一明确，一般采取快速扫视的办法，牢记关键词，明确查找目标，一目数行地快速扫读文章，果断跳过与目标信息或者文字无关的内容，一旦找到关键词，则开始仔细阅读其前后文，获取所需信息。在日常生活中，查读是最为常用的阅读技巧之一，常用于查读报刊、字词典、通知、告示等，也可以用于查读时刻表、节目单、菜单、地图等实用资料。

（二）教学目标

1. 了解东西方文化的异同，避免跨文化交际中的误会。
2. 了解江苏悠久的历史和灿烂的文化。
3. 掌握查读的阅读技能，能通过查读找到文章中的具体信息。

（三）教学重点

1. 有关文化历史的常用词汇和句型。
2. 能用中文流利地讲述并解决跨文化交际活动中的常见问题。
3. 古代诗词的理解和表达。

二、课文一

茶与咖啡——一场东西方文化的浪漫邂逅

茶和咖啡，你好哪一口？

众所周知，茶与咖啡是世界上非常普及的两种饮料，都有醒脑提神的作用，所以深受人们青睐。虽然二者都味苦，但苦后会回甘。起源不同的茶和咖啡代表着东方和西方的饮食文化，在各自的文化领域内形成了独具特色的文化系统。

茶起源于中国，茶的历史源远流长，迄今已有四五千年的历史了。东汉时期成书的《神农本草经》中记载："神农尝百草，一日遇七十二毒，得茶而解之。"茶最早被人们认识是作为解毒治病的药。之后，茶才慢慢转变成日常饮品。茶在唐朝兴，在宋朝盛，在明清时期普及。隋唐时期，茶业日渐兴盛，茶走入了寻常百姓家，来客奉茶、以茶待客渐渐成为传统。也就是在此时，诞生了中国第一部也是世界现存最早的茶文化专著《茶经》。在《茶经》中，"茶圣"陆羽记载了茶的起源、品种、茶具，总结了许多制茶和饮茶的经验。茶的作用从满足人类解渴的生理需要逐步发展成满足人类社会心理的需要。喝茶慢慢变成一种精神上的享受。人们通过赋予茶精神层面的意味和崇高的精神属性，发展出了富含哲理并且内涵越来越丰富的茶文化，甚至还发展了一套包括茶礼、茶德、茶道、茶宴、茶禅、茶食等的一系列茶文化活动。茶文化博大精深，随着时间的流逝而沉淀，承载着中国的文化元素，渗透进中国人生活的方方面面。中国有句谚语：开门七件事——柴、米、油、盐、酱、醋、茶。茶在生活中的重要性由此可见一斑。

从"茶"字构成来看，人在草木之间；茶生于天地之间，吸天地之精华，人饮茶，便是吸天地和草木之精华。饮茶品茶的过程，就是人与自然融为一体的感悟过程。茶的苦后回甘，像极了中国人"苦尽甘来"的信念。只有吃过苦，吃尽苦，才有成功的甘甜，这就是人生奋斗的真谛。公道杯里的茶汤，是否也能映照人心的公正不阿、不失偏颇呢？饮茶的过程被赋予了丰富的内涵和意义，这个过程就是净化心灵、教人“悟道”的过程。有客来，奉上一壶好茶，既体面又富含东方韵味，茶是增进沟通的桥梁。上至帝王将相，下至平民百姓、文人墨客，无一不以茶为好。茶客的选择也很丰富，有绿茶、黑茶、白茶、黄茶、乌龙茶以及各种花茶等。不同地方也发展出了各种具有地域特色的饮茶方式，比如北京的大碗茶，无锡的元宝茶，湖南安化的状元茶，成都的盖碗茶，广州的早茶，潮汕的工夫茶，西藏的酥油茶，等等。

咖啡也不仅仅是一种饮料，咖啡虽然诞生于非洲，却兴盛于欧洲和美洲，是西方人生活中不可或缺的元素，蕴含着丰富的文化内涵，是西方文化的象征。虽然咖啡象征着热情洋溢、优雅浪漫、方便快捷、享受生活，但是人们喝咖啡似乎更在意环境和情调。尤其是 21 世纪以来，咖啡馆成为人们重要的社交、休闲、聚会场所，咖啡馆文化也随之应运而生。人们喜欢在咖啡馆沟通交流、学习思考甚至商务谈判，咖啡馆早已不仅仅是喝咖啡的地方了，还可以办宴会、布展台、举办各类沙龙。就着咖啡迷人的浓香，人们谈政治、聊人生、构思作品、寻找灵感。咖啡氤氲的香气让人陶醉，咖啡因总能刺激人类迟钝的细胞，让它们活跃，让神经兴奋起来。工作场合，咖啡与效率如影随形、难舍难分。咖啡就是自在、悠闲的代名词，能与友人在咖啡馆闲聊半天或是独自在咖啡馆沉思，是人间一大幸事。

茶和咖啡传承的是两种完全不同的文化和生活方式。伴随着全球化进程的推进，茶与咖啡已经不再受地域的限制，可以为全世界各地的人们所品鉴。全球经济一体化让不同地域的不同文化符号产生了交集。现如今，茶与咖啡都是人们日常生活中无法替代的重要饮品。无论是在家里还是在各种社交场合，咖啡散发出的馥郁香气令人沉醉。咖啡正在被越来越多的中国人接受，像知名咖啡品牌星巴克、瑞幸都大批量进入了中国市场，而茶也在中国以外受到不同国家、不同人群的喜爱。在这个百花齐放、百家争鸣的文化外交时代，茶文化与咖啡文化在相互碰撞中也诞生出了全新的呈现方式，遍地开花的新式奶茶店不就展示了这两种文化融合的无穷魅力吗！

图 4-1 茶和咖啡

注释

(1) **邂逅** xièhòu（动）

释义：偶然遇见

示例：没想到在街上邂逅了分别十多年的老同学，真是太巧了！

(2) **好** hào（动）

释义：喜爱，与恶（wù）相对

示例：我们要勤奋，不要好吃懒做。

(3) **甘** gān（形）

释义：味道甜，与苦相对

示例：她最爱家乡甘甜的泉水。

(4) **《神农本草经》**

《神农本草经》成书于汉代，是中医四大经典著作之一，是已知最早的中药学著作。上面记载了 365 种药物的疗效，多数真实可靠。

(5) **奉茶** fèngchá（动）

释义：有客人来访时，端茶献上，表达敬意，是一种待客之道

示例：有客人来，奉上一杯热茶，是我们的传统习俗，看似简单的奉茶，却有多层含义。

(6) **茶道** chádào（名）

释义：烹茶饮茶的艺术

示例：茶道在中国有着悠久灿烂的历史。

(7) **禅**　chán（名）

释义：排除杂念，静坐

示例：品茶如参禅。

(8) **渗透**　shèntòu（动）

释义：① 气体或液体从细小空隙中透过、渗入

示例：雨水渗透进了泥土。

释义：② 比喻一种事物或势力逐渐进入其他方面（多用于抽象事物）

示例：我们平淡的生活中一点一滴都渗透着伟大的母爱。

(9) **可见一斑**　kějiànyībān

释义：比喻见到事物的一小部分就能推知事物的整体

示例：雕像栩栩如生，根根发丝清晰可辨，雕刻师的手艺可见一斑。

(10) **苦尽甘来**　kǔjìn-gānlái

释义：比喻艰苦的日子过去了，美好的日子来到了

示例：困难终将过去，努力的人必定苦尽甘来。

(11) **真谛**　zhēndì（名）

释义：真实的意义或道理

示例：中庸之道才是为人处世的真谛。

(12) **公道杯**　gōngdàobēi（名）

释义：用来盛放泡好的茶汤，起到中和、均匀茶汤的作用的杯子

示例：茶艺师带着公道杯、茶漏、茶夹来到茶桌前，开始为大家沏茶。

(13) **公正不阿**　gōngzhèngbù'ē

释义：公平正直，不曲意迎合

示例：包拯是个公正不阿、黑白分明的名臣，所以深受人们敬爱。

(14) **失偏颇**　shīpiānpō

释义：又作“有失偏颇”。控制不住地偏向某一方面，有失公允，就是偏颇不公正

示例：你戴着有色眼镜看问题，有失偏颇。

(15) **帝王将相** dìwángjiàngxiàng

释义：皇帝、王侯及文臣武将，泛指统治阶级的上层人物

示例：无论帝王将相，还是平民百姓，谁也不能长生不老。

(16) **不可或缺** bùkě-huòquē

释义：不可缺少，形容非常重要

示例：勇攀高峰的精神是取得成功所不可或缺的。

(17) **应运而生** yìngyùn' érshēng

释义：顺应某种形势而产生

示例：随着电脑和互联网的普及，网络课堂应运而生。

(18) **氤氲** yīnyūn（形）

释义：形容烟云弥漫的样子

示例：雨后的庐山，仙气氤氲，有一种不同寻常的美。

(19) **迟钝** chídùn（形）

释义：（感官、思想、行动等）不灵敏，反应慢

示例：感冒药让她的反应迟钝了许多。

(20) **如影随形** rúyǐngsuíxíng

释义：像影子跟着身体一样，形容关系亲密不能分离

示例：无论他走到哪儿，他的狗都如影随形。

(21) **传承** chuánchéng（动）

释义：传授和继承

示例：我们应该传承祖国优秀的传统文化。

(22) **品鉴** pǐnjiàn（动）

释义：欣赏鉴定

示例：品鉴红酒是他闲暇时最大的乐趣。

(23) **百家争鸣** bǎijiā-zhēngmíng

释义：指春秋战国时期不同学派的涌现和各流派争芳斗艳的局面

示例：文艺创作就应该百家争鸣，百花齐放。

练习

1．选择下列词语的正确读音。

（1）邂逅

A．jiěgòu　　B．jiěhòu　　C．xiègòu　　D．xièhòu

（2）茶禅

A．cháchán　　B．chádān　　C．cháshàn　　D．chádàn

（3）偏颇

A．biǎnpǒ　　B．biǎnpō　　C．piānpǒ　　D．piānpō

（4）氤氲

A．yīngwēn　　B．yīngyūn　　C．yīnyūn　　D．yīnwēn

（5）品鉴

A．pǐngjiàn　　B．pǐnjiàn　　C．pǐngqiān　　D．pǐnqiān

2．根据课文内容，选择正确答案。

（1）茶起源于哪个国家？

A．印度　　B．中国　　C．斯里兰卡　　D．巴西

（2）第一部最完整最全面介绍茶的专著是________。

A．《茶谱》　　B．《茶论》　　C．《茶经》　　D．《茶序》

（3）茶文化活动一般不包括________。

A．茶汤　　B．茶宴　　C．茶禅　　D．茶食

（4）开门七件事是哪七件？

A．赤橙黄绿青蓝紫　　B．琴棋书画酒诗花

C．琴棋书画酒诗茶　　D．柴米油盐酱醋茶

（5）咖啡诞生于________。

A．欧洲　　B．美洲　　C．非洲　　D．亚洲

3．将下列词语排列成句。

（1）是　两种　世界上　普及的　茶与咖啡　饮料　非常

____。

（2）第一部　中国　是　茶　文化　《茶经》　专著

____。

（3）沟通　茶　增进　是　桥梁　的

____。

（4）咖啡馆　随之　文化　也　应运而生

____。

（5）展示 两种　了　这　奶茶店　文化　无穷　融合　的　魅力

____。

4．根据课文内容填空。

茶与咖啡是人们喜爱的________的饮料。________不同的茶和咖啡代表了东西方不同的________。茶起源于中国，迄今为止有________的历史了。茶最早被人们认识是作为解毒治病的________。到了隋唐时代，茶业日渐兴盛，茶才走入______家。茶的苦后回甘，象征着中国人“________”的信念。

5．选词填空。

好	渗透	传承	品鉴	邂逅

（1）没想到今日在火车上________了十年未遇的老校友，我喜出望外。

（2）他________喝酒，因为喝酒，没少误事。

（3）两岸师生开展了茶道茶诗________会。

（4）勤俭节约的思想已经________进他生活的每一个角落。

（5）中华民族的传统美德值得________和发扬光大。

6．讨论题。

你更喜欢喝茶还是咖啡呢？茶和咖啡都具有抗氧化的作用，可以延缓人体衰老。茶叶中的茶多酚不仅具有抗氧化能力，还具有抗肿瘤、抗辐射、抗高血脂、防治动脉粥样硬化和抗病毒等药理学作用；而咖啡中的主要抗氧化成分是绿原酸，绿原酸除了具有抗氧化作用外，还具有保肝利胆、降血压、降血脂的功能。你会怎么选择呢？

7．说一说。

（1）请介绍一种你们国家的流行饮品。

（2）请选择一种你熟悉的中国茶介绍一下。

（3）请选择一种你喜欢的咖啡介绍一下，并说明为何喜欢。

（4）奶茶到底是什么？它是一种健康饮品吗？

（5）你觉得饮料和白开水哪种更好？为什么？

三、课文二

“有空来坐坐”

不同文化背景之下的风俗习惯迥异，我们习以为常的许多行为准则换个地方就不适用了！让我们通过三个跨文化交际的小故事来了解一下中西方文化的差异吧！

场景一：有空来坐坐

我是大卫，一名来自美国的外教。因为从小对中国食物的热爱，我一直都有一个中国梦——希望能有机会来中国工作生活。半年前，我终于如愿以偿，从佛罗里达来到了江苏，成为一名外教，开始了我的圆梦之旅。

我的中国同事对我很照顾，给了我很多帮助，但是有一点我很困惑。他们总是对我说：“有空来坐坐。”可是半年过去了，我都没有机会去谁家坐坐。这天下午，小杨又对我说：“大卫，欢迎你来家里坐坐，尝尝我新买的茶叶！”我一听来劲了，中国茶是我的最爱呢！可是小杨说完却没有了下文，我怎么好意思主动要求去她家品茶呢？类似的情况有好几次了，其他同事也会说，“有空来坐坐，没空就打电话聊”。可是没有人真正邀请我去他家里呢！真让人苦恼。

终于有一天，我忍不住拉着小杨说了这个困惑。没想到小杨也有同样的疑惑：为啥我既没给她打过电话，也没去过她家。原来在中国，亲朋好友之间串门是很平常的，不需要郑重其事。而在美国没有这个习惯，一年内只有重大节日，家人朋友才会到家里聚一聚。平时有事，一般都会提前约定时间，没有预约就直接上门是非常不礼貌的行为，就算打电话闲聊也是占用别人的私人时间，会打扰到别人的生活。

特别提醒：如果有心邀请别人来家里坐坐的话，要主动告知时间和地址。

场景二：到底谁买单？

我来到塔斯马尼亚两个月了，一直在适应当地的气候和食物。来自中国福建的女孩菲菲是塔斯马尼亚大学的留学生，她给了我很多帮助，也介绍了一些朋友给我认识。第一次和她们出去吃饭，我抢着把钱付了。她们有些迟疑，说应该“AA”，可是我早就养成了有什么就和别人分享、吃饭抢着买单的习惯，让我“AA”，反而觉得会伤朋友情分。

11 月，菲菲过生日，邀请我和她的朋友们去当地最贵的华人餐厅小聚。我的理解是，她要请我吃饭，给她庆祝生日。我有点受宠若惊，这是我第一次参加这样的聚会，我精心准备了一份生日礼物，开开心心地去餐厅。菲菲打扮得很漂亮，忙着招呼陆陆续续来到餐厅的客人。时间差不多到了晚上六点半，餐厅的两张大圆桌几乎坐不下了，可是迟迟不见上菜。我觉得很奇怪，想问问这是什么情况？难道这个聚会不是像中国的生日宴一样是主人提前备好菜等候客人的到来吗？可周围都是我不认识的人，也就没好意思开口。终于等到七点了，有人拿起菜单开始点菜，我有点不悦，这么晚了才点菜啊，都快饿死了！不对啊，为什么是客人点菜呢？我更迷惑了。后来我才搞明白，原来所谓的聚会就是大家各点各的菜，各吃各的，各自为各自的餐食买单，与平时不同的是，大家同坐一张桌子而已。虽然大家吃得热热闹闹，聊得热火朝天，我心里却有些不舒服，不过吃个饭而已，大家怎么算得那么清楚，再说聚会前也没跟我说要“AA”啊！

随着相处的时间越来越久，慢慢地我对“AA”有了更多的理解。“AA”不是我理解中的不近人情，反而是更轻松可行的相处模式。当大家都愿意遵守“AA”的规则时，这种方式更经济实惠，大家不用花费时间和精力去考虑人情债，省钱、省力还省心，何乐而不为呢？

特别提醒：参加聚会一定要提前问清楚聚会费用的分摊规则，避免不必要的尴尬。

场景三：什么时候说再见？

我在中国留学有两年了，在学习和与各国留学生交往的过程中，我遇到了很多自己之前都从未想到过的跨文化交际的细节问题，时间观念就是其中之一。不同国家的人的时间观念大相径庭。

记得那是圣诞节前几天的一个周末，我们几个留学生相约去中国朋友小冉家小聚，时间是周六晚上六点。我和同样来自美国的朋友杰克为小冉准备了一瓶红酒和一束鲜花，准时到达小冉家。小冉给我们倒上了一杯她特调的鸡尾酒，我们一边愉快地聊圣诞节的计划，一边等来自法国的糯米和来自瑞士的桑杰欧带来最有瑞士特色的火锅——芝士火锅（cheesefondue）。

七点过后，两人姗姗来迟。接下来的一个小时，我们一起架火锅、切蒜片，用白葡萄酒融化格律耶尔和爱蒙塔尔芝士，准备用来蘸裹芝士的经典面包块、火腿、土豆和胡萝卜。几乎八点半，一切妥当，终于可以开吃了。本身就美味的食材再裹上芝士一起食用，芝士的咸香加上白葡萄酒的酒香，真是我吃过的最地道的瑞士火锅，不愧是瑞士国菜，不枉我们等了那么久。

图 4-2　瑞士芝士火锅

久闻欧洲人享受慢生活，今天算是见识到了。品尝完美味的芝士火锅，都晚上 11 点多了。从酒换成茶，将聊天进行到底。看到小冉已经哈欠连天，杰克一脸倦容，于是我提议收拾碗碟。可是糯米和桑杰欧依然精神得很，幽默笑话一个接一个。我也有点吃不消了，当时钟敲响 12 点的时候，我找了一个不怎么完美的借口离开了小冉家。据说那晚上聚会凌晨 1 点多才结束，这个时间节奏真是跟不上，不过欧洲人的精力之充沛也让我不得不佩服啊！

特别提醒：对于守时这个问题，不同国家有不同的习惯，理解和尊重对方的社会习惯就好。

全球一体化进程的加速使得越来越多的人选择出国留学、经商或旅游。各国之间的文化交流必不可少，只有了解别国文化，才能减少跨文化冲突，实现文化融合。

注释

(1) **迥异** jiǒngyì（形）

释义：完全不同，相差很远

示例：性格迥异的两个人怎么能那么和谐地生活在一起呢？

(2) **习以为常** xíyǐwéicháng

释义：经常做某事或者经常看到某种现象，便觉得很平常了

示例：她对整天忙忙碌碌的生活早已习以为常。

(3) **如愿以偿** rúyuàn-yǐcháng

释义：按照所希望的那样得到满足，指愿望得以实现

示例：她终于如愿以偿，过上了自己梦想的生活。

(4) **困惑** kùnhuò（形）

释义：感到疑难，不知道该怎么办

示例：青少年成长过程中免不了会对人生感到困惑。

(5) **来劲** láijìn（形）

释义：① 有劲头儿

示例：他越说越来劲，停不下来了。

释义：② 使人振奋

示例：看着我们取得的成绩，真来劲。

(6) **苦恼** kǔnǎo（形）

释义：痛苦烦恼

示例：这道解不出来的题让他苦恼了好几天。

(7) **郑重其事** zhèngzhòng-qíshì

释义：形容对待事情非常认真严肃

示例：爸爸郑重其事地对我说，一定要好好学习。

(8) AA

释义：指平均分担所需要的费用，通常用于饮食聚会或者旅游等场合

示例：这次旅游的费用我们AA吧，各付各的，大家都没负担！

(9) **买单** mǎidān（动）

释义：结账

示例：请去前台买单。

(10) **受宠若惊** shòuchǒng-ruòjīng

释义：受到过分的宠爱待遇而感到紧张不安

示例：谢谢你的赞赏，我受宠若惊。

(11) **陆陆续续** lùlùxùxù

释义：前后相继，时断时续

示例：观众陆陆续续进了电影院。

(12) **不悦** bùyuè（形）

释义：形容不高兴，不快乐

示例：满脸不悦的太太独自走在后面。

(13) **热热闹闹** rèrènàonào

释义：景象纷繁盛大，气氛活跃

示例：过年就应该热热闹闹的！

(14) **不近人情** bùjìn-rénqíng

释义：不讲情面，不讲人情

示例：这么多年的好朋友，说拉黑就拉黑，未免太不近人情了！

(15) **实惠** shíhuì（名）

释义：实际的好处

示例：老百姓买东西就图个实惠。

(16) **何乐而不为**

释义：既然高兴为什么不去做呢，表示很愿意做

示例：这个决定对双方都好，何乐而不为？

(17) **避免** bìmiǎn（动）

释义：防止，设法不让某事发生

示例：凡事都要三思而后行，可以避免不必要的麻烦。

(18) **尴尬** gāngà（形）

释义：一种让人无所适从的处境，让人很难为情

示例：我不想参加比赛，假如我输了，会很尴尬的。

(19) **大相径庭** dàxiāng-jìngtíng

释义：形容彼此相差很远或者矛盾很大

示例：虽然是亲姐妹，两人的性格却大相径庭。

（20）**姗姗来迟**　shānshān-láichí

释义：形容走路缓慢从容，又指慢腾腾地来晚了

示例：她总在约会时姗姗来迟，给他留下了不好的印象。

（21）**蘸**　zhàn（动）

释义：在液体、粉末或者糊状的东西里沾一下就拿出来

示例：吃饺子，他最爱蘸醋。

（22）**充沛**　chōngpèi（形）

释义：充足而旺盛

示例：别看她快退休了，精力可充沛了。

练习

1．选择下列词语的正确读音。

（1）迥异

A．tóngyì　　B．jiǒngyì　　C．huíyì　　D．huíyǐ

（2）尴尬

A．jiānjiè　　B．jiāngà　　C．gānjiè　　D．gāngà

（3）蘸

A．zàn　　B．zān　　C．zhān　　D．zhàn

（4）姗姗

A．cècè　　B．rănrăn　　C．shānshān　　D．huănhuăn

（5）郑重

A．zhèngzhòng　　B．zhènzhòng

C．zhèngchóng　　D．zhènchóng

2．根据拼音写出下列词语并造句。

（1）rúyuànyǐcháng ________________

____

____

（2）zhèngzhòngqíshì ________________

____

____

（3）shòuchǒngruòjīng ______________________

____

____

（4）bùjìnrénqíng ______________________

____

____

（5）dàxiāngjìngtíng ______________________

____

____

3．选出与画线部分意思相近的项。

（1）事情的发展完全超出了我们的预料，大家都感到十分困惑。

A．困难　　B．焦虑不安

C．疑惑　　D．抑郁烦躁

（2）乐观豁达的人永远没有苦恼。

A．味道苦　　B．艰难困苦

C．无忧无虑　　D．痛苦烦恼

（3）这个饭店的生意很好，因为既经济又实惠。

A．价格不贵　　B．实在聪慧

C．价格昂贵　　D．味道很好

（4）他唱了半天独角戏，没人回应，非常尴尬。

A．难看　　B．难堪

C．失望　　D．低落

（5）一觉醒来，我觉得神采奕奕，精力充沛。

A．丰富　　B．充斥

C．疲劳　　D．充足

4．根据课文内容判断正误，对的打✓，错的打✕。

（1）不同文化背景之下的风俗习惯大同小异。　（　　）

（2）大卫是一名来自美国佛罗里达的外教。　（　　）

（3）美国人没事就喜欢串门、拉家常。　（　　）

（4）菲菲的生日宴就是菲菲买单，请大家去饭店大吃一顿。　（　　）

（5）瑞士的国菜是芝士火锅。　（　　）

5. 文化差异是否曾经给你带来过困扰？请写一段话，介绍中国式请客，也可以讲述一个自己在跨文化交际过程中的一段经历。约150字。

____

____

____

____

____

____

____

____

6. 讨论题。

来自不同国家的人，价值观念、消费观念乃至时间观念都大相径庭，一起生活肯定会有问题，你有什么好办法可以解决这些问题吗？

四、课文三

江苏文脉

文脉是历史遗留下来的文化精髓，代表一个地方的文化风貌和历史记录，是文化底蕴。江苏文脉，是对江苏文化纵向发展的研究，是江苏文化的脉络，是华夏民族在江苏发展的脉络，是中华文脉非常重要的组成部分。江苏自古钟灵毓秀、人文荟萃，文化底蕴深厚，文化资源丰富，文脉源远流长，文化典籍更是浩如烟海。

文化的主要载体，是历代的典籍，要问江苏的文脉有多深厚，看浩如烟海的文化典籍就知道了。中国现存最早的一部诗文总集《昭明文选》、最早的文学理论专著《文心雕龙》都诞生于南朝的南京；中国古代最大的一部类书，同时被称为“世界百科全书”的《永乐大典》，编纂于明代的南京；代表唐朝文学艺术最高成就的《全唐诗》编纂并印行于清代的扬州；明代的药学巨著《本草纲目》初刊于南京，名重一时的“南监本”也是在南京印刷的，明代的南京就已经是全国最重要的出版中心；中国现存最早的铜活字印本书《诸臣奏议》由无锡会通馆华燧在弘治三年用铜活字首印。此外，江苏的藏书业不得不提，在中国古代著名藏书家之中，江南人士占了十之八九，晚清四大藏书楼中天下闻名的铁琴铜剑楼就位于江苏常熟。历史上的江苏文化就是这么牛！

江苏的历史积淀深厚，从古至今，江苏籍的文化名人数不胜数、灿若繁星，是中华优秀传统文化不可或缺的组成部分。还有许多文人墨客在江苏留下了辉煌的诗篇，表达了对江苏的喜爱，像“天下三分明月夜，二分无赖是扬州”“故人西辞黄鹤楼，烟花三月下扬州”，等等。一首诗，讲述一个故事：“大风起兮云飞扬，威加海内兮归故乡”“生当作人杰，死亦为鬼雄”“月落乌啼霜满天，江枫渔火对愁眠”“旧时王谢堂前燕，飞入寻常百姓家”。

江苏省始建于清初，取江宁、苏州两府的第一个字而得名。推本溯源，其实江苏是《尚书·禹贡》中所记载的九州中的徐州和扬州的一部分。江苏北部以徐州为中心，是汉文化的发祥地；江苏南部以苏州为中心，是吴文化的发祥地。江苏文化从北往南，风情韵味各不相同。以国家历史文化名城徐州为代表的楚汉文化刚强雄浑，艺术成就更是蔚为大观，有悲歌慷慨的京剧《霸王别姬》、琵琶曲的经典代表作《十面埋伏》，还有至今霸气侧漏的《大风歌》。以扬州为代表的淮扬文化，务实、执着，坚持信念不妥协。淮扬地区河多水多，桥多船多，交通便利，物产丰富，经济发达，优越的地理条件造就了其豪迈强悍的特征。以六朝古都南京为代表的金陵文化，南北交汇，兼容并蓄，开放包容。吴文化，以苏州为中心，以苏锡常为代表，讲的是吴侬软语，清丽软糯，抑扬顿挫；唱的是苏州评弹，丝弦悠扬；还有“百戏之祖”——昆曲，唱词典雅生动，表演柔丽妩媚，它的一招一式、一腔一调，都充满着诗画般的灵气。“情不知所起，一往而深”，一曲《牡丹亭》，唱出了多少离人泪。苏州评话和弹词，又用苏州话讲了多少武侠公案、才子佳人的故事。

江苏文化一直都是极致美好的，原因不仅在于它灿烂的历史，更在于江苏人民的智慧和坚持。江苏文脉是中华文脉的组成部分，通过江苏悠久的历史和灿烂的文化，能感受到在漫长的历史长河中中华文化的传承。随着国际化进程的深入推进，当今世界国家间的文化交流日趋频繁，多样文化的交汇融合成为大势所趋。在经济迅速发展的当代，更需要保持自己的优秀文化，构建新时代传统文化的新模式。

图 4-3　苏州评弹

注释

（1）**脉络**　màiluò（名）

释义：比喻条理或头绪

示例：这部著作的脉络非常清晰。

（2）**钟灵毓秀**　zhōnglíng-yùxiù

释义：指聚集天地灵气的美好自然环境产生优秀的人物

示例：桂林山水甲天下，是钟灵毓秀之地。

（3）**典籍**　diǎnjí（名）

释义：记载古代法令、制度的重要文献，泛指古代图书

示例：这个图书馆收藏了大量的汉代典籍。

（4）**浩如烟海**　hàorúyānhǎi

释义：形容文献、资料等非常丰富

示例：中国历代文学作品浩如烟海，数不胜数。

(5) **编纂** biānzuǎn（动）

释义：编辑，多指资料较多、篇幅较大的著作

示例：为了编纂《中国通史》，他花了十年的时间搜集资料。

(6) **印行** yìnxíng（动）

释义：印刷并发行

示例：他的作品印行后，一时洛阳纸贵。

(7) **初刊** chūkān（动）

释义：首次排版印刷

示例：《天工开物》初刊于 1637 年，共三卷十八篇。

(8) **藏书** cángshū（动/名）

释义：收藏图书，也指收藏的图书

示例：老校长把自己的藏书都捐赠给了学校。

(9) **天下三分明月夜，二分无赖是扬州**

出自唐代诗人徐凝的《忆扬州》："萧娘脸薄难胜泪，桃叶眉尖易觉愁。天下三分明月夜，二分无赖是扬州。"意思是："娇美的面庞遮掩不住相思离别的眼泪，桃叶眉上的忧愁很容易被人察觉。天下若是三分明月夜，扬州竟然占去了两分。"这是一首怀人诗，借怀地来表达作者追忆当日的离别之情。

(10) **故人西辞黄鹤楼，烟花三月下扬州**

出自唐代诗人李白的《黄鹤楼送孟浩然之广陵》："故人西辞黄鹤楼，烟花三月下扬州。孤帆远影碧空尽，唯见长江天际流。"意思是："友人孟浩然在黄鹤楼与我告别，在柳絮如烟、繁花似锦的阳春三月去扬州远游。孤船帆影渐渐消失在碧空尽头，只看见滚滚长江向天际奔流。"这是一首送别诗。

(11) **大风起兮云飞扬，威加海内兮归故乡**

出自西汉开国皇帝刘邦的《大风歌》："大风起兮云飞扬，威加海内兮归故乡，安得猛士兮守四方！"意思是："大风劲吹啊浮云飞扬，我统一了天下啊衣锦还乡，怎样才能得到勇士为祖国镇守四方！"这首诗表现了作者内心对国家尚不安定的惆怅。

(12) **生当作人杰，死亦为鬼雄**

出自宋代李清照的《夏日绝句》："生当作人杰，死亦为鬼雄。至今思

项羽，不肯过江东。”意思是：“活着就要当人中豪杰，死了也要做鬼中的英雄。人们到现在还思念项羽，只因为他不肯苟且偷生回江东。”这是一首借古讽今、抒发悲愤的怀古诗。

（13）**月落乌啼霜满天，江枫渔火对愁眠**

出自唐代诗人张继的《枫桥夜泊》：“月落乌啼霜满天，江枫渔火对愁眠。姑苏城外寒山寺，夜半钟声到客船。”这首诗描写了一个秋天的夜晚，诗人泊船苏州城外的枫桥。江南水乡夜景幽美，吸引了作者，表达了诗人孤寂忧愁的思想感情。

（14）**旧时王谢堂前燕，飞入寻常百姓家**

出自唐代诗人刘禹锡的《乌衣巷》：“朱雀桥边野草花，乌衣巷口夕阳斜。旧时王谢堂前燕，飞入寻常百姓家。”意思是：“朱雀桥边一些野草开出了花，乌衣巷口夕阳斜挂。当年王导、谢安檐下的燕子，如今已飞进寻常百姓家中。”这首诗写出了诗人对盛衰兴败的深沉感慨，是寄物咏怀的名篇。

（15）**推本溯源**　tuīběn-sùyuán

释义：探索根源，寻找原因

示例：中国女排一举夺得世界冠军的原因，推本溯源是顽强的拼搏意志。

（16）**发祥地**　fāxiángdì

释义：民族、文化等的发源地

示例：黄河流域物产丰富，是中国古代文化的发祥地。

（17）**吴侬软语**　wúnóngruǎnyǔ

释义：形容操吴方言的人语音轻清柔美

示例：隔着轻纱幔帐，隐约传来邻桌女子的吴侬软语。

（18）**情不知所起，一往而深**

出自明代剧作家汤显祖《牡丹亭》的题记，意思是：“感情不知道什么时候就开始了，而且愈来愈深厚。”《牡丹亭》是中国戏曲史上的杰作之一。汤显祖用超现实的浪漫主义表现手法，讴歌了超越生死的爱情理想。

（19）**大势所趋**　dàshìsuǒqū

释义：整个局势发展的趋向

示例：严厉打击违法乱纪行为，是人心所向、大势所趋。

练习

1．选择下列词语的正确读音。

（1）典籍

A．diǎnjì　　B．diǎnjí　　C．diǎnjiè　　D．diǎnjié

（2）编纂

A．biānzuàn　　B．biānzhuàn

C．biānzuǎn　　D．biānzhuǎn

（3）印行

A．yìngxíng　　B．yìngxín　　C．yìnxíng　　D．yìnxín

（4）藏书

A．cángshū　　B．zàngshū　　C．zāngshū　　D．cāngshū

（5）推本溯源

A．tuīběngshùyuán　　B．tuīběngsùyuán

C．tuīběnshùyuán　　D．tuīběnsùyuán

2．请写出下列成语的意思并造句。

（1）钟灵毓秀：____

____

（2）浩如烟海：____

____

（3）推本溯源：____

____

（4）发祥地：____

____

（5）大势所趋：____

____

3．根据课文内容，给下列句子排序。

（1）江苏的文化典籍浩如烟海。

（2）江苏文化的美好在于江苏人民的智慧和坚持。

（3）江苏籍的文化名人数不胜数，还有许多文人墨客在江苏留下了诗篇。

（4）江苏自古钟灵毓秀，江苏文化源远流长。

（5）江苏省始建于清初，取江宁、苏州两府的第一个字而得名。

____

4．请将作者与作品名配对。

（1）李清照	a.《牡丹亭》
（2）刘邦	b.《黄鹤楼送孟浩然之广陵》
（3）李白	c.《乌衣巷》
（4）刘禹锡	d.《夏日绝句》
（5）汤显祖	e.《大风歌》

5．请在横线上填写所缺诗句。

（1）《忆扬州》："萧娘脸薄难胜泪，桃叶眉尖易觉愁。天下三分明月夜，________________________。"

（2）《黄鹤楼送孟浩然之广陵》："故人西辞黄鹤楼，烟花三月下扬州。孤帆远影碧空尽，________________________。"

（3）《夏日绝句》："生当作人杰，________________________。至今思项羽，不肯过江东。"

（4）《枫桥夜泊》："月落乌啼霜满天，________________________。姑苏城外寒山寺，夜半钟声到客船。"

（5）《乌衣巷》："朱雀桥边野草花，乌衣巷口夕阳斜。________________________，飞入寻常百姓家。"

6．讲一讲。

（1）请介绍一位你最喜欢的中国诗人，他的代表作有哪些？你为什么喜欢他？

（2）请从文化角度介绍一下你的家乡。你的家乡有哪些文化特色？有哪些优秀的文学作品？请和同学们一起分享。

参考答案

课文一

1. （1）D　（2）A　（3）D　（4）C　（5）B

2. （1）B　（2）C　（3）A　（4）D　（5）C

3.

（1）茶与咖啡是世界上非常普及的两种饮料。

（2）中国第一部茶文化专著是《茶经》。

（3）茶是增进沟通的桥梁。

（4）咖啡馆文化也随之应运而生。

（5）奶茶店展示了这两种文化融合的无穷魅力。

4.

醒脑提神，起源，饮食文化，四五千年，药，寻常百姓，苦尽甘来

5.

（1）邂逅　（2）好　（3）品鉴　（4）渗透　（5）传承

6. 略

7. 略

课文二

1. （1）B　（2）D　（3）D　（4）C　（5）A

2.

（1）如愿以偿

造句：能言善辩的姐姐终于如愿以偿地当上了律师。

（2）郑重其事

造句：弟弟郑重其事地把压岁钱交到妈妈手上。

（3）受宠若惊

造句：他又是端茶又是倒水，殷勤得让我有些受宠若惊。

(4) 不近人情

造句：生病了都不允许请假，太不近人情了。

(5) 大相径庭

造句：为什么操作步骤完全一样，结果却大相径庭？

3. (1) C (2) D (3) A (4) B (5) D

4. (1) × (2) ✓ (3) × (4) × (5) ✓

5. 略

6. 略

课文三

1. (1) B (2) C (3) C (4) A (5) D

2. (1) 钟灵毓秀：指聚集天地灵气的美好自然环境产生优秀的人物。

造句：这里是钟灵毓秀、人杰地灵的风水宝地。

(2) 浩如烟海：形容文献、资料等非常丰富。

造句：要从浩如烟海的文献中找到那篇文章很不容易。

(3) 推本溯源：探索根源，寻找原因。

造句：做研究必须有推本溯源的功夫。

(4) 发祥地：民族、文化等的发源地。

造句：人类的发祥地在非洲。

(5) 大势所趋：整个形势的发展趋势。

造句：实现和平统一是大势所趋。

3. (4) (1) (3) (5) (2)

4. (1) d (2) e (3) b (4) c (5) a

5. (1) 二分无赖是扬州

(2) 唯见长江天际流

(3) 死亦为鬼雄

(4) 江枫渔火对愁眠

(5) 旧时王谢堂前燕

6. 略

第五章 汉字偏旁

一、本章要点

（一）阅读技能：汉字偏旁

汉字偏旁是合体字的构字部件。古人把左右结构的合体字的左边的部件称为“偏”，右边的部件称为“旁”。如今合体字的各部位的部件统称为偏旁。汉字绝大部分是形声字，由形旁和声旁组成，有的偏旁跟字的意义有联系，叫形旁；有的偏旁跟字的读音有联系，叫声旁。例如：鲤，“鱼”是形旁，“里”是声旁；想，“心”是形旁，“相”是声旁。有的偏旁能独立成字，有的现在已经不能独立成字了。例如：冰，左边的“冫”，我们叫它“两点水”。

（二）教学目标

1. 认识丝绸之路的历史意义和现实意义。
2. 学会如何撰写导游词。
3. 了解汉字的偏旁与字义的关系。

（三）教学重点

1. 了解课文主要内容，体会丝绸之路的重大作用。
2. 积累偏旁，提升识字量。
3. 导游词的格式与写法。

二、课文一

丝绸之路的前世今生

丝绸之路，又叫丝路，一般指陆上丝绸之路，广义上讲又包括海上丝绸之路。这条沟通中西文明的道路之所以用“丝绸”来命名，是因为中国是丝绸的故乡，通过这条路线输出的中国商品中，以丝绸最具代表性。

每读到“驼铃古道丝绸路，胡马犹闻唐汉风”这样的诗句，总让人想到这样的场景：落日西沉，黄沙漫卷，悠扬的驼铃在空旷的古道上清脆地响着，一支长长的商队在大漠中蜿蜒前行，在夕阳的余晖中，这支商队在广袤的沙漠里渐行渐远。这条古老的商旅之道，就是闻名遐迩的陆上丝绸之路。它起于西汉都城长安，绵延数千里，横亘于亚欧之间，不仅是一条互通有无的商贸大道，也是促进亚欧各国和中国友好往来、沟通中西方文化的友谊之路。

说到丝绸之路，就不得不提张骞。“文景之治”后的西汉王朝国力蒸蒸日上，为了彻底消灭来自北方的威胁，汉武帝刘彻命令张骞出使西域，联合大月氏抗击匈奴。张骞和他的随从踏上了西行之旅，在历经千辛万苦、九死一生之后，终于到达了大月氏。此后，他再次出使西域，加深了西域诸国和西汉王朝的联系。作为丝绸之路的开拓者，他从长安出发，沿河西走廊，到达新疆。这条通道的打通，意味着中原文化和西域文化发生了内在联系，其可以通过今天的新疆，先到达中亚，再到达西亚，从而打开了中国通向西方的大门，中西方世界被这条交通线连接起来了。丝绸之路开通后，中国的先进生产技术如冶铁、凿井、造纸等相继西传，西方的皮毛、汗血马、葡萄、石榴、核桃、苜蓿、胡萝卜、大葱、大蒜，以及佛教、魔术、音乐、雕塑等也纷纷东来。“一使胜千军，两出惠万年”，这是后人对西汉使者张骞的由衷赞叹。

在唐朝，丝绸之路上的交往进入了繁荣鼎盛时期。“无数铃声遥过碛，应驮白练到安西”，这首诗描写的正是当年丝绸之路的繁忙景象。从盛唐古都出发的商旅驼队，用脚步丈量连接亚欧非大陆商贸的大通道，成为融会中西方文明的桥梁。中西方文化的交融带来了前所未有的中西合璧的艺术风采，人类的智慧在这里碰撞，人类的友谊在这里生根发芽。

丝绸之路见证了千年的历史风云，秦汉时期的华夏一统、隋唐时期的万国来朝，它目睹了中华文明的繁荣盛世。当然，它也经历过这个民族的分裂动荡。在战乱分裂时，陆路交通被阻断，海上丝路便应运而生。在宋元时期，中国造船技术和航海技术的大幅提升，以及指南针的运用，全面提升了商船远航能力。这一时期，中国同世界 60 多个国家有着直接的海上丝路商贸往来。从太平洋到印度洋，我国的帆船往来不断，揭开了丝路又一个发展新篇章。明代的郑和下西洋更是把海上丝路的发展推向了一个新的历史高峰，扬中华国威于四方，比当时西方的地理大发现早几十年。

丝绸之路是一个神奇的通道，它见证了中国历史上的富足与开放，同样也成为当时世界各地之间沟通的桥梁和纽带。

如今，古丝路的繁荣已经淹没在了历史的风沙中，飞驰的铁路取代了蜿蜒的驼队，万吨巨轮取代了远洋帆船，和平发展的主旋律取代了刀光剑影。随着“一带一路”倡议的提出，古丝绸之路焕发出新的生机。两千年前，东方的丝绸、茶叶传入西方，西方的金银珠宝、奇珍异兽传入中国。两千年后，“一带一路”又重新把东西方的历史与未来连在了一起。如果没有丝绸之路，我们很难想象历史会如何发展，世界的文明进程又将如何演变。它从历史走来，融通古今，连接中外，历尽千年的文明璀璨、沧桑沉浮，始终在闪耀着、呼吸着，把沿线各国发展和繁荣的梦想紧密连接在一起，它不再只是一条路，更是通向人类未来发展的阳光大道，是全人类独一无二的财富。

图 5-1　商队行走在丝绸之路

注释

（1）驼铃古道丝绸路，胡马犹闻唐汉风

出自《七绝·重走丝绸之路》："壮志西行追古踪，孤烟大漠夕阳中。驼铃古道丝绸路，胡马犹闻唐汉风。"意思是："心怀壮志重走古代的丝绸之路，在茫茫沙漠中夕阳下缕缕孤烟若隐若现地飘动。仿佛又听到了长长驼队里响起的叮叮当当的铃声，听到北方少数民族萧萧的马叫声，还能听到盛唐盛汉时期人声鼎沸的繁华之声。"这首诗歌追忆了往日丝绸之路的繁荣景象。

（2）蜿蜒　wānyán（形）

释义：蛇类爬行的样子，现多比喻（道路、河流、山脉）曲折延伸的样子

示例：长城像一条蜿蜒盘旋的巨龙。

（3）广袤　guǎngmào（形）

释义：形容广阔得望不到边际

示例：在广袤的宇宙里，还有许多秘密留待我们去探索。

（4）渐行渐远　jiànxíng-jiànyuǎn

释义：由于人的性格、观念、背景、立场等的不同，导致前进的

方向与目的之间发生偏离

示例：我和童年时候的好友小李多年不联系，我们已经渐行渐远了。

（5）**闻名遐迩**　wénmíng-xiáěr

释义：形容名声很大，远近都知道

示例：赵州桥结构优美、历史悠久，在国内外闻名遐迩。

（6）**绵延**　miányán（动）

释义：延续不断

示例：群山绵延千里。

（7）**横亘**　hénggèn（动）

释义：（桥梁、山脉等）横跨、横卧

示例：大桥横亘在广阔的水面上。

（8）**互通有无**　hùtōng-yǒuwú

释义：拿出自己多余的东西给对方，与其交换，以获得自己所缺少的东西

示例：国家之间应该互通有无，互相支持，共同进步。

（9）**骞**　qiān（动）

高举，飞腾。

（10）**蒸蒸日上**　zhēngzhēng-rìshàng

释义：形容事物天天向上发展

示例：我们伟大的祖国蒸蒸日上、生机勃勃。

（11）**大月氏**　Dàyuèzhī

古代位于中亚地区的游牧民族的一支。

（12）**千辛万苦**　qiānxīn-wànkǔ

释义：各种各样的艰难困苦

示例：历尽千辛万苦，他终于回到了祖国的怀抱。

（13）**九死一生**　jiǔsǐ-yīshēng

释义：形容经历很多次危险而生存下来

示例：在《西游记》中，唐僧带着他的三个徒弟，经历了九死一生才取得真经。

(14) **冶铁** yětiě（动）

释义：把铁矿石冶炼为铁

示例：冶炼可是个苦差事，你去不去？

(15) **凿井** záojǐng（动）

释义：挖掘井

示例：他们在凿井的过程中发现了金属矿。

(16) **苜蓿** mùxu（名）

一种多年生开花植物，俗称金花菜。

(17) **一使胜千军，两出惠万年**

这是陕西汉中市城固县张骞纪念馆门柱上的一副楹（yíng）联，意思是张骞出使西域的功绩胜过千军万马，他两次出使西域，造福子孙万年。

(18) **由衷** yóuzhōng（形）

释义：出于本心

示例：面对美丽的景色，游客们发出由衷的赞叹。

(19) **鼎盛** dǐngshèng（形）

释义：正当兴盛或强壮的样子

示例：唐朝鼎盛时期，人们夜不闭户。

(20) **无数铃声遥过碛，应驮白练到安西**

出自唐代张籍的《凉州词》："边城暮雨雁飞低，芦笋初生渐欲齐。无数铃声遥过碛（qì），应驮白练到安西。"意思是："边城傍晚时分，下着雨，雁群低低地飞着，芦笋正在努力生长着。一群骆驼满载着货物伴随着叮当作响的铃声缓缓前进，驼队应该是经由这条大道把丝绸运到安西去。"这首诗表现了陆上丝绸之路的商业一片繁荣的景象。

(21) **融汇** rónghuì（动）

释义：融合汇聚

示例：涓涓细流融汇成浩瀚大海。

(22) **前所未有** qiánsuǒwèiyǒu

释义：以前从来没有过的，表示事物新出现

示例：中国队在这次奥运会上表现突出，获得了前所未有的成绩。

(23) **中西合璧** zhōngxī-hébì

释义：比喻中国和外国的好东西合在一起

示例：这次演出真可以说是中西合璧，精彩万分。

(24) **万国来朝** wànguó-láicháo

释义：众多国家来朝拜

示例：安史之乱后，大唐已不是那个万国来朝、四海宾服的大唐了。

(25) **目睹** mùdǔ（动）

释义：亲眼看见

示例：小张目睹了这场事故的全过程。

(26) **刀光剑影** dāoguāng-jiànyǐng

释义：隐约显现出刀的光和剑的影子，形容环境充满了凶恶的气氛

示例：这部武侠小说开头就给我们展示了一个刀光剑影的世界。

(27) **焕发** huànfā（动）

释义：光彩四射，振作

示例：改革开放使中国焕发出强大的生机活力。

(28) **奇珍异兽** qízhēn-yìshòu

释义：很少见的很特别的宝物和动物

示例：《山海经》这本书介绍了很多上古的奇珍异兽。

(29) **融通** róngtōng（动）

释义：① 使（资金）流通

示例：二级市场为什么没有融通资金的功能？

释义：② 融会贯通

示例：他融通百家，独创了一套拳法。

释义：③ 使融洽；相互沟通

示例：这次培训既交流了经验，又融通了感情。

(30) **璀璨** cuǐcàn（形）

释义：形容珠玉等光彩鲜明，也可以用于人或其他事物

示例：这座古塔是古代建筑史上的一颗璀璨的明珠。

(31) **沧桑**　cāngsāng（名）

释义：沧海桑田的略语，大海变成了农田，农田变成了大海，比喻世事变化很大

示例：从他那饱经沧桑的脸上，我们知道他受了很多的苦。

(32) **独一无二**　dúyī-wú'èr

释义：没有相同的或可以相比的，形容十分稀少

示例：我们每个人都是独一无二的。

练习

1．选择下列词语的正确读音。

（1）蜿蜒

A．wānyán　　B．wǎnyán

C．wānyàn　　D．wǎnyàn

（2）广袤

A．guāngmáo　　B．guāngmào

C．guǎngmáo　　D．guǎngmào

（3）苜蓿

A．mùsu　　B．mùxu

C．mùsù　　D．mùxù

（4）目睹

A．mùzhě　　B．mùdù

C．mùzhè　　D．mùdǔ

（5）璀璨

A．cuǐcàn　　B．chuǐcàn

C．cuǐcān　　D．chuǐcān

2．找出下列句子中的错别字，并把正确的字写在括号里。

（1）宇宙广茂无垠，我们偏安一隅的地球实在太渺小了。　（　　）

（2）有一条蜿蜒起伏的山路横桓在这两地之间。　（　　）

（3）我们由忠地感谢你对教育事业的付出。　（　　）

（4）改革开放的春风使古老的小镇重新换发了勃勃生机。　（　　）

（5）治铁可是一个苦差事，你真的愿意去做吗？　（　　）

3．用汉语解释下列词语并造句。

（1）闻名遐迩：________________

（2）蒸蒸日上：________________

（3）千辛万苦：________________

（4）中西合璧：________________

（5）应运而生：________________

4．根据课文内容填空。

说到丝绸之路，就不得不提张骞。文景之治后的西汉王朝国力__________，为了彻底消灭来自北方的________，汉武帝刘彻命令张骞________西域，联合大月氏________匈奴。张骞和他的随从踏上了西行之旅，在历经千辛万苦、九死一生之后，终于________了大月氏。此后，他再次出使西域，加深了西域诸国和西汉王朝的联系。

5．根据课文内容回答问题。

（1）丝绸之路为什么用丝绸来命名？

____

（2）陆上丝绸之路的起点在哪里？

____

（3）汉武帝为什么要派张骞出使西域？

____

（4）海上丝绸之路为什么会在宋元时期获得大发展？

____

（5）古代的丝绸之路是一条怎样的道路？说说你的理解。

____

6．讨论题。

你知道什么是“一带一路”吗？“一带一路”就是丝绸之路吗？“一带一路”沿线有哪些国家？围绕这些问题去了解一下“一带一路”，说一说

“一带一路”给你们的生活带来了什么变化，以及你是怎么看待“一带一路”的。

三、课文二

郑和下西洋

明朝永乐三年六月十五日（1405年7月11日），一缕曙光透过厚重的云层，照亮了中国苏州太仓的刘家港。青灰色的天幕前，一大片和小山一样的庞然大物，影影憧憧地显露，连绵不绝地填满了整个港口和河道。太阳完全出来了，在晴朗无云的天空下，这片庞然大物露出了真容。原来这是一支由两百多艘海船组成的远洋舰队。这支舰队就像一条巨龙，船只上那些巨大的桅杆像原始森林中的参天大树一样，密密麻麻地矗立在港口中，无数尖利的桅顶直指晴空。士兵和将领们腰间佩戴的明剑在耀眼的阳光下熠熠生辉。在江风的吹拂下，船上五颜六色的旗帜就像龙的脊背上闪耀着光芒的鳞片，这就是郑和舰队。

在这支庞大的舰队中，最大的一艘长达44丈（1丈=3.33米），宽18丈，是舰队的核心，也是迄今为止世界上最大的木帆船。这些船只上，一共搭乘着约27 800名大明朝的精锐海军将士，而在船舱里，除了航海必须的补给物资外，还满载着各种中国特产，如丝绸、瓷器、茶叶、工艺品等，更有无数的金银财宝。

在围观百姓的欢呼声中，舰队从这个被世人称为“海洋之襟喉，江湖之门户”的刘家港浩浩荡荡地出发，直抵福建，然后自福建五虎门驶进了茫茫太平洋的深处。中国乃至当时世界上规模最大的一次大航海开始了。

中国，这个古老而庞大的东方国家，第一次将目光投向了海洋深处，投向了海洋另一边的宽阔新世界。

郑和的首次航行历时约两年零三个月，整个舰队于永乐五年（公元1407年）九月回到了中国大陆。其后，郑和又率领着这支无敌舰队六次下西洋。在最后一次航行中，由于积劳成疾，郑和病逝于印度古里（卡利卡特)，终年 62 岁，归国后被赐葬在南京牛首山山麓。

近 30 年的日夜航行，郑和带领船队，穿过了南海和马六甲海峡，向西航行穿过印度洋，到达波斯湾、亚丁湾和东非海岸，停泊过 30 多个国家，他开辟的“海上丝绸之路”一直延续到今天。

郑和下西洋对中外文化交流的促进是多方面的，内容是多种多样的。中国与东南亚地区进行了多种物质文化交流，中国的瓷器、茶叶、丝绸传到国外，国外的沉香、胡椒等香料传入中国，这些器物和生活用品的交换，使得国家之间相互受益，提高了平民百姓的生活质量，丰富了贸易种类。其次，中国古代农业技术也是相当发达的，郑和下西洋途中向海外传播了中国传统的农业生产经验和技术，还赠送了关于农业的书籍和工具。在明初，因为郑和下西洋，吸引了许多国家派使者来华访问、学习。郑和也带回了一些海外农业生产的有益经验。

在我们回顾 600 多年前的伟大航行时，最值得关注的是中华民族对文明交流和国际关系的独特判断。明帝国拥有彼时世界上最强大的海军，郑和舰队是辽阔海洋上无可匹敌的巨无霸，但是并没有称霸海上进行殖民掠夺，这体现了中国文化中“和”的思想精髓和“礼”的精神境界。郑和下西洋，一方面是为了显示中国的繁荣，另一方面也是为了传播中华民族“和为贵”的文化理念。正因为如此，才可以在“以德为邻”“厚往薄来”的理念下创造出“中外和谐、万国来朝、共享和平”的外交局面。

郑和七下西洋，已经不单单是个历史事件，而是一个文化符号。它承载着中国人民的记忆和荣耀，也承载着人们对国际新秩序的想象和期待。不同的国家需要交流和合作，不同的文明需要尊重与对话。

在世界多极化、民族冲突和纷争不断的今天，在新的国际关系格局中，“郑和下西洋”让我们明白，在和其他民族的友好交往中，必须发扬开放宽容、敏锐探索、和平合作、互学互鉴的丝绸之路精神。

今天，当我们再次面对海洋和世界时，我们明白，我们将在谋求实现中华民族伟大复兴的征程中继续发扬开放、和平和奋斗的精神。

图 5-2　郑和雕像

注释

(1) **曙光**　shǔguāng（名）

释义：原意指清晨的日光，也可比喻已经在望的美好的前景

示例：我们再努力一下，胜利的曙光就在眼前！

(2) **庞然大物**　pángrán-dàwù

释义：外表上庞大的东西

示例：大家看着博物馆展出的这个庞然大物都啧啧称奇。

(3) **憧憧**　chōngchōng（形）

释义：形容往来不定或摇曳不定

示例：起风了，一时远灯散乱，树影憧憧。

(4) **连绵不绝**　liánmián-bùjué

释义：连续而不中断

示例：这儿的风景真是美不胜收，一座座高山连绵不绝。

(5) **桅杆**　wéigān（名）

释义：船上悬挂帆和旗帜、装设天线、支撑观测台的高杆

示例：船的桅杆上悬挂着海盗的旗帜。

(6) **参天**　cāntiān（形）

释义：（树木等）高耸在天空中

示例：十几年后，这棵树苗将长成参天大树。

(7) **密密麻麻** mìmi mámá

释义：形容多而密集

示例：纸上写满了密密麻麻的小字。

(8) **矗立** chùlì（动）

释义：高耸地立着

示例：大街两旁矗立着高楼大厦。

(9) **熠熠生辉** yìyì-shēnghuī

释义：光彩闪耀的样子

示例：黑暗中，桌上的夜明珠熠熠生辉。

(10) **吹拂** chuīfú（动）

释义：（微风）吹过，拂拭

示例：春风吹拂大地。

(11) **脊背** jǐbèi（名）

释义：人和动物背上中间的骨头

示例：父亲脸上爬满皱纹，脊背也不再挺拔。

(12) **鳞片** línpiàn（名）

释义：一些动物皮肤表面衍生的硬薄片结构，有保护作用。

示例：小金鱼的鳞片是橙色的，微微发亮。

(13) **迄今** qìjīn

释义：到现在

示例：这座古塔迄今有一千多年的历史了。

(14) **精锐** jīngruì（形）

释义：群体中比较优秀的部分，是这个群体的精华

示例：我们团队抽出了 20 个人组成了一支精锐小队。

(15) **补给** bǔjǐ（名）

释义：补充、供给（粮食、弹药等）

造句：用大象驮运补给和人员是当地的一种运输方式。

(16) **襟喉** jīnhóu（名）

释义：衣领和咽喉，比喻要害之地

造句：哈密市被称为“西域襟喉”和“新疆门户”。

(17) **浩浩荡荡** hàohào-dàngdàng

释义：形容水势广大的样子，也可形容人多声势广大的样子

示例：游行队伍浩浩荡荡地通过大街。

(18) **积劳成疾** jīláo-chéngjí

释义：长期过度劳累而得病

示例：连日的熬夜加班使她积劳成疾，不得不请假休息。

(19) **麓** lù（名）

释义：山脚

示例：泰安城区位于泰山南麓。

(20) **停泊** tíngbó（动）

释义：船只靠岸停留，泛指停留、止息

示例：河岸边停泊着几只帆船。

(21) **彼时** bǐshí（名）

释义：那时

示例：彼时，他还在阳光小学当校长呢。

(22) **无可匹敌** wúkěpǐdí

释义：没有能够与他相提并论的对手

示例：在古代，这是一项无可匹敌的技术。

(23) **精髓** jīngsuǐ（名）

释义：事物最重要、最好的部分

示例：书画是中国文化的精髓。

(24) **以德为邻** yǐdé-wéilín

释义：与有德行的人为邻居，融洽交往、相处。比喻要加强修养，讲求道德

示例：只要中日两国人民真诚友好、以德为邻，就一定能实现世代友好。

(25) **厚往薄来** hòuwǎng-bólái

释义：在交往中施予丰厚而纳受微薄

示例：明朝政府奉行“厚往薄来”的政策。

(26) **承载** chéngzài（动）

释义：托着物体，承受它的重量

示例：月亮和星星，共同承载着你我的愿望。

(27) **互学互鉴** hùxué-hùjiàn

释义：互相学习，互相借鉴

示例：我们要积极构建不同文明之间互学互鉴的桥梁。

(28) **谋求** móuqiú（动）

释义：设法寻求

示例：面对困难不要着急，应该积极谋求解决办法。

练习

1．选择下列词语的正确读音。

（1）憧憧

A．chóngchóng　　B．chōngchōng

C．tóngtóng　　D．tōngtōng

（2）桅杆

A．wēigān　　B．wēigǎn　　C．wéigān　　D．wéigǎn

（3）矗立

A．zhūlì　　B．chūlì　　C．zhùlì　　D．chùlì

（4）迄今

A．yìjīn　　B．qìjīng　　C．yìjīng　　D．qìjīn

（5）停泊

A．tíngbó　　B．tíngpó　　C．tíngbái　　D．tíngpò

2．找出下列句子中的错别字，并把正确的字写在括号里。

（1）在昏黄的路灯下你只能看见人影幢幢。（　　）

（2）忆今为止，科学家们仍然没有找到这个现象的规律。（　　）

（3）台风突然袭来，小船的危杆被吹断了。（　　）

（4）他们认为恢弘巨制的乐曲才是音乐的精隧。（　　）

（5）面对人生正程上的坎坷，我们要有勇气战胜它。（　　）

3．选词填空。

（1）经济开发区里＿＿＿＿＿＿着很多高楼大厦。

A．屹立　　B．耸立　　C．矗立　　D．挺立

(2) 二三月的春日里，轻风微微地__________ 着柳条。

A. 飘拂　　B. 吹拂　　C. 飘扬　　D. 吹扬

(3) 汉字是中华文化的__________，也是语文学习的基础。

A. 精致　　B. 精巧　　C. 精细　　D. 精髓

(4) 奔腾不息的黄河__________了多少中华文明。

A. 承载　　B. 记载　　C. 浸透　　D. 承受

(5) 布朗先生尝试在当地的大学__________ 一份工作。

A. 追求　　B. 谋求　　C. 牟求　　D. 追寻

4. 根据课文内容，选词填空。

熠熠生辉	庞然大物	五颜六色	密密麻麻	连绵不绝

青灰色的天幕前，一大片和小山一样的__________，影影憧憧地显露，__________ 地填满了整个港口和河道。太阳完全出来了，在晴朗无云的天空下，这片庞然大物露出了真容。原来这是一支由两百多艘海船组成的远洋舰队。这支舰队就像一条巨龙，船只上那些巨大的桅杆像原始森林中的参天大树一样，__________ 地矗立在港口中，无数尖利的桅顶直指晴空。士兵和将领们腰间佩戴的明剑在耀眼的阳光下__________。在河风的吹拂下，船上__________的旗帜就像龙的脊背上闪耀着光芒的鳞片，这就是郑和舰队。

5. 根据课文内容，选择正确答案。

(1) 郑和第一次出使西洋的时间是__________。

A. 1405 年　　B. 1406 年　　C. 1407 年　　D. 1408 年

(2) 郑和第一次出使西洋的出发点是__________。

A. 刘家港　　B. 南京　　C. 厦门　　D. 广州

(3) 郑和带领舰队一共下了__________次西洋。

A. 六　　B. 七　　C. 八　　D. 九

(4) 从郑和下西洋的路线图来看，郑和下西洋没有到达__________。

A. 印度　　B. 阿拉伯　　C. 法国　　D. 索马里

(5) 郑和因为积劳成疾，病逝在__________ 。

A. 南京　　B. 苏州　　C. 福建　　D. 印度

6．写一写。

假如让你一个人坐船去环游世界，只能带一样东西供自己娱乐，你会选什么？一本书？一台电脑？一部手机？一个玩具？一把口琴？

四、课文三

大美西安

大家好，我是这次西安之旅的导游，你们可以叫我小杨！欢迎大家来到西安这座历史悠久的魅力之城。相信大家对西安这座城市都有所耳闻，西安是陕西省的省会，为中国七大古都之首，更是“丝绸之路”的起点。西安古称长安，自古以来就是各大王朝的建都之地，先后有西周、秦、西汉、新莽、东汉、西晋、前赵、前秦、后秦、西魏、北周、隋、唐十三个王朝在此建都，被称作十三朝古都。西安城的建立可以追溯到周文王建丰京，即自公元前 1059 年起，迄今已有长达三千多年的历史。从建城时间之早与建都时间之长两方面看，西安不论在中国还是在世界上，都是很少见的。同时，作为都城，它在历史上也具有重要的地位，其影响力一直延续至今。

大家都知道，在中国历史上，周、秦、汉、唐是最重要的几个朝代，尤其是西汉与唐代，国势强盛，文化繁荣，经济发达，声威远播，对邻近诸国甚至全世界都有积极的影响。而这 4 个王朝均在西安建都，且先后建成周丰镐、秦咸阳、西汉长安与唐长安城等 4 座重要都城。这些强大的王朝虽然都已在历史长河中远去，但它们留给了西安不可磨灭的历史印记，也留给了西安大量的历史文化遗存。西安在 1981 年被联合国教科文组织列入“世界历史名城”，并有 6 处遗产被列入《世界遗产名录》，包含秦始皇陵及兵马俑、大雁塔、小雁塔、唐长安城大明宫遗址、汉长安未央宫遗址、兴教寺塔，这些文化遗迹和遗存分别代表了所属朝代的时代印记。这些文化遗存和城内保存下来的古城墙、钟鼓楼、华清池等组成了西安极其丰富的旅游资源，使西安成为中国的最佳旅游目的地之一。其中秦始皇陵兵马俑更是与埃及胡夫金字塔、巴比伦空中花园、阿耳忒弥斯神庙、奥林匹亚宙斯神像、摩索拉斯陵墓、罗德岛太阳神巨像和亚历山大灯塔这世界七大奇迹齐名，被称作“世界第八大奇迹”。

进入21世纪第二个十年以来，包括互联网经济在内的经济繁荣发展，西安充分利用和发掘这座古城的文化底蕴，结合“新丝绸之路”的发展理念，将西安打造成了一座历史与现代相结合的网红城市，以大雁塔和盛唐文化为超级“IP”打造的大唐不夜城就是其中的典型。大唐不夜城是西安唐文化展示和体验的首选之地，集中展现了大唐帝国在宗教、文学、艺术、科技等领域的地位并彰显了大国气象，多维再现了大唐盛世，展现了千年古都的历史文脉和文化轴线，凸显了西安的城市精神和文化意象，是新时代西安文化和精神的最佳体现。

民以食为天，西安作为一座历史悠久的旅游城市，除了美景外，美食也不可或缺。来西安品尝当地地道的美食当然也是旅游中的一大乐事，羊肉泡馍就是西安最有特色、最有影响的美食之一。羊肉泡馍，古称“羊羹”，它烹制精细，料重味醇，肉烂汤浓，肥而不腻，营养丰富，香气四溢，诱人食欲，食后让人回味无穷。而泡馍地道的吃法需要先用手把馍掰碎，掰馍的方法也很有讲究：要把圆形的馍先横竖掰成四块，把每块分别掰成两层，再把每小块细细地掰成黄豆大小，然后用掰好的碎馍制作泡馍，这样的泡馍做出来才入味，吃起来才香。这个过程游客可以在吃的时候慢慢体验。除了泡馍，肉夹馍、肉丸胡辣汤、油泼辣子面、甑糕、镜糕等美食也是不容错过。到哪能吃到这些美食呢？虽说西安街头到处都能见到这些美食，小杨我还是要推荐大家一处美食的集结地——回民街。回民街又称“回坊”，是当地居民吃小吃、逛街休闲的主要场所，尤其是夏天，到这儿的夜市上吃饭纳凉的民众更是摩肩接踵。整个“回坊”地区饭馆林立，各种各样的清真食肆与摊点密密麻麻连成一片，其中不乏当地人认可的老字号小店，在这里你们绝对可以大快朵颐，享受流连忘返、欲罢不能的感觉。

在西安，你们可以邂逅秦皇汉武，对话李白杜甫，寻根华夏文明，筑梦少年中国。西安，大唐盛世的盛起之地；西安，十三朝古都变迁的见证者；西安，一个有着别样风情的文明之都。相信大家一定会在这里度过一段美好的时光！

图 5-3 秦始皇陵兵马俑

注释

（1）**新莽** Xīnmǎng

西汉权臣王莽取代汉帝，建立了新的政权，定国号为“新”，史称“新莽”。

（2）**追溯** zhuīsù（动）

释义：逆流而上，向江河发源处走，比喻探索事物的由来

示例：两国交往的历史可以追溯到一千多年前。

（3）**国势** guóshì（名）

释义：国力

示例：国势蒸蒸日上。

（4）**声威** shēngwēi（名）

释义：声势和威势

示例：我军在这场战役中旗开得胜，声威大震。

（5）**丰镐** Fēnghào

周朝的旧都。

（6）**不可磨灭** bùkě-mómiè

释义：多指言论、事迹等始终保留在人们的记忆中

示例：这次重走丝绸之路的活动，给我留下了不可磨灭的印象。

（7）**名录** mínglù（名）

释义：名册，登记人名或其他事物名称的簿子

示例：颐和园被列入《世界遗产名录》。

(8) **俑** yǒng

古代殉葬的偶像。

(9) **阿耳忒弥斯** Ā' ěrtè mísī

古希腊神话中的狩猎女神。

(10) **发掘** fājué（动）

释义：挖掘埋藏在地下的东西

示例：我们要努力发掘民间艺术的宝藏。

(11) **彰显** zhāngxiǎn（动）

释义：鲜明地显示出

示例：每个人都希望通过实际行动彰显自己的人生价值。

(12) **凸显** tūxiǎn（动）

释义：清晰地显露

示例：疫情之下，中年人面临的两大危机——经济危机和能力危机正在凸显。

(13) **烹制** pēngzhì（动）

释义：烹饪制作

示例：如何烹制一道美味的东坡肉呢？

(14) **掰碎** bāisuì（动）

释义：掰开揉碎

示例：他从废墟里捡起一块泥土，将它用手掰碎。

(15) **甑糕** zènggāo

关中地区、晋南地区的传统小吃。

(16) **摩肩接踵** mójiān-jiēzhǒng

释义：肩并肩，脚碰脚。形容来往的人很多，很拥挤

示例：南京夫子庙今年的灯会真是热闹啊，来看灯的人可谓是摩肩接踵。

(17) **林立** línlì（形）

释义：像树林一样密集地树立着，形容很多

示例：这里高楼林立，街道上车水马龙。

(18) **食肆** shísì（名）

释义：饮食店

示例：这个街区非常热闹，商场、银行、食肆一应俱全。

(19) **大快朵颐** dàkuài-duǒyí

释义：大吃大嚼，痛痛快快地享受美食

示例：这些竹叶正好可以让动物园的熊猫大快朵颐。

(20) **流连忘返** liúlián-wàngfǎn

释义：玩乐时留恋不愿意离开

示例：泰山的美景令人流连忘返。

(21) **欲罢不能** yùbà-bùnéng

释义：正在做某事，想要停止却不能停止

示例：这本小说太精彩了，让我看了几页就欲罢不能，我一口气全看完了。

练习

1．选择下列词语的正确读音。

（1）追溯

A．zhūisù　　B．zhuīsù　　C．zhūishù　　D．zhuīshù

（2）凸显

A．tùxiǎn　　B．tūxiǎn　　C．àoxian　　D．āoxian

（3）掰碎

A．bānsuì　　B．bànsuì　　C．bāisuì　　D．baīsuì

（4）烹制

A．béngzhì　　B．bēngzhì　　C．péngzhì　　D．pēngzhì

（5）食肆

A．shísì　　B．shíyù　　C．liángsì　　D．liángyù

2．用汉语解释下列词语并造句。

（1）声威：______________________________

____

（2）凸显：______________________________

____

（3）摩肩接踵：______________________________

____

（4）大快朵颐：______________________________

____

（5）欲罢不能：______________________________

____

3．根据课文内容判断正误，对的打✓，错的打×。

（1）西安是山西省的省会，是中国七大古都之首。（　　）

（2）西安古称长安，自古以来就是各大王朝的建都之地，也是丝绸之路的起点。（　　）

（3）西安在1981年被联合国教科文组织列入“世界历史名城”，并有五处遗产被列入《世界遗产名录》。（　　）

（4）秦始皇陵兵马俑与埃及胡夫金字塔、巴比伦空中花园、阿耳忒弥斯神庙、奥林匹亚宙斯神像、摩索拉斯陵墓、罗德岛太阳神巨像和亚历山大灯塔这世界七大奇迹齐名，被称作“世界第八大奇迹”。（　　）

（5）西安充分利用和发掘这座古城的文化底蕴，以小雁塔和盛唐文化为超级“IP”打造了大唐不夜城。（　　）

4．根据课文内容填空。

回民街又称“__________”，是当地居民吃小吃、逛街休闲的主要场所，尤其是夏天，到这儿的夜市上吃饭纳凉的民众更是________。整个“回坊”地区饭馆林立，各种各样的清真食肆与摊点________连成一片，其中不乏当地人认可的老字号小店，在这里你们绝对可以____________，享受________、欲罢不能的感觉。

5．根据课文内容回答问题。

（1）西安城的建立可以追溯到什么时候？

____

（2）在中国历史上，周、秦、汉、唐这几个朝代，在西安地区建立的都城分别叫什么？

____

（3）西安有哪些文化遗迹被列入《世界遗产名录》？

____

（4）请说说地道的吃羊肉泡馍的方法。

（5）你对西安的美食感兴趣吗？你最想品尝哪一个小吃？

6．讨论题。

如果你是导游，请选择一个你去过的最喜欢的城市向我们介绍一下。你可以说说这个地方的名胜古迹，也可以说说这个地方的美食。

参考答案

课文一

1. （1）A　（2）D　（3）B　（4）D　（5）A

2. （1）茂（袤）　（2）桓（亘）　（3）忠（衷）　（4）换（焕）　（5）治（冶）

3.

（1）闻名遐迩：形容名声很大，远近都知道。

造句：我的家乡大连是一座闻名遐迩的海滨城市。

（2）蒸蒸日上：形容事物天天向上发展。

造句：在小李的努力下，饭馆的生意蒸蒸日上。

（3）千辛万苦：各种各样的艰难困苦。

造句：为了寻找失散多年的儿子，他历尽了千辛万苦。

（4）中西合璧：比喻中国和外国的好东西合在一起。

造句：这间客厅既有欧式家具又有中国古董，整体布置和谐，中西合璧，相映成辉。

（5）应运而生：原指顺应天命而产生，现在多指随着某种形势而产生。

造句：随着科学的发展，其他相关学科也应运而生。

4. 蒸蒸日上　威胁　出使　抗击　到达

5.

（1）因为通过这条路线输出的中国商品中，以丝绸最具代表性。

（2）西汉的都城长安。

（3）为了彻底消灭来自北方的威胁，联合大月氏夹击匈奴。

（4）在宋元时期，中国造船技术和航海技术的大幅提升，以及指南针的运用，全面提升了商船远航能力。

（5）略

6. 略

课文二

1. （1）B （2）C （3）D （4）D （5）A

2. （1）幢幢（憧憧） （2）忆（迄） （3）危（桅） （4）隧（髓） （5）正（征）

3. （1）C （2）B （3）D （3）A （4）B

4. 庞然大物 连绵不绝 密密麻麻 熠熠生辉 五颜六色

5. （1）A （2）A （3）B （4）C （5）D

6. 略

课文三

1. （1）B （2）B （3）C （4）D （5）A

2.

（1）声威：声势和威势。

造句：士兵们在战场上摇旗呐喊以壮大声威。

（2）凸显：清晰地显露。

造句：顺境暴露恶习，逆境凸显美德。

（3）摩肩接踵：肩并肩，脚碰脚。形容来往的人很多，很拥挤。

造句：春节前几天的菜市场上，人们摩肩接踵，忙着买东西。

（4）大快朵颐：大吃大嚼，痛痛快快地享受美食。

造句：最生猛的海鲜大餐，不可错过，让您大快朵颐！

（5）欲罢不能：正在做某事，想要停止却不能停止。

造句：只要一聊到旅游的话题，他就一副欲罢不能的表情。

3. （1）× （2）✓ （3）× （4）✓ （5）×

4. 回坊 摩肩接踵 密密麻麻 大快朵颐 流连忘返

5.

（1）西安城的建立可以追溯到周文王建丰京，即自公元前1059年起。

（2）周丰镐、秦咸阳、西汉长安与唐长安城。

（3）秦始皇陵及兵马俑、大雁塔、小雁塔、唐长安城大明宫遗址、汉长安未央宫遗址、兴教寺塔。

（4）泡馍地道的吃法需要先用手把馍掰碎，掰馍的方法也很有讲究：要把圆形的馍先横竖掰成四块，把每块分别掰成两层，再把每小块细细地掰成黄豆一般大小，然后用掰好的碎馍制作泡馍，这样的泡馍做出来才入味，吃起来香。

（5）略

6. 略

第六章

推测词义

一、本章要点

（一）阅读技能：推测词义

有些汉语学习者在阅读中碰到生词时，通常采用查字典或者网络搜索的方法。这样做的缺点：一是影响阅读速度，影响阅读过程的完整性和节奏感，而且越依赖查阅，阅读者就越会丧失阅读的兴趣和耐心；二是词典或者网络释义有时一词多义，面对多条解释，阅读者往往无所适从，不知应匹配哪条解释。因此，在阅读过程中，我们不推荐查字典或者网络搜索这些被动的阅读方法。那么，在阅读过程中，对于影响理解的生词，应该如何猜测它们的词义呢？

推测词义，即猜测词义，通常有四种方法：

第一种方法是通过文中针对性的解释推测。孤零零的一个生字或生词是很难推测出准确意思的。但是一般而言，阅读语篇中会有一些针对性解释，即对一些重要概念、术语或难词所做的通俗化的解释说明，这些说明性的语言通常通俗易懂、信息明确，有助于推测词义。比如，有些术语后面往往跟着一句话或者一个小段落来对它进行定义，理解这个定义就能推测出词义；又如，通过复述来推测或猜测词义，复述通常表现为对词语的进一步解释，可用“即”“也就是说”等词语导出复述，有时通过标点符号引出，如破折号、冒号、引号、括号等，还有通过举例子做进一步解释说明的情况。

第二种方法是通过内在逻辑关系，也就是通过上下文来推测。常见的有并列关系、比较关系、因果关系等。在上下文中，可利用熟悉词汇，通过逻辑关系推导出词义。如果一个词是语篇的核心词汇，那么它很有可能会在文中反复出现，即使第一次出现时猜测不出词义，也可综合运用以上方法推测词义，并通过后文验证猜测是否准确。

第三种方法是构词法。在第五章学习的阅读技巧“汉字偏旁”就非常有助于猜测词义。比如，单人旁的字通常和人有关，金字旁的字通常和金属有关。这类似英语中通过前缀、后缀、词根等来猜测词义和词性。

第四种方法是通过复合词中某个字的意思进行推测。比如，表示并列关系的复合词“跑跳”“哭闹”、表示相反意义的复合词“喜怒哀乐”，如果知道其中的某个字，再结合上下文，也能猜测出整个词义。

（二）教学目标

1. 了解中国医药的发展历程。
2. 领会故事的基本构成要素。
3. 掌握推测词义的阅读技能，能运用推测技巧猜测出词语在文中的意思。

（三）教学重点

1. 有关中医的一些介绍性词汇和句型。
2. 故事的语言风格和表达。
3. 推测技巧：关键词语在表情达意方面的作用。

二、课文一

小草长成诺贝尔奖——青蒿素

我叫青蒿，是众多草本植物中平平无奇的一员，我的茎又细又长，可以长到150厘米，上部多分枝，叶片两面呈青绿色或淡绿色，就像一片片羽毛。虽然我看起来毫不起眼，但人不可貌相，因为我有特殊的本领，而这一切都要追溯到1930年12月30日，在这新年来临的时候，浙江省宁波市开明街一户姓屠的书香人家中，一个小女婴呱呱坠地。一些知书达理的人家，给孩子起名字喜欢从中国古代文学作品中挑选一些有美好寓意的、雅致高贵的词语。给男孩起名字，喜欢从《楚辞》中挑选，给女孩起名字，便从《诗经》中选择。这个小女孩的爸爸从《诗经·小雅》的首篇《鹿鸣》中，取"呦呦"这个叠音词，做了家里五个孩子中唯一的女孩的名字。"呦呦鹿鸣，食野之苹……呦呦鹿鸣，食野之蒿……呦呦鹿鸣，食野之芩……"，诗中描述的是一群鹿儿呦呦欢鸣，在原野上悠然自得地啃食青草的场景。这个名字似乎带着某种预言：这个名叫呦呦的小女孩，一生都和我这株神奇的小草紧密地连接在一起。

少年时期，屠呦呦突然生了一场大病，她浑身一会儿冷一会儿热，冷起来浑身颤抖，热起来大汗淋漓，还发起了高烧。这种民间所谓的"冷热病"就是疟疾，是被蚊子叮咬后感染的。疟疾是一种严重危害人类健康的传染性疾病，它就像一只凶猛的大老虎，自古以来肆虐人类。在19世纪末20世纪初，世界上每年有数亿人患上疟疾，数百万人因此丧生。西方有人考证过，古埃及的著名法老图坦卡蒙就死于疟疾；中国清朝的康熙皇帝也曾得过疟疾，差点儿丢了性命。迄今，在世界范围内仍有约5亿人生活在疟疾流行区。可是，呦呦生病的时候正值战争期间，治疗疟疾的西药非常紧缺，呦呦的父母请来宁波城中药街上的老中医开方子，呦呦的妈妈熬出像黑咖啡一样又黑又苦的中药。喝过这中药，呦呦的病痊愈了，她亲身体验到中药的神奇功效。淡淡的药香萦绕在呦呦的记忆中，好像一直熏染着她的志趣。1951 年，她报考了北京大学医学院药学系，此后的人生中，她与疟疾多次“交手”，最终用我这株小草，拯救了无数人的生命。

1967 年 5 月 23 日，在北京召开了“疟疾防治药物研究工作协作会议”，并以会议召开日期为代号，成立“523”项目，年轻的屠呦呦就是项目课题组组长。她四处搜寻中国历代医书典籍，拜访各地老中医，整理民间秘方。从《神农本草经》到《肘后备急方》，从《本草纲目》到《本草备要》，犹如大浪淘沙般，书都快被屠呦呦翻烂啦！其实，智慧的中国古人早就发现我啦！沈括在《梦溪笔谈》中说：“青蒿一类，自有二种，有黄色者，有青色者。《本草》谓之青蒿，亦有所别也。”作为一种草药应用，青蒿在中国已有两千多年的历史了。在中国现存最早的一部本草医书《神农本草经》里，也有对我的记载：“草蒿……一名青蒿，一名方溃。”那么，我可以治疗疟疾的记录又藏在哪部中国古代医药典籍里呢？功夫不负有心人，屠呦呦在翻阅东晋名医葛洪的《肘后备急方》时，目光一下子被这行字吸引住了：“青蒿一握，以水二升渍，绞取汁，尽服之。”意思很简单，把我泡一泡，然后捣碎、绞出汁，喝下去就能治疗疟疾。可这寥寥数语，操作起来却令人绞尽脑汁，从 1969 年 1 月到 1971 年 10 月 4 日，屠呦呦从数千种中药中选取了 200 多种抗疟中药，历经 380 多次试验，积累了 2 000 多张数据卡片，终于发现提取的关键在于温度。在青蒿冷浸法的第 191 次试验中，她利用乙醚成功从青蒿里提取到了高效杀灭疟原虫的药物——青蒿提取物“91号”，也就是后来誉满全球的青蒿素。

在多轮动物试验成功后，就该进入临床试验阶段了。屠呦呦郑重地向上级提出，要以身试药！同事们竭力劝阻，屠呦呦说青蒿素就像她的孩子一样，作为发现者，她第一个尝试再合适不过了。如同神农尝百草，这种为人类健康甘愿献身、无私无畏的精神多么令人敬佩啊！病房的门缓缓掩上了……数日后，屠呦呦安然从病房走了出来，并记录下了珍贵的数据资料。1972 年 11 月 8 日这天，后来被确定为青蒿素的诞生日。

我从中国走向了世界，有了我的帮助，全球疟疾的发病率和死亡率都明显降低。潮水般的荣誉向屠呦呦涌来：

2011 年，她获得美国拉斯克临床医学奖。

2015 年，她获得瑞典诺贝尔生理学或医学奖（首位获奖的中国女科学家）。

2016 年，她获得中国国家最高科学技术奖。

2018年，她被授予中华人民共和国“改革先锋”称号。

2019年，她被授予中华人民共和国“共和国勋章”，是中国医疗卫生领域唯一的获得者。

…………

我是青蒿，一株不起眼的小草。始于名字结下的不解之缘，屠呦呦满头青丝已变成了银发，年逾九旬的她依然朴素、坚强，像一株挺立的青蒿，顽强、执着地向高处生长，用自己的寸草之心感恩回报祖国母亲。我们的梦想是一致的，为没有疟疾的世界贡献中国力量！

图6-1　青蒿

注释

（1）**平平无奇**　píngpíng-wúqí

释义：一般，寻常，没有什么显著的地方

示例：这个山洞看似平平无奇，其实里面大有洞天。

（2）**人不可貌相**

释义：不能只根据相貌、外表判断一个人

示例：人不可貌相，海水不可斗量。

（3）**呱呱坠地**　gūgū-zhuìdì

释义：呱呱，形容小儿哭声，指婴儿出生

示例：自从我们呱呱坠地，便沐浴在父母的爱中。

（4）**知书达理**　zhīshū-dálǐ

释义：有知识，懂事理，指人有文化教养

示例：王老师温文尔雅，知书达理，同学们都很喜欢他。

（5）**悠然自得**　yōurán-zìdé

释义：悠闲，内心舒适

示例：从容的人，面对一切情况都悠然自得。

（6）**大汗淋漓**　dàhàn-línlí

释义：形容因为体力劳动或运动而出了很多汗

示例：到达终点时，马拉松选手个个都大汗淋漓。

(7) **肆虐** sìnüè（动）

释义：任意残杀或迫害；起破坏作用

示例：暴雨如注，洪水肆虐，人们为了逃难，背井离乡。

(8) **开方子** kāifāng · zi

释义：医生为病人开处方，比喻提出针对性的意见或建议

示例：医术高明的医生给他开方子，果然药到病除。

(9) **痊愈** quányù（动）

释义：病好了，恢复健康

示例：经过医生的精心治疗，他的伤口很快就痊愈了。

(10) **萦绕** yíngrào（动）

释义：盘旋往复

示例：老师的教导一直萦绕在我的耳边。

(11) **熏染** xūnrǎn（动）

释义：长期接触的人或事物逐渐对人产生影响

示例：步入社会后，他受到了一些不良习气的熏染。

(12) **《神农本草经》**

与《黄帝内经》《难经》《伤寒杂病论》并称为中国古代医药“四大经典”，是“四大经典”中唯一专门记载药材的典籍，全书记载了365种药材，被誉为中国传统本草学的“奠基之作”。

(13) **《肘后备急方》**

也叫《肘后救卒方》。“肘后”，是指可以挂在臂肘上，比喻携带方便；“备急方”或“救卒方”，是指救治突然发生的疾病的药方。这本书里记载了一些针对常见和突发疾病的简便药方和急救疗法。可贵的是，书中所开列的药方的用药，十分“接地气”，几乎都是草石类药材，价格低廉，平民百姓都能就地找到和采到。

(14) **《本草纲目》**

明代李时珍用近30年时间所编本草著作。全书采用“目随纲举”编写体例，故以“纲目”命名，集中国16世纪之前药学成就之大成。

(15) **《本草备要》**

清代汪昂创作的古代中医药学著作，共8卷，本书可视为临床药物手册。

（16）**大浪淘沙**　dàlàng-táoshā

释义：在大浪中洗净砂石，比喻在激烈的斗争中经受考验、筛选

示例：站到决赛场上的选手都是大浪淘沙具备真功夫的。

（17）**功夫不负有心人**

释义：只要勤奋、认真地去做某事，就一定会有所成就

示例：经过十二年的刻苦学习，功夫不负有心人，他终于考上了北京大学。

（18）**寥寥数语**　liáoliáo-shùyǔ

释义：非常简短的话

示例：她逻辑十分清楚，寥寥数语就把整件事说清楚了。

（19）**绞尽脑汁**　jiǎojìn-nǎozhī

释义：费心思，费脑筋

示例：小严被这件事难住了，绞尽脑汁也想不出解决办法。

（20）**神农尝百草**

中国古代神话故事中，神农氏通过药物的“气”和“味”，根据身和口的感受，来辨别药性，最后因尝断肠草而死。

练习

1．选择下列词语的正确读音。

（1）呱呱坠地

A．guāguā-zhuìdì　　B．guāguā-luòdì

C．gūgū-zhuìdì　　D．gūgū-luòdì

（2）淋漓

A．línlín　　B．línglí　　C．línlí　　D．línglín

（3）肆虐

A．shìnüè　　B．sìnuè　　C．sìnüè　　D．shìnuè

（4）痊愈

A．quányù　　B．bìngyù　　C．quányú　　D．bìngyú

（5）寥寥数语

A．liàoliào-shùyǔ　　B．liáoliáo-shùyǔ

C．liàoliào-shǔyǔ　　D．liáoliáo-shǔyǔ

2．根据课文内容，选择正确答案。

（1）屠呦呦的名字取自________。

A.《诗经》　B.《楚辞》　C.《论语》　D.《道德经》

（2）屠呦呦少年时得过________，是通过中药治愈的。

A. 疟疾　B. 蚊虫叮咬　C. 痢疾　D. 发烧

（3）中国古代医药“四大经典”是________。

A.《神农本草经》《黄帝内经》《难经》《养性延命录》

B.《神农本草经》《黄帝内经》《难经》《伤寒杂病论》

C.《灵枢》《素问》《黄帝内经》《伤寒杂病论》

D.《灵枢》《黄帝内经》《难经》《伤寒杂病论》

（4）“523”项目是以________命名的。

A. 工作人员人数　B. 投入资金数

C. 实验次数　D. 会议日期

（5）屠呦呦提取了________用来治疗疟疾。

A. 青蒿素　B. 青草素　C. 青霉素　D. 草原素

3．根据课文内容判断正误，对的打√，错的打×。

（1）呦呦的意思是小马嘶鸣的声音。（　）

（2）疟疾的症状是一会儿冷得打颤，一会儿热得高烧。（　）

（3）屠呦呦从《神农本草经》中发现了中国古代用青蒿治疗疟疾。（　）

（4）青蒿素提取的关键在于湿度。（　）

（5）青蒿冷浸法共试验 200 多次才获得成功。（　）

4．根据课文内容，给下列句子排序。

（1）经过几百次试验，屠呦呦终于成功提取青蒿素。

（2）屠呦呦四处搜寻中国历代医书典籍并整理民间秘方。

（3）屠呦呦以身试药，证明青蒿素能安全地用于人类。

（4）屠呦呦获得诺贝尔生理学或医学奖。

（5）屠呦呦担任“523”项目课题组组长。

5．选词填空。

追溯　萦绕　知书达理　大浪淘沙　绞尽脑汁

(1) 经过时间的________，留下来的那些才是真朋友。

(2) 她受过良好的教育，行为举止________。

(3) 优美动听的笛声一直________在我耳边，久久难忘。

(4) 这道题实在太难了，明明______，最后还是放弃了。

(5) 爷爷经常和我们讲他小时候的趣事，一遍遍地________自己的青春年华。

6. 讨论题。

你的国家有哪些特有的植物？请说一说它们的外形特征、生长习性和分布范围等。除了观赏和食用，它们还有什么特殊功效吗？

三、课文二

五禽戏

上山学武艺十年了，老虎、梅花鹿、长臂猿、大熊和仙鹤五位师兄弟每日勤学苦练，冬练三九，夏练三伏，一套套功夫练得有模有样。今天，是他们出师下山的日子，按照惯例，他们要在同门众人面前表演一番，亮一亮身手。只见五位英姿勃发，个个摩拳擦掌、跃跃欲试，迫不及待地想一展身手，在众多师弟师妹面前显显威风。

还没等龟师父说话，老虎凌空一跃，扑向场中空地，一声响彻云霄的虎啸把大家都惊住了。作为百兽之王的老虎，只见他面露凶猛之相，双目炯炯有神地注视着众人，额前的“王”字更给老虎增添了百兽之王的精气神。老虎的双手伸缩有力，出拳疾猛，躯干扭动干脆利落，整套动作至阳至刚，动则如雷霆撼天，静则如泰山稳固。众人不禁喝彩起来。

梅花鹿迈着轻盈的步伐缓缓前来。他动作敏捷灵动，颇具静谧恬然之态。他左顾右盼，静立时挺身眺望，奔走时四肢灵活，一双鹿角如两柄短剑，配合着招式，安详轻快的体态令人着迷。

此时，众人听到空中传来动静，抬头望去，只见长臂猿荡着树枝，稳稳地落在地上。他好动不喜静，爱跳跃攀枝，会三闪六躲，双目大而明亮，歪头侧目望着众人，露出机敏灵动之意。长臂猿好似不知疲倦，又仿佛被按了快进键，一套拳法耍完，只见他的身影如一阵疾风掠过。

没等众人回过神来，大熊沉重有力的步伐踏得众人心口怦怦直跳。看似憨厚笨拙的大熊，缓慢地出掌，力气无穷，把一块大石震得粉碎，真有拔树撼山之力。大熊沉稳中亦有轻灵，他双掌贴树，左摇右晃，一会儿就爬上一颗大树，沉稳中有灵敏，真是粗中有细，刚柔并济。

空中传来一声鹤唳，仙鹤翩翩而至。她身材修长，挺拔昂然，神韵怡然自得。立时如针，傲然挺立，展翅时有凌云之势，仙风道骨，富有意境美，形神合一，让人看得如痴如醉，忘了是在切磋武艺。

龟师父看得喜笑颜开，不住点头。他连声赞叹："徒弟们，你们十年磨一剑，个个都是武林高手，为师十分满意。你们谁还记得刚才那套武术的由来吗?"老虎恭恭敬敬地向龟师父行了个礼，说道："师父，这是您教我们的第一课，徒儿从不敢忘。我们刚才演示的是五禽戏，是一套模仿虎、鹿、熊、猿、鸟的健身运动，模仿老虎凶猛扑腾、小鹿轻快飞奔、猿猴欢腾跳跃、黑熊慢步行走、鸟儿展翅翱翔。"

"是的"，梅花鹿优雅地走上前来，"五禽戏简便易学，无论男女均易上手。大家可以经常操练五禽戏，五禽戏能清目明脑，强壮身体，滑利关节，增进心肺功能，增强身体素质"。

长臂猿荡在半空中悠悠地附和："五禽戏是我国古代流传下来的一种健身运动，经三国名医华佗汇总创编而成。练习五禽戏可起到'血脉流通，病不得生'的功效。难怪人们用'华佗再世'形容医术高明，有如华佗再来到人世一般。"

大熊慢吞吞地说道："最早以文字记述五禽戏具体动作的文献是南北朝名医陶弘景所著的《养性延命录》，此书图文并茂，详细生动地描述了五禽戏的练习方法。五禽戏发展至今已形成众多流派，虽然每个流派都有各自的风格和侧重点，但都是以五禽动作为基础、结合自身特点而形成的导引法。"

仙鹤优雅地扇动着翅膀，说："师父教导过，中国武术博大精深、源远流长，缘起于远古祖先的生产劳动。到了近代，武术逐步成为中国体育的有机组成部分。中国武术以技击为主要内容，以套路和搏斗为运动形式，是中国人民长期积累起来的宝贵文化遗产。"

龟师父笑弯了眼，说："好徒儿，你们说的都不错！中国武术讲究刚柔并济、内外兼修，不论是五禽戏，还是十八般武艺，不是让人好勇斗狠、逞强好胜的，而是用来强身健体、陶冶身心的。中国武术既有强健雄壮的外形，更有意蕴深远的内涵，蕴含着先哲们对生命和宇宙的参悟。《道德经》有云：'人法地，地法天，天法道，道法自然。'也就是说，宇宙天地间的万事万物都遵循自然而然的规律。就如五禽戏，是源起于自然界中五种动物各具特色的运动形态。看来你们已经领悟了中国武术的精髓，好徒儿，下山吧！传播中华武术就靠你们了！"

图 6-2　五禽戏

注释

（1）**冬练三九，夏练三伏**

释义：谚语，描述勤奋努力的人在一年中最冷和最热的时间仍在练习

示例：中国军人冬练三九，夏练三伏，肩负保家卫国的重任。

（2）**有模有样**　yǒumú-yǒuyàng

释义：像模像样，形容模仿得很像

示例：她小小年纪，唱起京剧可是有模有样。

（3）**摩拳擦掌**　móquán-cāzhǎng

释义：形容劳动或战斗前精神振奋的样子

示例：士兵们个个摩拳擦掌，只等一声令下，冲锋战斗。

(4) **跃跃欲试** yuèyuè-yùshì

释义：非常急切地想试试

示例：比赛场上，运动员们个个精神抖擞，跃跃欲试。

(5) **迫不及待** pòbùjídài

释义：急迫得不能再等待，表示非常急切的心情

示例：一进游乐场，小朋友就迫不及待地去玩碰碰车。

(6) **响彻云霄** xiǎngchè-yúnxiāo

释义：响声直达高空，形容声音非常响亮

示例：冲锋的号角响彻云霄，战士们如猛虎般冲向敌人的阵地。

(7) **炯炯有神** jiǒngjiǒng-yǒushén

释义：形容目光明亮，很有精神

示例：望着他炯炯有神的眼睛，我觉得充满了信心。

(8) **左顾右盼** zuǒgù-yòupàn

释义：向左右两边看，形容得意或犹豫的神态

示例：小明上课左顾右盼，一点儿也不专心。

(9) **憨厚** hānhòu（形）

释义：朴实厚道

示例：王叔叔是个憨厚的人，与邻居们相处得很好。

(10) **翩翩** piānpiān（形）

释义：形容轻快地跳舞，也指动物飞舞

示例：伴随着音乐，她翩翩起舞。

(11) **仙风道骨** xiānfēng-dàogǔ

释义：形容超凡脱俗的神态和举止

示例：只见从大宅里走出一位仙风道骨的老者。

(12) **如痴如醉** rúchī-rúzuì

释义：形容神态失常，失去自制

示例：她陶醉在美妙的音乐中，如痴如醉地听了两个小时。

(13) **喜笑颜开** xǐxiào-yánkāi

释义：形容因为高兴而满面笑容的样子

示例：今年获得了大丰收，农民们看着金黄的稻谷，个个喜笑

颜开。

(14) **翱翔** áoxiáng（动）

释义：在空中回旋地飞

示例：我们要用努力为理想插上翅膀，让它在蓝天翱翔。

(15) **华佗** Huà Tuó

东汉末年医学家，行医足迹遍及安徽、河南、山东、江苏等地。他医术全面，尤其擅长外科，首创用全身麻醉法实施外科手术，他配制的麻醉药——麻沸散，是世界上最早的麻醉剂。他被后世尊为“外科鼻祖”。华佗还提倡养生之道，是中国古代医疗体育的创始人之一。

(16) **《养性延命录》**

该书辑录了上自炎黄、下至魏晋之间的导引养生理论与方法，共分上、下两卷，六篇，是对养生术的一次大总结。

(17) **好勇斗狠** hàoyǒng-dòuhěn

释义：喜欢逞威风和打斗，形容人凶狠

示例：这个人好勇斗狠，大家都躲着他。

(18) **逞强好胜** chěngqiáng-hàoshèng

释义：显示自己能力强并想赢过别人

示例：小黄逞强好胜，经常和同事发生冲突。

(19) **参悟** cānwù（动）

释义：佛教指参禅悟道，也泛指领悟道理

示例：对于同一件事，每个人的参悟是不同的。

(20) **《道德经》**

相传为春秋时期老子的作品，是道家哲学思想的重要来源。以道德为纲，论述治国、用兵、修身、养生之道，文意深奥，内涵广博。

练习

1．选择下列词语的正确读音。

(1) 有模有样

A．yǒumó-yǒuyàng　　B．yǒumú-yǒuyáng

C．yǒumó-yǒuyáng　　D．yǒumú-yǒuyàng

(2) 跃跃欲试

A. yàoyào-yùshì　　B. yuèyuè-yùsì

C. yàoyào-yùsì　　D. yuèyuè-yùshì

(3) 炯炯有神

A. tóngtóng-yǒushén　　B. jiǒngjiǒng-yǒushén

C. tóngtóng-yǒushéng　　D. jiǒngjiǒng-yǒushéng

(4) 翩翩

A. biǎnbiǎn　　B. biànbiàn

C. piānpiān　　D. piánpián

(5) 翱翔

A. áoxiáng　B. fēixiáng　C. áoyǔ　D. fēiyǔ

2．根据课文内容，选择正确答案。

(1) 五禽戏是模仿以下哪五种动物的形态动作？

A. 虎、鹿、豹、猿、鸟　　B. 虎、鹿、熊、猿、鸟

C. 虎、鹿、熊、猿、狗　　D. 虎、蛇、熊、猿、鸟

(2) 五禽戏中模仿了以下哪种动物“凶猛威武，至阳至刚”的特点？

A. 熊　B. 猿　C. 虎　D. 鹿

(3) 五禽戏是以下哪位名医所创编的？

A. 华佗　B. 扁鹊　C. 李时珍　D. 陶弘景

(4) 最早记录五禽戏动作的文献是________。

A.《神农本草经》　　B.《黄帝内经》

C.《养性延命录》　　D.《难经》

(5) 五禽戏的内涵出自以下哪部著作？

A.《孔子》　B.《孟子》　C.《吕氏春秋》　D.《道德经》

3．根据解释写出成语并造句。

(1) 形容劳动或战斗前精神振奋的样子：________________________

____

(2) 急迫得不能再等待，表示非常急切的心情：________________________

____

(3) 向左右两边看，形容得意或犹豫的神态：________________________

____

（4）形容因为高兴而满面笑容的样子：________________

（5）显示自己能力强并想赢过别人：________________

4．将下列词语排列成句并注明标点。

（1）中　老虎　场　向　空地　一跃　凌空　扑

____

（2）缓缓　来　步伐　轻盈　的　着　梅花鹿　前　迈

____

（3）疾风　的　掠过　如　长臂猿　一阵　身影

____

（4）粉碎　得　一块　熊　震　把　大石

____

（5）修长　自得　仙鹤　怡然　身材　神韵

____

5．根据课文内容回答问题。

（1）“三九”和“三伏”是什么意思？

____

（2）五禽戏的发展流程是怎么样的？

____

（3）五禽戏的主要功能是什么？

____

（4）五禽戏是怎么体现“道法自然”的理念的？

____

（5）中国武术的起源是什么？

____

6．讨论题。

（1）你的国家有哪些特有的动物？请描述他们的外形、饮食习性、分布范围和特点等。

（2）你听说过中国武术吗？你有没有练习过武术？武术给你的最初印象是什么？你知道中国武术的各种流派吗？你通过电视、网络等媒体看到的或你想象中的武术和你的实际体会有什么异同？你觉得中国武术精神是什么？请围绕这些要点谈谈你的看法。

四、课文三

新蔡桓公就医

这天清晨，蔡桓公刚醒来，就觉得嗓子火辣辣地疼痛，喉咙口仿佛有一团烈火在熊熊燃烧。他喝了口水，觉得嗓子眼好像被堵了一团棉絮，连水都难以下咽。仆人赶忙给他请来医生。不多时，来了一位身穿白大褂的青年，脖子上挂着奇怪的钩子一样的物件，末端还垂下一个圆环。

“怎么来人不是扁鹊？”蔡桓公有些恼怒，“快宣扁鹊”。

仆人为难地说：“这……君上，扁鹊已经被您赶走了！”

蔡桓公一下子想起上次“扁鹊见蔡桓公”的经历。一次，扁鹊路过齐国，去拜见蔡桓公。扁鹊在蔡桓公面前站了一会儿，发现他神色不对，便说：“您得病了，目前病在肌肤里，如果不及时治疗，病情要加重。”蔡桓公不以为然，说：“我没有什么病。”扁鹊只好告辞离开。蔡桓公对身边人说：“这个扁鹊，沽名钓誉，就想妄称别人有病，来显示自己的医术高明。”过了十天，扁鹊再一次进见蔡桓公，他看看蔡桓公的脸色，郑重地说：“您的病深入肌肉里了，不抓紧治疗就会加重！”蔡桓公并不理睬，扁鹊走后，蔡桓公满脸不高兴。又过了十天，扁鹊再一次进见蔡桓公，他忧心忡忡地说：“您的病已经深入肠胃了，不及时治疗就会更严重！”蔡桓公仍然对他不理不睬，看到蔡桓公面露愠色，扁鹊只能无奈地离开。又过了十天，扁鹊看到蔡桓公，远远地掉头就跑。这下蔡桓公有点儿丈二和尚摸不着头脑了，他特地派人问扁鹊是怎么回事。扁鹊说：“病在皮肤纹理之间，用药水或热水敷治能治好；病在肌肉里，用针灸可以治好；病在肠胃里，用火剂汤可以治好；病在骨髓里，那是回天乏术了！现在已经病入骨髓，我也无能为力了！”扁鹊料到蔡桓公已经不可救药，怕他迁怒自己，于是躲到了秦国。

想到这里，蔡桓公觉得自己的嗓子里仿佛针戳一般疼痛难忍。他“哎哟，哎哟”地叫唤起来。穿着白大褂的年轻人赶紧上前，拿起手中扁扁的圆环就往蔡桓公的胸口按去。蔡桓公大惊失色，以为年轻人要加害他。年轻人微微一笑，说：“别担心。我是小扁，是扁鹊的后人，我传承家学，也是一位医生。这个您没见过吧？这叫听诊器，是现代医生最常用的诊断工具，通过它，隔着衣服我也能听到您的心脏、肺部和其他内脏器官发出的声音，放松些。”说着，小扁就用听诊器检查起来，“听声音还好，不像是肺炎。为了保险起见，还是用电子喉镜做进一步检查吧。”小扁推来一台金属仪器，底座有各种按键和操作面板，上部是一块显示屏，小扁拿起电子喉镜伸进了蔡桓公的口腔。通过检查，小扁说症状显示是声带小结早期，以后要注意保护嗓子，并给蔡桓公开了一些药。

蔡桓公仍然将信将疑，就用这奇怪的器物，就能诊断病情？小扁看出了蔡桓公的疑惑，他解释道：“我的先辈扁鹊开创了望、闻、问、切的四诊之法，开辟了中医诊断学先河，给中国医学的发展奠定了基础。现代医学进一步发展，出现了更先进的诊疗仪器，比如 X 光是医学影像最基础的一种检查方式，您看这张 X 光片就能清楚地显示病人的肺部纹理。”蔡桓公看到 X 光片上的清晰的内脏影像，有些犹豫，这会不会对身体有害呢？小扁继续说道：“这是临床用途最广泛的检查之一，是在安全范围之内的。您可以每年定期体检，这样就能对自己的健康状况了如指掌了。这是‘治未病’的理念。”

“治胃病？你看我，牙口好，胃口好，吃嘛嘛香，怎么会有胃病？”蔡桓公哈哈笑道。

“不是胃病”，小扁医生忍俊不禁，“是治未病，最早源自《黄帝内经》：‘上工治未病，不治已病，此之谓也。’就是要采取相应的措施，防止疾病的发生发展，这种未病先防、既病防变和病愈防复的中医理念和扁鹊对您的诊疗如出一辙。”

蔡桓公追悔莫及地说：“那该如何是好？扁鹊说我病入膏肓，我却不信他，还把他赶跑了！”小扁医生宽慰道：“您别太担心，2001 年，在中国政府有关部门的支持下，中国成立了中华骨髓库，也就是中国造血干细胞捐献者资料库，可以为患者检索配型合适的捐献者。截至 2020 年年底，中华骨髓库库容超过 293 万份，累计为临床提供造血干细胞 10 684 例，其中向国（境）外捐献364例。这种爱的传递延续了生命，让人感受到人性的善良和世间的温暖。就算病入骨髓，只要相信医学，积极治疗，也是有治愈希望的。”

“唉!”蔡桓公重重地叹了口气，说道：“我当初真不该讳疾忌医啊！小扁，你快使出本领，妙手回春，我重重有赏……”

图 6-3 中华骨髓库网站

注释

（1）**火辣辣** huǒlàlà（形）

释义：① 形容酷热

示例：太阳火辣辣地炙烤着大地。

释义：② 形容疼痛的感觉

示例：小张不小心打翻了开水壶，手被烫得火辣辣地疼。

释义：③ 形容焦急、害羞、暴躁等激动的心情

示例：听到老师的批评，丽丽脸上火辣辣的。

（2）**《扁鹊见蔡桓公》**

扁鹊见蔡桓公，立有间，扁鹊曰：“君有疾在腠理，不治将恐深。”桓侯曰：“寡人无疾。”扁鹊出，桓侯曰：“医之好治不病以为功!”

居十日，扁鹊复见，曰：“君之病在肌肤，不治将益深。”桓侯不应。扁鹊出，桓侯又不悦。

居十日，扁鹊复见，曰：“君之病在肠胃，不治将益深。”桓侯又不应。扁鹊出，桓侯又不悦。

居十日，扁鹊望桓侯而还走。桓侯故使人问之，扁鹊曰：“疾在腠理，汤熨之所及也；在肌肤，针石之所及也；在肠胃，火齐之所及也；在骨髓，司命之所属，无奈何也。今在骨髓，臣是以无请也。”

居五日，桓侯体痛，使人索扁鹊，已逃秦矣。桓侯遂死。

《扁鹊见蔡桓公》是战国时期思想家韩非创作的一篇散文。此文讲述了

蔡桓公讳疾忌医，最后病入骨髓、体痛致死的寓言故事。作者赞颂了扁鹊的高超医术和智慧，批评了蔡桓公的固执和愚昧，警示为政者应勇于面对社会现实，及时采取施政措施。

（3）**妄称** wàngchēng（动）

释义：虚假或者狂妄地声称

示例：他妄称自己是这个学科的创始人，大家都不以为然。

（4）**忧心忡忡** yōuxīn-chōngchōng

释义：形容非常担心、忧愁的样子

示例：对于未来，他总是忧心忡忡的。

（5）**愠色** yùnsè（名）

释义：恼怒的脸色

示例：父亲面露愠色，但仍尽力克制，耐心向儿子解释。

（6）**丈二和尚摸不着头脑**

释义：比喻弄不清楚状况，搞不明白底细。

示例：张主任刚来这个单位，对之前的情况丈二和尚摸不到头脑。

（7）**针灸** zhēnjiǔ

中医针法和灸法的合称。针法是把毫针刺入患者的穴位；灸法是指用燃烧着的艾卷或艾团熏灼皮肤，以热刺激穴位，达到调和气血、畅通经脉的作用。

（8）**火剂汤** huǒjìtāng

一种清火、治肠胃病的汤药。

（9）**不可救药** bùkě-jiùyào

释义：病重到没有药可以医治，比喻到了无法挽救的地步

示例：他屡教不改，真是不可救药。

（10）**迁怒** qiānnù（动）

释义：自己不顺心时跟别人生气

示例：不能随意迁怒别人，这是基本修养。

（11）**大惊失色** dàjīng-shīsè

释义：形容非常害怕，脸色都变了

示例：他看到窗外闪过一个黑影，大惊失色。

(12) **器物**　qìwù（名）

释义：用具的总称

示例：马王堆出土了古代的各种器物。

(13) **望、闻、问、切**　wàng，wén，wèn，qiè

中医诊断疾病的四种基本方法。望指观气色；闻指听声音和嗅气味；问指询问症状；切指摸脉象。

(14) **先河**　xiānhé（名）

释义：古代以黄河为海的本源，因此帝王祭祀时，先祭河，再祭海；后指起倡导在先的事物

示例：黄梅戏开创了戏曲进入流行音乐领域的先河。

(15) **了如指掌**　liǎorúzhǐzhǎng

释义：就像看自己的手掌那样清楚，形容对事物非常了解

示例：班主任对各位同学的情况都了如指掌。

(16) **忍俊不禁**　rěnjùn-bùjīn

释义：忍不住发笑

示例：小皮做了个鬼脸，同学们忍俊不禁，气氛一下子活跃起来。

(17) **《黄帝内经》**

分《灵枢》《素问》两部分，奠定了人体生理、病例、诊断和治疗的认识基础，是中国影响极大的一部医学著作，被称为“医之始祖”。

(18) **如出一辙**　rúchūyīzhé

释义：辙，车轮碾轧的痕迹。形容两种言论或行动非常相似。

示例：虽然没经过商量，可他们俩的话如出一辙。

(19) **追悔莫及**　zhuīhuǐ-mòjí

释义：后悔也来不及

示例：很多机会稍纵即逝，当失去时已经追悔莫及。

(20) **病入膏肓**　bìngrùgāohuāng

释义：指病已经严重到了无法医治的地步，比喻事情到了无法挽救的地步

示例：他已经病入膏肓，最放心不下的就是年幼的儿子。

(21) **讳疾忌医** huìjí-jìyī

释义：隐瞒疾病，不愿医治，比喻掩饰缺点，不愿改正

示例：在工作上讳疾忌医的人，会把问题弄得更严重。

(22) **妙手回春** miàoshǒu-huíchūn

释义：指医生医术高超，能把垂危的病人治好

示例：由于医生妙手回春，他已经痊愈了。

练习

1．选择下列词语的正确读音。

(1) 火辣辣

A. huǒlālā　　B. huǒlálá　　C. huǒlǎlǎ　　D. huǒlàlà

(2) 妄称

A. wángchēng　　B. wàngchēng

C. wángchēn　　D. wàngchēn

(3) 忧心忡忡

A. yóuxīnzhōngzhōng　　B. yōuxīnzhòngzhòng

C. yōuxīnchōngchōng　　D. yóuxīnchōngchōng

(4) 愠色

A. wēnsè　　B. shīsè　　C. xiǎnsè　　D. yùnsè

(5) 针灸

A. zhēnjiǔ　　B. zhēnjiū　　C. zhēngjiǔ　　D. zhēngjiū

2．选出与画线部分意思相近的项。

(1) 他心胸狭窄，有问题就迁怒于人。

A. 责骂　　B. 出气　　C. 吵架　　D. 打架

(2) 我再一次郑重地感谢大家的支持。

A. 严肃　　B. 庄重　　C. 诚恳　　D. 正式

(3) 万般无奈下，他只好放弃了。

A. 无所谓　　B. 无能为力　　C. 无助、遗憾　　D. 没有乐趣

(4) 这个唐代墓出土了大量的陶器、漆器、铁器等器物。

A. 机器　　B. 贡品　　C. 摆件　　D. 物件

（5）这篇文章开创了现代白话文的<u>先河</u>。

A. 大河　　B. 天河　　C. 开端　　D. 大江

3．请将作者与作品名配对。

（1）葛洪　　a.《本草纲目》

（2）汪昂　　b.《伤寒杂病论》

（3）李时珍　　c.《肘后备急方》

（4）陶弘景　　d.《养性延命录》

（5）张仲景　　e.《本草备要》

4．根据课文内容填空。

一次，扁鹊路过齐国，去拜见蔡桓公。扁鹊在蔡桓公面前站了一会儿，发现他神色不对，便说："您得病了，目前病在______里，如果不及时治疗，病情要加重。"蔡桓公不以为然，说："我没有什么病。"扁鹊只好告辞离开。蔡桓公对身边人说："这个扁鹊，沽名钓誉，就想妄称别人有病，来显示自己的医术______。"过了十天，扁鹊再一次进见蔡桓公，他看看蔡桓公的脸色，郑重地说："您的病深入______里了，不抓紧治疗就会加重！"蔡桓公并不______，扁鹊走后，蔡桓公满脸不高兴。又过了十天，扁鹊再一次进见蔡桓公，他______地说："您的病已经深入______了，不及时治疗就会更严重！"蔡桓公仍然对他不理不睬，看到蔡桓公面露______，扁鹊只能无奈地离开。又过了十天，扁鹊看到蔡桓公，远远地掉头就跑。这下蔡桓公有点儿丈二和尚摸不着头脑了，他特地派人问扁鹊是怎么回事。扁鹊说："病在皮肤纹理之间，用药水或热水敷治能治好；病在肌肉里，用______可以治好；病在肠胃里，用火剂汤可以治好；病在______里，那是回天乏术了！现在已经病入骨髓，我也无能为力了！"扁鹊料到蔡桓公已经不可救药，怕他______自己，于是躲到了秦国。

5．写作。

请写一写你看病的经历。描述一下你的病情、心情和治疗的过程。

6．讨论题。

你来自哪里？你的祖国或家乡有神话故事吗？请给我们讲一讲。

参考答案

课文一

1. （1）C　（2）C　（3）C　（4）A　（5）B

2. （1）A　（2）A　（3）B　（4）D　（5）A

3. （1）×　（2）✓　（3）×　（4）×　（5）×

4. （5）（2）（1）（3）（4）

5. （1）大浪淘沙　（2）知书达理　（3）萦绕　（4）绞尽脑汁（5）追溯

6. 略

课文二

1. （1）D　（2）D　（3）B　（4）C　（5）A

2. （1）B　（2）C　（3）A　（4）C　（5）D

3. （1）摩拳擦掌

造句：比赛前，队员们纷纷摩拳擦掌，枕戈待旦。

（2）迫不及待

造句：我还没来得及回答，他就迫不及待地说出了答案。

（3）左顾右盼

造句：上课要认真听讲，不要左顾右盼。

（4）喜笑颜开

造句：考取了好成绩，他喜笑颜开。

（5）逞强好胜

造句：一味逞强好胜，最终得不到好结果。

4.

（1）老虎凌空一跃，扑向场中空地。

（2）梅花鹿迈着轻盈的步伐缓缓前来。

（3）长臂猿的身影如一阵疾风掠过。

（4）熊把一块大石震得粉碎。

（5）仙鹤身材修长，神韵怡然自得。

5.

（1）“三九”指的是冬至后的第三个“九天”（数九从每年冬至开始，每九天算一“九”）。“三伏”是初伏、中伏和末伏的统称，是一年中最热的时节。每年出现在阳历 7 月中旬到 8 月中旬。

（2）五禽戏是我国古代流传下来的一种健身运动，经三国名医华佗汇总创编而成。五禽戏发展至今已形成众多流派，虽然每个流派都有各自的风格和侧重点，但都是以五禽动作为基础、结合自身特点而形成的导引法。

（3）练习五禽戏能清目醒脑，强壮身体，滑利关节，增进心肺功能，增强身体素质，可起到“血脉流通，病不得生”的功效。

（4）五禽戏，是源起于自然界中的五种动物各具特色的运动形态，都遵循自然而然的规律。

（5）中国武术缘起于远古祖先的生产劳动。到了近代，武术逐步成为中国体育的有机组成部分。

6. 略

课文三

1. （1）D　（2）B　（3）C　（4）D　（5）A

2. （1）B　（2）B　（3）C　（4）D　（5）C

3. （1）c　（2）e　（3）a　（4）d　（5）b

4. 肌肤，高明，肌肉，理睬，忧心忡忡，肠胃，愠色，针灸，骨髓，迁怒

5. 略

6. 略

第七章

标志词与关联词

一、本章要点

（一）阅读技能：标志词、关联词

组成文章的句子之间的逻辑关系，往往由一些标志词来表现。常见的标志词可以分为以下几大类：

表重复和补充："即""换句话说""也就是说"等。

表顺序和分类："首先""其次""然后""最后"等，有时用年、月、日来表示时间先后顺序。表示分类的标志词较少，有时可以用数字直接标志。

表原因和来源："因为""因此""由于""之所以……是因为……"。

表转折和对比（比较）："可是""但是""不过""然而""虽然……但是……""却"。

表对比："相反""另一方面"等。

表总结和概括："总之""综上""由此"等。

关联词是指能够把两个或者两个以上在意义上有密切联系的句子连接起来组成较复杂的句子的词语。常见的关联词可以分为以下几种：

表并列关系："既……又……""一边……一边……""不是……而是……""有时……有时……"。

表因果关系："因为……所以……""之所以……是因为……""既然……就……"。

表转折关系："虽然……但是……""尽管……还是……"。

表选择关系："或者……或者……""要么……要么……""与其……不如……"。

表假设关系："如果……就……""即使……也……""假如……就……"。

表条件关系："只要……就……""只有……才……""无论……都……"。

表递进关系："不但……而且……""不仅……而且……""不仅……还……"。

综上所述，表示逻辑关系的标志词在复句中常常由关联词表示。阅读时我们可以先找一些关联词，通过关联词，确定句子的逻辑关系。牢固掌握关联词的使用方法，可以有效提高语句排序的正确性。

（二）教学目标

1. 了解中国高铁的国内外发展、中欧班列和中国大桥的概况。
2. 通过了解路桥工程，培养学生的国际胸怀与国际视野。
3. 掌握关联词的使用方法。

（三）教学重点

1. 了解铁路对国家和生活的意义和功能。
2. 能在辩论中清晰有条理地表述自己的观点、反驳对方的论述。
3. 利用好标志词与关联词提高语句排序的准确率。

二、课文一

我在肯尼亚开高铁

——确认车位！

——车位正确！

——确认机车信号！

——绿灯！

——出站信号！

——出站好了！

我就是这么一遍一遍跟师傅温习操作流程的。你问我在干什么？你猜猜看！没错儿，开！火！车！

我是爱丽丝，是个来自肯尼亚的姑娘。我曾经在肯雅塔大学的孔子学院学习过汉语，也正因如此，我和中国结下了不解之缘，有机会到中国留学，也正是这段经历，成就了我现在的工作。要知道，在肯尼亚找工作并不是一件容易的事情，尤其是对于女性来说。可是，没有工科背景的我，却摇身一变，从一名翻译变成一名火车司机，而且是肯尼亚历史上首批女性火车司机，马上就要驶上蒙内铁路，我真是没办法不为自己骄傲一把！我不是孙悟空，不会七十二变，要成为火车司机的个中艰辛只有我自己心里清楚。

隔行如隔山，翻译出身的我，虽然可以顺利通过语言关，但是我和另外6位肯尼亚姑娘必须去中国陕西西安铁路技师学院接受为期50天的专业培训，学习理论知识，机车的驾驶、检修与维护，还要模拟驾驶呢！每天早上8点准时发车，通常我提前3个小时起床，做好一天的准备工作，中午只有1个小时休息时间，回到家已经是晚上8点了。对这个工作的向往让我们感受不到疲倦，每天都很充实，每天都有新的收获。我们的培训老师是最棒的老师，他对我们都很有耐心，特别善解人意。他经常夸我们勤奋、能吃苦，让我们更有干劲了！他说，只要驾驶操作足够熟练，没有什么会妨碍我们成为一名优秀的驾驶员。

成为一名优秀的驾驶员对于我来说真的太重要了，因为我爱我的祖国，对于肯尼亚来说，铁路就是发展存亡的命脉。肯尼亚最初就是一个诞生在铁轨上的国家。蒙内铁路并不是肯尼亚的第一条铁路。早在1901年的时候，英国人就修建了一条长达920千米、贯穿肯尼亚和乌干达的“疯狂铁路”，打开了东非文明和贸易的大门。但是由于历史遗留问题，这条铁路已经变得又老又破旧，西方资本主义国家不肯出资修缮，而肯尼亚政府又没有钱，眼睁睁看着曾经的“经济动脉”慢慢死去。糟糕的交通状况严重影响了肯尼亚经济的发展，肯尼亚迫切地需要重建铁路。正好这时，中国雪中送炭，帮助我们修建了一条全线都采用中国标准设计的崭新的铁路，东起肯尼亚东部港口蒙巴萨，西至肯尼亚首都内罗毕。从2014年12月12日开工到2017年5月31日，短短不到三年的时间，蒙内铁路就实现了正式通车运营。蒙巴萨是非洲第二大港口，内罗毕是肯尼亚首都和联合国环境署及人居署的总部所在地，都是举足轻重的城市。这么说吧，与中国相比，在肯尼亚，蒙巴萨相当于上海，内罗毕相当于北京，这条全长472千米的新铁路，相当于肯尼亚的“京沪高铁”，它的开通使蒙巴萨到内罗毕的客运时间一下就从原来的十几个小时缩短到4个小时。要知道，在一天之内往返内罗毕和蒙巴萨，这在以前不管坐火车还是乘大巴都是无法实现的。

我们非常感谢中国，蒙内铁路的通车不仅方便了肯尼亚人民的出行，而且极大提高了肯尼亚甚至东非的经济效益，对促进我们国家的发展是非常有益的，对加快非洲工业化进程也具有重要意义。对于肯尼亚人民来说，蒙内铁路的修建给我们带来了非常多的就业机会。中国不仅提供技术和资金支持，还负责技术人员的培训，“授人以鱼，不如授人以渔”，我们肯尼亚乘务员还会去中国接受专业培训。将来，蒙内铁路都会由我们肯尼亚人民自己负责，所有的管理工作都会移交给肯尼亚。对于我们女性来说，是中国给我们带来了这么好的机会，让我们有机会打破社会传统对性别的成见。现在，我们“女汉子”也可以顶起半边天，开火车这个“庞然大物”，干男人干的活了。相信这条世纪铁路一定会为我们自己的生活和东非国家带来巨大的改变，帮助我们实现经济的腾飞。

乘坐蒙内铁路列车已经成为到肯尼亚最值得做的20件事之一了。有机会你一定要来肯尼亚体验一下“中国高铁”，我一定亲自带你从火车上领略非洲稀树草原的热带风光，看非洲野生动物，还要通过东非大裂谷呢！绝对会让你叹为观止哦！

图 7-1　列车运行在蒙内铁路上

注释

（1）**肯尼亚**　Kěnníyà

肯尼亚共和国，位于非洲东部，东南临印度洋，首都内罗毕；大部分地区是高原，大多属热带草原气候；居民多从事农牧业，咖啡和茶叶是主要出口商品。

（2）**高铁**　gāotiě（名）

释义：指最高运营速度大于 200 千米/小时的铁路

示例：每次出差，高铁都是他的首选，高铁既快捷又方便，从来不晚点。

（3）**信号**　xìnhào（名）

释义：用来传递消息或命令的光、电波、声音等，比如汽笛、红绿灯等

示例：他们点燃火把，发出求救信号。

（4）**师傅**　shīfu（名）

释义：传授技艺的人

示例：师傅的话，句句都是金玉良言。

（5）**肯雅塔大学**

肯雅塔大学是肯尼亚的一所大学，成立于 1985 年，位于肯尼亚首都内罗毕。该校以肯尼亚共和国首任总统肯雅塔命名，综合排名位列肯尼亚第二，是东非知名的公立综合性大学。

（6）**孔子学院**

孔子学院是一所非营利性的国际中文教育机构，是中国国家对外汉语教学领导小组办公室在世界各地设立的推广汉语和传播中国文化的机构。中国国家汉语国际推广领导小组办公室（简称中国汉办）在全球多个国家合作开办孔子学院和孔子课堂，提供规范的汉语教材和正规的汉语教学课程。

（7）**不解之缘**　bùjiězhīyuán

释义：不能分解的缘分

示例：她从小就和舞台结下了不解之缘。

（8）**工科**　gōngkē（名）

释义：教学上对有关工程学科的统称，要注意同“理科”的区别

示例：工科就业率最好的专业是通信工程专业。

（9）**翻译**　fānyì（动/名）

释义：① 把一种语言文字的意义用另一种语言文字表示出来（动）

示例：这个故事已经被翻译成数十种语言出版了。

释义：② 做翻译工作的人（名）

示例：第一次当翻译，虽然有点儿紧张，但她还是能应对自如。

（10）**隔行如隔山**

释义：不是本行业的人就不懂这一行业的门道，指不同行业差别很大

示例：正所谓隔行如隔山，对于做买卖，我可真是一窍不通。

（11）**模拟**　mónǐ（动）

释义：模仿、效仿

示例：你知道在地球上是如何模拟太空中失重的状态的吗？

（12）**妨碍**　fáng’ài（动）

释义：阻碍，让事情不能顺利进行

示例：大声喧哗会妨碍别人学习。

（13）**乌干达** Wūgāndá

乌干达共和国，位于非洲东部，横跨赤道，东邻肯尼亚，南部与坦桑尼亚和卢旺达接壤，西接刚果（金），北连接南苏丹。乌干达工业基础薄弱，以农业为主。

（14）**眼睁睁** yǎnzhēngzhēng

释义：睁眼看着，形容没有办法、无可奈何

示例：蝗虫真是太厉害了，我们只能眼睁睁地看着地里的庄稼就这么被毁了。

（15）**动脉** dòngmài（名）

释义：西医所指的动脉是运送血液离开心脏的血管，常用来比喻重要的交通干线

示例：铁路运输在国民经济中占有重要地位，是国民经济的大动脉。

（16）**京沪高铁**

京沪高速铁路，简称京沪高铁，全长 1 300 多千米，全程需要 5 小时 40 分钟，是一条从北京市到上海市的高速铁路，是京沪客运专线，途经津、冀、鲁、皖、苏等省份，是中国南北交通的大动脉。京沪高铁于 2008 年正式开工，2011 年全线通车，初期运营速度 300 千米/小时。

（17）**授人以鱼，不如授人以渔**

出自《淮南子》，意思是送鱼给别人，不如教会他如何捕鱼。比喻教别人既有知识，不如教他学习知识的方法。第一个“授”是动词，给的意思。第二个“授”也是动词，教会、教授的意思。

（18）**成见** chéngjiàn（名）

释义：对人或者事物所持有的固定不变的看法（多指不好的）

示例：你对乡下人的成见太深了，明明他做的是好事，你却说是坏事。

（19）**东非大裂谷**

世界大陆上最大的断裂带，位于非洲东部，在卫星照片上就像一道巨大的伤疤。地质学家研究认为，东非大裂谷是在大约 3 000 万年以前由于非洲板块和印度洋板块分裂产生的。

（20）**叹为观止**　tànwéiguānzhǐ

释义：赞美见到的事物好到极点

示例：张家界的山真是让人叹为观止。

练习

1．选择下列词语的正确读音。

（1）信号

A．xìnhào　B．xìnghào　C．xìnháo　D．xìngháo

（2）不解之缘

A．bùjiēzhīyuá　B．bùjiézhīyuán

C．bùjiězhīyuán　D．bùxièzhīyuán

（3）模拟

A．móyǐ　B．mónǐ　C．múnǐ　D．múyǐ

（4）疲倦

A．píjuàn　B．píjuǎn　C．pījuàn　D．pījuǎn

（5）眼睁睁

A．hěnzhēnzhēn　B．hěnzhēnzhēn

C．yǎnzhēnzhēn　D．yǎnzhēngzhēng

2．根据课文内容，选择正确答案。

（1）爱丽丝来自________。

A．乌干达　B．英国　C．肯尼亚　D．蒙内

（2）爱丽丝成为火车驾驶员之前做的是什么工作？

A．培训老师　B．师傅　C．乘务员　D．翻译

（3）爱丽丝要上岗的火车线路是________。

A．蒙内铁路　B．京沪高铁

C．疯狂铁路　D．乌干达铁路

（4）爱丽丝去________接受岗前培训。

A．中国上海　B．中国陕西

C．中国北京　D．中国山西

（5）走蒙内铁路从蒙巴萨到内罗毕需要多久？

A．4 小时　B．4 天　C．十几小时　D．十几天

3．根据课文内容判断正误，对的打✓，错的打×。

（1）爱丽丝在肯尼亚肯雅塔大学学习轨道交通专业。（　　）

（2）爱丽丝懂魔术，会变身，会从翻译变身为火车司机。（　　）

（3）要成为肯尼亚火车司机不一定要工科背景。（　　）

（4）肯尼亚首批女性火车司机必须去中国接受50天的培训。（　　）

（5）英国人和中国人一起修建了蒙内铁路，助力肯尼亚发展。（　　）

4．用汉语解释下列词语并造句。

（1）流程：________________________________

____

（2）温习：________________________________

____

（3）艰辛：________________________________

____

（4）崭新：________________________________

____

（5）耐心：________________________________

____

5．根据课文内容回答问题。

（1）中国帮助肯尼亚修建的一条全线采用中国标准的铁路名称是什么？

____

（2）蒙内铁路是什么时候正式通车的？

____

（3）乘火车从蒙巴萨至内罗毕途中看到的自然景观有哪些？

____

（4）请简要介绍东非的自然地理情况。

____

（5）请举例说明在修建铁路的过程中中国工程师在海外的辛苦工作与伟大成果。

____

____

____

6．讨论题。

你喜欢火车吗？你注意过火车行驶的铁轨吗？你知道一条铁路是如何修建的吗？修建一条铁路前需要做哪些准备工作呢？在非洲草原上修铁路会遇到哪些好玩的事情呢？会有狮子、大象和长颈鹿吗？会不会有毒蛇？请围绕这些问题去了解修建铁路的知识和故事。同时，请围绕铁路对国家和人们生活的意义和功能展开讨论。

7．讨论题。

英国人在非洲修建的第一条铁路“米轨铁路”（因为只有一米宽），打开了非洲的大门，被称为“疯狂铁路”。“中国造”蒙内铁路是另一条“疯狂铁路”吗？请说出你的观点。

8．拓展知识。

你知道孙悟空是谁吗？七十二变又是什么？请搜集相关资料，与同学们分享。

三、课文二

中欧班列

（政治经济学课上，王老师组织学生们通过一场辩论，了解中欧班列的概念，明白其独特优势，展望中欧班列的发展前景。）

王老师：同学们，今天我们的话题是中欧班列。你了解什么是中欧班列吗？中欧班列，顾名思义，就是指中国和欧洲之间的班次列车，准确地说，是往来于中国与欧洲，以及“一带一路”沿线国家的集装箱国际铁路联运班列。古时候，我们有丝绸之路，现在我们有中欧班列。中欧班列被称为新时代的“陆上丝绸之路”。作为一种国际运输方式，中欧班列同传统的海洋运输方式和航空运输方式相比，有什么优势和劣势呢？你觉得哪种运输方式更胜一筹呢？请大家积极思考，展开讨论。

（王老师话音刚落，同学们前排的转后排，后排的靠前排，七嘴八舌，各抒己见，热火朝天地讨论起来。十分钟讨论时间结束，同学们争先恐后地要发表自己小组讨论的结晶。)

小张：我们认为，海洋运输还是国际贸易中最可取、最主要的运输方式。它的优点是：第一，有四通八达的天然航道，不像火车受轨道限制、汽车受道路限制。第二，船舶的运载量远远大于汽车和火车，一艘中等吨位的货轮的运载量相当于6 000节火车车厢。大家可以想象一下，这是多么悬殊！第三，船舶运输成本低，因为货物运载量大，分摊到每单位货物的运输成本就低。所以，总的来说，海运完胜！

小刘：你们说的有一定道理，但是海运的速度太慢了，而且会受到气候和自然条件的影响，航期不确定，风险太大。我们认为，现代高科技社会就应该选择航空运输，航空运输速度快、货运质量高，而且不受地面和海面条件的限制，特别适合运送不是液体的紧急物资、鲜活商品、精密仪器、贵重物品什么的，速度就是效益啊！

小杨：空运最快，海运时间最长，铁运介于中间！空运最贵，海运最便宜，铁运也介于中间！海运确实看起来便宜，但是一定比铁路运输更经济吗？远离海岸港口的内陆城市太多了，如果加上陆运短驳的成本，海运的成本优势就不那么明显了。另外，像牛奶这样的商品，走海运是不是时间长了点儿呢？所以我们认为铁路运输最可行。中欧班列就很好地补充了海运和空运。铁路运输可以几乎不受气候的影响，还能一年四季不分昼夜地运转，运输时间基本可控，多好啊！价格也不像空运那么昂贵，实在是国际运输的首选。

小李：小杨说的没错儿！铁路货运的优点在于运输里程长，运行速度快，路上耗时短，安全性能高，稳定性也高，可运输的物品种类非常多，绿色环保，不污染环境，而且不受自然环境影响。在中欧班列开通前，欧洲缺少直达中国的货运列车，货物的运输不仅耗时长，成本还高，这极大地制约了中欧经济贸易往来。现在，中欧班列时间更短，还有政府给予的大量补贴（有些地方是6 000元/标箱），所以越来越多的货主选择中欧班列。中欧班列已经成为国际物流中陆路运输的中流砥柱。

小赵：我赞同！铁路运输既安全又快捷。欧洲的一些国家几年前就想往中国出口水果了，可是中国海关关于进口水果的检疫标准是必须离岸时间20天以内。海运就算乘风破浪也得26天，动辄就一个月朝上了。空运的欧洲水果，谁吃得起……鲜果是别想了，嚼点儿维生素片吧！铁路一来，运输半个月足矣！欧洲果农大喜，农产品终于有人消费了，中国老百姓也大喜，终于可以吃上平价进口水果了！

（王老师总结发言）

王老师：同学们的发言都很精彩！通过今天的讨论，我们知道了连接亚欧大陆的中欧班列不仅仅是一条货物运输通道，还推动了各国的人文交流，将沿线各国人民紧密地联系在一起。此外，尤其是疫情期间，各航线管控严格，海运又会增加病毒传播风险，中欧班列的重要性和可靠性就更凸显出来了，疫情下的中欧班列开行数量和货物运载量不断地刷新纪录，在助力中欧共同抗疫中发挥了重要作用。到 2021 年，中欧班列开行 10 周年了。10 年来，中欧班列打通 73 条运行路线，开行累计突破 4 万列，通往欧洲 23 个国家的 160 多个城市，运输货品 5 万多种，合计货值达到 2 000 亿美元，成为名副其实的“钢铁驼队”。中欧班列开创了亚欧大陆运输的新篇章，铸就了沿线国家合作共赢、互惠互利的桥梁，成为“一带一路”倡议发展的重要组成部分，促进了区域共同发展，保障了国际产业链供应稳定畅通，愿“钢铁驼队”在未来的高质量发展中行稳致远！

下课以后，请同学们收集一些有关中欧班列的精彩故事，让我们对这条不一般的铁路有更进一步的了解，下次上课我们一起分享！

图 7-2　中欧班列“江苏号”　南京—莫斯科

注释

（1）**辩论**　biànlùn（动/名）

释义：持有不同观点的双方展开争论，彼此阐述理由示例：正反两方各持已见、针锋相对，道理讲得精辟透彻，这场辩论太精彩了。

(2) **顾名思义** gùmíng-sīyì

释义：从事物的名称联想到它的含义

示例：科技，顾名思义，就是科学技术。

(3) **集装箱** jízhuāngxiāng（名）

释义：货柜，按照一定规格制作，可以反复使用的大型容器，大多用金属材料制造

示例：吊车把集装箱从船上吊下来。

(4) **劣势** lièshì（名）

释义：情况或者形势不利，“优势”的反义词

示例：不努力工作，就会在竞争中处于劣势。

(5) **更胜一筹** gèngshèngyīchóu

释义：指技艺或者技能超过别人

示例：大型国有企业表现一般，反而是私营企业更胜一筹。

(6) **七嘴八舌** qīzuǐ-bāshé

释义：你一言我一语，形容人多嘴杂

示例：围观的人越来越多，七嘴八舌地说着吵架的经过。

(7) **各抒己见** gèshū-jǐjiàn

释义：各自发表各自的观点

示例：大会上，代表们各抒己见，共同商讨国家大事。

(8) **争先恐后** zhēngxiān-kǒnghòu

释义：争着向前，唯恐落后

示例：公开课上，同学们争先恐后地举手发言。

(9) **悬殊** xuánshū（形）

释义：相差很远

示例：比赛双方实力悬殊，结果显而易见。

(10) **完胜** wánshèng（动）

释义：球类、棋类等比赛中指始终处于上风并以明显优势战胜对手

示例：虽然不是主场，可是荷兰队却以大比分完胜。

（11）**短驳** duǎnbó（动）

货物到主运港后，由于承运的大船无法进入内地的或更远的小港，这时就需要用驳船将货物从主运港运至小港。也指短途接驳，将邻近两个或两个以上收货点的货物集中到同一个配载中心，进行配载操作。

（12）**不分昼夜** bùfēn-zhòuyè

释义：不分白天还是黑夜

示例：在有序的指挥下，抢险工作不分昼夜紧张地进行着。

（13）**环保** huánbǎo（名）

释义：环境保护

示例：越来越多的志愿者从事环保事业。

（14）**补贴** bǔtiē（名）

释义：贴补的费用

示例：政府每个月都给困难户发放补贴。

（15）**中流砥柱** zhōngliú-dǐzhù

释义：也说砥柱中流，形容人很坚强，不屈不挠，在艰难的环境中起到支柱作用

示例：父亲是我们家的中流砥柱。

（16）**乘风破浪** chéngfēng-pòlàng

释义：指船只乘着风势破浪前进，形容发展迅猛

示例：海面上，一艘帆船正乘风破浪，全速前进。

（17）**动辄** dòngzhé（书面语）

释义：动不动就

示例：股市风险极大，动辄让人倾家荡产。

（18）**疫情** yìqíng（名）

释义：疫病的发生和发展情况

示例：政府果断采取措施，防止疫情扩散。

（19）**名副其实** míngfùqíshí

释义：名称或名声与实际相符合

示例：李白的诗熠熠生辉，他真是名副其实的诗仙。

（20）**互惠互利** hùhuì-hùlì

释义：指交易能为双方都带来较大的利益或者能使双方减少损失

示例：我们渴望与客户建立互惠互利的合作关系。

（21）**行稳致远** xíngwěn-zhìyuǎn

释义：若想走得远，必须先走得稳

示例：做人张弛有度，做事不急不躁，人生才能行稳致远。

练习

1．选择下列词语的正确读音。

（1）劣势

A．lièzhí　　B．lüèzhí　　C．lièshì　　D．lüèshì

（2）各抒己见

A．gèshū-yǐjiàn　　B．gèyǔ-yǐjiàn

C．gèshū-jǐjiàn　　D．gèyǔ-jǐjiàn

（3）悬殊

A．xuánshū　　B．xuánzhū　　C．xiànshū　　D．xiànzhū

（4）乘风破浪

A．chènfēng-pòlàng　　B．chénfēng-pòlàng

C．chèngfēng-pòlàng　　D．chéngfēng-pòlàng

（5）名副其实

A．míngfúqíshí　　B．míngfùqíshí

C．mínfúqíshí　　D．mínfùqíshí

2．根据拼音写出下列词语，并用这些词语造句。

（1）biànlùn ____________

____

____

（2）lièshì ____________

____

____

（3）gèngshèngyīchóu ____________

____

____

（4）bùfēn-zhòuyè ____________________

____

____

（5）zhēngxiān-kǒnghòu ____________________

____

____

3．根据课文内容，选择正确答案。

（1）中欧班列是指哪种运输方式？

A．海洋运输　　B．航空运输

C．铁路运输　　D．公路运输

（2）下列哪一项不是海运的优势？

A．不受地面条件的限制　　B．有四通八达的天然航道

C．运载量大　　D．运费成本低

（3）下列物品中哪一件不适合空运？

A．紧急文件　　B．牛奶　　C．海鲜　　D．显微镜

（4）下列哪个说法不正确？

A．铁运运输里程长，运行速度快。

B．海运的费用一定是最便宜的。

C．空运特别适合运送贵重物品和紧急物资。

D．中欧班列运送的主要是集装箱。

（5）小赵用了什么产品的例子说明中欧班列的优势？

A．蔬菜　　B．牛奶　　C．水果　　D．维生素

4．根据课文内容判断正误，对的打✓，错的打×。

（1）中欧班列是集装箱国际铁路联运班列。（　　）

（2）小刘认为海洋运输还是国际贸易中最可取的主要运输方式。

（　　）

（3）海洋运输成本低，风险小。（　　）

（4）中欧班列运输时间上比海运有优势，费用比空运有优势。（　　）

（5）中欧班列打通了 70 多条运行路线，通往亚洲 23 个国家的 160 多个城市。（　　）

5．根据课文内容排序。

（1）小张认为海运优势最大，既经济又实惠。

（2）古时候，我们有丝绸之路，现在我们有中欧班列。

（3）小李和小赵都认可小杨的观点。

（4）小刘并不认可小张的观点，他认为空运速度快，应该是首选。

（5）小杨总结了小张和小刘的观点，提出铁路运输各方面都居中，性价比最高。

6．你知道吗？

中欧班列能不能载人？中欧班列开的全部都是中国的货运列车吗？中欧班列到底有多长？中欧班列可以寄快递吗，可以寄危险品吗？

一般情况下，只能载货不能载人哦，因为中欧班列上全是集装箱，你能想象乘着集装箱过 20 多天吗？其实，中欧班列是一个很小众的存在。如果你是从事国际进出口工作、跟国际铁路货运打交道的，有可能会接触到中欧班列。但如果你是普通人，中欧班列可能就跟你没有直接的关系了。但是中欧班列带来的欧洲产品倒是与我们关系密切。你喝的牛奶、吃的三文鱼，很有可能都是乘着中欧班列来的哦！

你还了解有关中欧班列的哪些秘密？请跟同学们一起解密中欧班列。

四、课文三

从赵州桥到港珠澳大桥

桥，指架在水面上或空中便于通行的建筑物，是最常见的建筑物类型之一。今天我们来听一个桥的故事。

中国自古以来就是桥梁大国，作为四大文明古国之一，中国历史悠久，桥梁的历史也源远流长。桥梁连接水陆，是融汇商贸、促进发展的重要媒介，它不但惠民，而且一直见证着历史。从古老的石板桥到当今的公路和铁路桥，中国的桥梁无论是数量上还是质量上都领跑世界，可以说，中国是不折不扣的世界第一桥梁大国，拥有桥梁界令人叹为观止的世界之最。

中国既有完整保留的赵州桥这样历史悠久的古代桥梁，也有世界上最长的现代化跨海大桥港珠澳大桥；既有主跨度世界最长的公路铁路两用大桥（朝天门长江大桥），又有跨度最大的桥梁（重庆石板坡长江大桥复线桥）……这么多优秀的桥梁谁最厉害呢？大家伙儿伯仲叔季，旗鼓相当，谁也不服谁，于是它们去找玉皇大帝做裁判。中国古老的神话传说中的“鹊桥”，又热心地干起了牵线搭桥的活儿。多亏了鹊桥，桥们登上天庭，见到玉皇大帝。

现代桥的代表港珠澳大桥首先发言：“今天中国最有名的桥当属我港珠澳大桥了。我全长 55 千米，打破了世界最长跨海大桥的纪录，现在排名第一哦！为了建造我，国家花费 1 000 多亿元，用了 40 万吨左右的钢材，相当于 60 座法国埃菲尔铁塔或者 10 座‘鸟巢’。我的结构构件精确度达到毫米级别，这可是瑞士高级手表的精度呢！我的建造过程就耗时 8 年，使用期限有 120 年，能够抵抗 8 级地震、16 级台风甚至是来自超大货船的撞击。我是集桥、岛、隧道于一体的大工程，技术挑战都是世界级别的，很多国家都认为这是不可能完成的任务，但是伟大的祖国靠我们自己的人力、财力、物力和技术，独立光荣地完成了这个看似完全不可能的艰巨任务，完美地诠释了中国人逢山开路、遇水架桥的奋斗精神！现在我跨海连接香港、珠海、澳门三地，跨越两种制度，三个地区欣欣向荣，共同发展。这多能体现社会主义制度的包容性和优越性啊！我若排第二，谁敢排第一？”

图 7-3　港珠澳大桥

“当然是我喽！”只见古代桥梁的经典代表赵州桥不疾不徐、悠悠地说：

“我是位于河北省赵县的赵州桥。我是中国最古老的石拱桥，已经有 1 400 多岁了，我可是咱们桥家族的老人啦！别看我年纪大，我现在还好用着呢！这得多谢我的设计者——著名的匠师李春。隋代时，他就设计并建造出当今世界上跨度最大、建造最早的单孔敞肩型石拱桥。我的桥身采用的是圆弧拱，拱高与跨度之比 1∶5，这个比例可以完美实现桥上走人、桥下通船的目标。桥的大拱两端各有两个小拱，既减轻了桥身自重，又增加了桥的泄洪能力，正是这些巧妙的设计，让我经历了 10 次水灾、8 次战乱和多次地震都安然无恙，雄伟如初。连著名桥梁专家茅以升都为我而惊叹！我才是当之无愧的‘老大’！”

图 7-4　赵州桥

神话中的“鹊桥”忍不住了，叽叽喳喳地说：“你们别忘了我呀！我可是一座善解人意的幸福桥哦！每年农历七月初七，我的喜鹊们都为相爱却不能相见的牛郎织女搭起跨越银河的爱情之桥，多暖心啊！虽然我只是一座意念桥，可是从古代开始就存在人们心中了，我是不是比赵州桥老大哥更‘老’啊？”

图 7-5　传说中的鹊桥

等大家都说完了，玉皇大帝喝了口茶润润嗓子，老神在在地说：“你们各自都有各自的道理。赵州桥屹立千年而不倒，体现了我国古代发达的技术水平。港珠澳大桥世界闻名，是我国当代发展成就的集中体现，无论是技术层面，还是制度方面。而鹊桥，是中国文化的体现，体现了自古以来中国对世界的想象，是和谐的、和平的、合作共赢的。你们大家各有千秋，不分伯仲！”

听了玉帝的话，大家相视一笑，一下就释然了。玉帝说得对，大家本来就是一家人，为何一定要分个高下？从古至今，各有所长的中国桥一直都在变化，形状在变，结构在变，功能也在变，可是有一样是从来都没有改变的，那就是凝聚在桥梁上的中国精神。正所谓智者搭桥，愚者筑墙，中国桥浇灌的是智慧的结晶，是不屈不挠、不畏艰难、顽强坚持的决心和毅力。中国愿意与全世界打通隔阂，建立互联互通、合作共赢的友谊之桥！

注释

(1) **源远流长**　yuányuǎn-liúcháng

释义：河流的源头很远，水流很长，比喻历史悠久示例：中国历史源远流长，中国文化绚丽多彩。

(2) **惠民** huìmín（动）

释义：使人民得到实惠

示例：控制物价绝对是一项惠民政策。

(3) **不折不扣** bùzhé-bùkòu

释义：不打折扣，表示完全、十足的意思

示例：老师的作业就应该不折不扣地完成。

(4) **伯仲叔季** bózhòngshūjì

兄弟排行的长幼次序。伯是老大，仲是老二，叔是老三，季是最小的

(5) **旗鼓相当** qígǔ-xiāngdāng

释义：比喻双方力量不相上下

示例：两队势均力敌、旗鼓相当，最终打成平局。

(6) **裁判** cáipàn（动/名）

释义：做出评判

示例：最终花落谁家，等着时间来裁判。

(7) **天庭** tiāntíng（名）

释义：神话中神仙居住的地方

示例：小孙子最喜欢听爷爷讲孙大圣闹天庭的故事了。

(8) **鸟巢** niǎocháo（名）

本意是鸟儿为孵蛋、抚养小鸟做的家，即鸟窝。现用于特指国家体育场，位于北京奥林匹克公园中心区南部，为2008年北京奥运会的主体育场。

(9) **诠释** quánshì（动）

释义：解释

示例：奋斗才是对青春最完美的诠释。

(10) **逢山开路、遇水架桥**

释义：不管遇到什么困难，都不惧怕，奋勇前进

(11) **欣欣向荣** xīnxīn-xiàngróng

释义：形容草木生长茂盛，比喻事业蓬勃发展

示例：春天的原野到处是欣欣向荣的景象。

(12) **不疾不徐** bùjí-bùxú

释义：不急不慢

示例：他的性格就是这样不温不火，做事不疾不徐。

(13) **泄洪** xièhóng（动）

释义：排放洪水

示例：必要时只能开闸泄洪，一定要注意安全。

(14) **当之无愧** dāngzhī-wúkuì

释义：担得起、受得起某种荣誉或某个职位，没有什么地方需要感到惭愧

示例：董存瑞是当之无愧的战斗英雄。

(15) **善解人意** shànjiě-rényì

释义：善于理解别人的想法

示例：我的妈妈是个温柔体贴、善解人意的好妈妈。

(16) **老神在在** lǎoshénzàizài

释义：形容很从容的样子

示例：大家都忙着准备考试，只有他老神在在，依旧在玩！

(17) **屹立** yìlì（动）

释义：像山峰一样高耸挺立，比喻坚定不动摇

示例：中国屹立在世界的东方。

(18) **各有千秋** gèyǒu-qiānqiū

释义：各有所长，各自有各自的价值，各人有各人的特色

示例：四大美女各有千秋，都极具魅力。

(19) **隔阂** géhé（名）

释义：情意沟通有障碍

示例：沟通才是消除隔阂的良药。

练习

1. 选择下列词语的正确读音。

(1) 惠民

A. huìmíng　　B. huìmín　　C. suìmíng　　D. suìmín

(2) 裁判

A. cáipàn　　B. zāipàn　　C. zàipàn　　D. jiépàn

（3）鸟巢

A．dǎocháo　　B．dǎocáo　　C．niǎocháo　　D．niǎocáo

（4）屹立

A．yìlì　　B．yǐlì　　C．qǐ lì　　D．qì lì

（5）隔阂

A．géhè　　B．géhài　　C．géhái　　D．géhé

2．选出与画线部分意思相近的项。

（1）院子里的老榕树见证了我们的成长。

A．助力　　B．目睹，亲眼看到

C．阻碍　　D．为我们的成长提供快乐

（2）革命先烈顽强抵抗才换来了我们今天的幸福生活。

A．抵制　　B．抗拒　　C．抵押　　D．抵御反抗

（3）遵守社会公德，共建和谐社会。

A．公平竞争　　B．和睦融洽　　C．诙谐幽默　　D．和气生财

（4）参赛者个个棋艺了得，难分高下。

A．分伯仲　　B．分开　　C．分裂　　D．分手

（5）你知道怎么能消除隔阂吗？

A．勾心斗角　　B．融洽　　C．疏远　　D．嫌隙

3．选择正确的关联词填空。

无论是……还是……	既……又……	不仅……而且……
有……有……	因为……所以……	

（1）为了修建蒙内铁路，中国________提供技术和资金支持，________负责技术人员的培训。

（2）________对火车司机工作的渴望，________肯尼亚姑娘们个个不知疲倦。

（3）________在技术层面，________在制度方面，港珠澳大桥都是我国发展成就的集中体现。

（4）铁路运输里程长，运行速度快，路上耗时短，________安全________快捷。

（5）古时候，我们________丝绸之路，现在我们________中欧班列。

(6) 中国的桥梁________数量上________质量上都领跑世界。

4．根据课文内容填空。

桥，是架在水面上的________。中国历史悠久，桥梁的历史也______。历史上完整保留的________和当今世界最长的跨海大桥__________都完美展示了中国先进技术。而鹊桥则代表了中国________。无论是古代桥，还是现代桥，无论是真实桥，还是想象桥，都凝聚了________。正所谓________搭桥，________筑墙。

5．讨论题。

(1) 看了文章中各座桥梁的特点之后，你觉得哪座桥才是最厉害、最能代表中国的呢？请阐述你的观点。

(2) 智者搭桥，愚者筑墙。请简要分析这句话的深层含义。

6．请写一座你的祖国的桥。

可以从桥的材质、外观、用途等角度切入，120~150 字。

参考答案

课文一

1.（1）A　（2）C　（3）B　（4）A　（5）D

2.（1）C　（2）D　（3）A　（4）B　（5）A

3.（1）×　（2）×　（3）✓　（4）✓　（5）×

4.

（1）流程：从原料到成品的各项工序安排的程序。

造句：只有熟练掌握操作流程，才能成为优秀的火车驾驶员。

（2）温习：复习。

造句：放学以后要早点儿回家温习功课。

（3）艰辛：多指已经很努力但仍然没法过上较好的生活。

造句：尽管生活很艰辛，但是她从来没有放弃过希望。

（4）崭新：全新。

造句：新学期，我们都搬进了崭新的教学楼。

（5）耐心：心里不急躁，不厌烦，有耐性。

造句：做老师最重要的是要有耐心。

5.

（1）蒙内铁路。

（2）2017 年 5 月 31 日。

（3）稀树草原的热带风光，非洲野生动物，非洲大裂谷。

（4）东非地形以高原为主，大部分地区海拔在 1 000 米以上。东非大裂谷纵穿南北。气候类型以热带草原气候为主。

（5）略

6. 略

7. 略

8. 孙悟空是中国著名的神话人物之一，出自四大名著之《西游记》。七十二变是孙悟空的本领，他能够摇身就变，变成各种不同的人或物。

课文二

1.（1）C （2）C （3）A （4）D （5）B

2.

（1）辩论

造句：昨晚的辩论赛太精彩了。

（2）劣势

造句：她很善于利用别人的劣势。

（3）更胜一筹

造句：还是小陈的创意更胜一筹。

（4）不分昼夜

造句：听闻家乡遭难，他立即往回赶，不分昼夜。

（5）争先恐后

造句：一听说能够帮助灾区小朋友，同学们争先恐后地捐款。

3.（1）C （2）A （3）B （4）B （5）C

4.（1）✓ （2）× （3）× （4）✓ （5）×

5.（2）（1）（4）（5）（3）

6. 略

课文三

1.（1）B （2）A （3）C （4）A （5）D

2.（1）B （2）D （3）B （4）A （5）D

3.（1）不仅……而且……

（2）因为……所以……

（3）无论是……还是……

（4）既……又……

（5）有……有……

（6）无论是……还是……

4. 建筑物，源远流长，赵州桥，港珠澳大桥，文化，中国精神，智者，愚者

5. 略

6. 略

第八章

文章结构

一、本章要点

（一）阅读技能：文章结构

文章的结构就是文章内部的组织和构造。结构是文章组织安排材料的方式，表现为根据作者的意图或者主题的需求，把选定的材料有步骤地妥善组织成有机整体。常见的文章结构有：并列式、总分式、对照式、递进式。

（二）教学目标

1. 了解中国航天事业的发展历程和最新取得的成就。
2. 掌握科普类说明文写作的要求及特点。
3. 学会找出包含主要观点的段落，提高阅读速度和理解率。

（三）教学重点

1. 阅读文章时，能够快速、准确地抓住文章的主要观点。
2. 学会销售对话技巧，知道如何在销售中介绍产品。
3. 有关航天和汽车的专业词汇。

二、课文一

出差太空

2021年6月17日，神舟十二号飞船载着中国的三位航天员聂海胜、刘伯明和汤洪波飞向了遥远的太空，在万众期待中，载人飞船和天和核心舱成功对接，顺利将航天员们送进了中国的太空家园——天宫空间站。

告别了地球，三位航天员在地面工作组的保驾护航下开始了驻留太空的出差生活。这里的生活既充实紧张又丰富多彩。太空中的空间站里，每90分钟就能看到一次日出和日落，不过为了能和地球上的同事们同步工作，三位航天员还是保持着和地球上一样的作息时间，以24小时为一个周期，8小时工作时间，8小时睡眠时间，其他为生活休闲时间。大家可能会问，一天16次的日出日落，航天员能适应吗？航天员们都受过专业的训练，同时，在空间站里的睡眠区，不受日出日落的影响，航天员可以正常休息，所以保持和地面同步的作息不是问题。

太空出差，在地球上再普通不过的洗漱、吃饭，都变得大不相同。太空的失重环境，悬浮的水珠极易被吸入肺中造成窒息，所以在太空洗脸就用免洗湿纸巾清洁面部；刷牙则是把装在小袋子里的牙膏直接挤在嘴里，清洁后直接咽进肚子里；洗澡则需要在“包裹式淋浴间”的密闭环境中，通过浸湿的毛巾或者通过喷枪喷出的水洗澡，这是一种全然不同的体验。这次出差，三位航天员的伙食注重了品种的多样、营养的均衡，有粽子、炒饭、面条，甚至还有宫保鸡丁这类炒菜，不过这些食物的加工不能像在地球上那样煎炒烹炸，而是通过特殊的太空厨房，用微波炉对成品食材加热后食用。

解决了基本的生活问题，三位航天员还要进行多项科学实验，这些实验有一部分是国外团队申请的课题，利用我们的空间站的条件进行。除了科学实验以外，三位航天员还要多次出舱活动，进行设备的安装调试和空间实验。在大家的翘首以盼中，2021年7月4日和8月20日，航天员们完成了两次出舱和舱外作业，他们穿着我国自行研制的舱外太空服，在太空舱外安装的机械臂的帮助下，顺利地实现了舱外行走，并完成了既定的设备安装与调试工作。在舱外，航天员能够看见一个湛蓝色的笼罩着一层薄纱的不断旋转的美丽星球，大地、海洋和白云清晰可见，美得令人心醉，让人叹为观止，这就是我们的家园——地球。

在完成舱外工作后，航天员回到空间站内，利用工作的空档，在太空中打起了乒乓球。在太空长时间出差，肌肉的运动量减少，会造成肌肉退化，因此工作之外的运动也不可或缺。除了常规的运动器材，这次他们特地带上了乒乓球，也是对奥运会中国队的一种支持。

为期三个月的太空生活即将结束，我们期待着航天员们凯旋。在中国航天事业飞速发展的今天，虽然没有日行万里的八骏马带我们周游西天，但是我们通过祖祖辈辈辛勤的努力实现了遨游太空的梦想，而且这个梦想还在继续着！

图 8-1 航天员在舱外工作

注释

(1) **万众期待** wànzhòng-qīdài

释义：大家（许许多多人）都共同期待

示例：万众期待的王菲巡回演唱会首站登陆上海！

(2) **对接** duìjiē（动）

释义：① 两个或两个以上航行中的航天器（航天飞机、宇宙飞船等）靠拢后合为一体示例：宇宙飞船在太空与卫星对接。

释义：② 泛指互相衔接，互相联系起来

示例：为了这个项目的成功，请二位把前期工作对接好。

(3) **保驾护航** bǎojià-hùháng

释义：保护某事物让其能正常发展

示例：高规格、高标准的赛事需要强大评审团的保驾护航。

(4) **丰富多彩** fēngfù-duōcaǐ

释义：形容内容丰富，花样很多

示例：学校第一食堂的菜色真可谓丰富多彩。

(5) **同步** tóngbù（动）

释义：两个或两个以上随时间变化的量在变化过程中保持一定的相对关系，在速度上协调一致

示例：在北京奥运会期间，我们用手机可以同步观看各项赛事。

(6) **作息** zuòxī（名）

释义：起居、劳作和歇息

示例：我们要保持规律的作息时间。

(7) **悬浮** xuánfú（动）

释义：物理术语，固体微粒分散在流体中

示例：你坐过磁悬浮列车吗？

(8) **窒息** zhìxī（名）

释义：呼吸困难甚至停止

示例：三岁以内的宝宝切忌进食坚果，有引发窒息的危险。

(9) **咽** yān（名）

释义：口腔器官

示例：请注意保护咽喉。

yàn（动）

释义：使嘴里的东西通过咽头到食道的动作

示例：食物在吞咽前要仔细咀嚼。

yè（形）

释义：声音受阻而低沉

示例：说到伤心处，她一度哽咽落泪。

(10) **包裹**　bāoguǒ（动/名）

释义：① 包，包扎（动）

示例：赶紧用布把你的伤口包裹起来。

释义：② 包扎成件的包儿（名）

示例：您好，您的邮政包裹到了，请问您在家吗？

(11) **密闭**　mìbì（形）

释义：封闭的事物或空间，与外界无法接触

示例：千万不要把密闭容器放到微波炉里加热！

(12) **体验**　tǐyàn（动）

释义：亲身经历、实地考察，亲身实践所获得的经验

示例：我们不光要学习书本上的知识，更要多体验生活。

(13) **均衡**　jūnhéng（形）

释义：平衡

示例：我们要保证国民经济均衡发展。

(14) **煎炒烹炸**　jiānchǎopēngzhá

做饭方法。煎，用锅把少量的油加热，再把食物放进去弄熟的一种烹调方法。炒，以油为导热体，把东西放在锅里搅拌着弄熟。烹，在煎或炸的基础上，烹上清汁入味成菜。炸，把食物放入煮沸的油中弄熟。

(15) **调试**　tiáoshì（动）

释义：试验并调整（机器、仪器等）

示例：我们应该赶紧调试设备，布置会场。

(16) **翘首以盼**　qiáoshǒuyǐpàn

释义：仰着脖子等待着出现，很急切地希望看到某人、某事、某物的出现

示例：有人对开学翘首以盼，有人却有点儿不想开学。

(17) **研制**　yánzhì（动）

释义：研究制造

示例：我们要加速研制新产品。

(18) **既定**　jìdìng（形）

释义：已定的，已为前提的

示例：关于这件事情的处理，按既定方针办。

(19) **湛蓝** zhànlán（名）

释义：深蓝色（多形容天空、湖海等）

示例：湛蓝色的天空飘着朵朵白云。

(20) **笼罩** lǒngzhào（动）

释义：像笼子似的罩在上面，形容广泛覆盖的样子

示例：晨雾笼罩在湖面上。

(21) **清晰** qīngxī（形）

释义：清楚

示例：这位主持人发音准确、吐字清晰。

(22) **心醉** xīnzuì（形）

释义：佩服，倾倒，因为极度喜爱而陶醉

示例：演员高超的表演艺术，令人为之心醉。

(23) **退化** tuìhuà（动）

释义：生物体的一部分器官变小，机能减退甚至完全消失

示例：老人的记忆力慢慢退化了。

(24) **不可或缺** bùkě-huòquē

释义：非常重要，不能有一点点缺失

示例：水是人类生存不可或缺的物质。

(25) **常规** chángguī（名）

释义：沿袭下来经常实行的规矩

示例：我们要敢于打破常规。

(26) **凯旋** kǎixuán（动）

释义：战胜归来

示例：我们期待着我们的奥运健儿凯旋。

(27) **八骏马**

传说中周穆王驾车用的八匹骏马，能日行万里。

(28) **祖祖辈辈** zǔzǔbèibèi

释义：世世代代

示例：我家祖祖辈辈都是农民。

(29) **遨游** áoyóu（动）

释义：漫游，游历

示例：我想去遨游世界。

练习

1．选择下列词语中画线字的正确读音。

（1）出差

A．chā　　B．chāi　　C．chá　　D．cāi

（2）核心舱

A．chāng　　B．chàng　　C．cāng　　D．càng

（3）吞咽

A．yàn　　B．yān　　C．yǎn　　D．yè

（4）调试

A．tiǎo　　B．tiáo　　C．diāo　　D．diào

（5）翘首以盼

A．chì　　B．chí　　C．qiào　　D．qiáo

2．根据拼音写出下列词语，并用这些词语造句。

（1）wànzhòng-qīdài ____________________

____

____

（2）bǎojià-hùháng ____________________

____

____

（3）fēngfù-duōcǎi ____________________

____

____

（4）kǎixuán ____________________

____

____

3．根据课文内容判断正误，对的打✓，错的打✕。

（1）2021 年 6 月 17 日，神舟十二号飞船顺利将中国的三位航天员聂海胜、刘伯明和汤洪波送进了天宫空间站。（　　）

（2）在空间站里，一天能看到 16 次日出日落，航天员们的作息时间和

地球保持同步。（　　）

（3）航天员们在太空中可以吃到煎炒烹炸的各种食物。（　　）

（4）在太空中，需要做一定的运动，以防肌肉退化。（　　）

（5）为了表示对奥运会中国队的支持，航天员们这次带上了各种运动器械。（　　）

4．根据课文内容回答问题。

（1）请问航天员们能适应太空一天 16 次的日出日落吗？

（2）在太空中，航天员们如何洗漱？

（3）在太空中，航天员们如何洗澡？

（4）从太空看，我们地球是什么样的？

（5）在太空生活的这段时间，航天员们为什么要进行运动？

5．根据课文内容填空。

三位航天员还要进行多项的________，这些实验有一部分是国外团队申请的________，利用我们的空间站的条件进行。除了科学实验以外，三位航天员还要多次________，进行设备的________和空间实验。在大家的翘首以盼中，2021 年 7 月 4 日和 8 月 20 日，航天员们完成了________和舱外作业，他们穿着我国________的舱外太空服，在太空舱外安装的________的帮助下，顺利地实现了________，并完成了既定的设备安装与调试工作。

6．写作题。

假如你是一名航天员，请发挥你的想象，写一写你在空间站的一天将如何度过。

三、课文二

飞天梦

自古以来，中华民族就对浩瀚宇宙充满了无限的遐想和向往。当我们的祖先目睹美丽的蓝天、面对奇异的星空时，凭借丰富的想象力，他们创作出了许多神话与传说。这些神话与传说，不仅丰富了我们的社会文化生活，更孕育了后来的航空航天的飞天梦。

被奉为上古奇书的《山海经》中就记载了在大荒之南，海外有一个神秘国家"羽民国"，这里的人都长着长长的嘴巴，身上长着翅膀，能飞但是飞不远。此外，书中还有对最早的飞行器的记载：在"奇肱国"这个神奇的部落里，人都长着三只眼睛，只有一条手臂却极为灵巧，善于制造飞车，乘风远行。这些具有浓厚神异色彩的神话故事，表达了中国古人最早的飞天愿望。

嫦娥奔月是我国流传最广的神话故事之一。后羿从西王母那里求得"不死之药"，想着夫妻分吃，如此可以长生不老。谁知后羿的妻子嫦娥竟然全吃了，结果她不由自主地飞上天空，一直飞到月宫里。这说明古代的中国人，不仅有航空的梦想，甚至还想登上月球，探索宇宙。

战国时期的伟大诗人屈原，在《离骚》中曾想象自己驾着由飞龙拉着的车，在天上飞行。朵朵云彩就像一面面旗帜，在他车旁迎风飘扬，而凤凰一边唱着歌，一边随他在空中飞翔。他飞过巍峨的昆仑山，飞过一望无际的流沙河，最后到达天边的西海。

在甘肃敦煌壁画上处处可见漫天飞舞的美丽飞天。飞天是侍奉佛陀和帝释天的神，能歌善舞。在莫高窟的壁画上，这些神态各异的飞天在无边无际的茫茫宇宙中翩翩起舞，有的手捧莲花，有的怀抱琵琶，有的直冲云霄，有的俯冲而下，有的身姿舒展，有的悠然自得。古代的工匠们用曲折蜿蜒的线条、婀娜多姿的形态、辗转翻飞的意趣，给人们呈现了一个优美而空灵的想象世界。

历史滚滚的车轮将我们带到了新世纪，中国开创了航天史的新纪元，跻身航天事业的一流国家。2003 年 10 月 15 日 9 时整，中国的第一艘载人航天飞船将航天英雄杨利伟和一面有着特殊意义的中国国旗带上了太空。这艘中国研发的载人航天飞船神舟五号，使中国成为世界上第三个将人类送上太空的国家。这是中国航天事业在新世纪的一座新的里程碑，让中国人离自己的飞天梦更近了一步。

随着中国航天科技的突飞猛进，出现了一系列不同名字的飞行器，它们各自承担着不同的责任。“长征”：我国航天工程的“运载工”。卫星、飞船需要火箭运输。运载火箭进入太空的能力，是探测和利用太空的前提和基础。“神舟”：它是由中国自行研制、具有完全自主知识产权的载人“客运”飞船，是航天员天地往返的载人工具。“嫦娥”：探月卫星，直奔月球，开启了中国人走向深空、探索宇宙奥秘的征程。“天宫”：中国的载人空间站，相当于我们的太空基地。“天问”：火星探测是它的第一个任务。

中国人从未停止过自己的飞天梦。如今“中国飞天梦”已然成为国之自豪、国之骄傲，承载的是中国人民“敢上九天揽月”的壮志豪情，圆的是中华民族伟大复兴之梦。

图 8-2　宇宙飞船

注释

(1) **浩瀚**　hàohàn（形）

释义：比喻广大、繁多，现在多形容知识和艺术方面的博大精深

示例：浩瀚的沙漠有着独特的魅力。

(2) **遐想** xiáxiǎng（动）

释义：超越现实作高远的想象

示例：香山遍地的红叶带给人们无限的遐想。

(3) **奇异** qíyì（形）

释义：奇特的，突出的，新鲜的

示例：我想学潜水，然后去看看海底奇异的世界。

(4) **上古** shànggǔ

在中国，上古时代一般指夏以前的时代，那时候的人们还没有“朝代”的概念，因此这个时代也被称为“神话时代”。

(5) **奇肱国** Jīgōngguó

《山海经》中虚构的一个国家。

(6) **神异** shényì（名）

释义：神怪，神奇

示例：龙是中华民族自上古以来就一直崇拜的一种神异的动物。

(7) **嫦娥** Cháng' é

中国神话中的仙女。本来为后羿的妻子，后偷吃了长生药，奔上了月宫。

(8) **后羿** Hòuyì

中国的神话人物。传说天上曾经有十个太阳，烧得草木、庄稼枯焦，后羿为了救百姓，一口气射下了九个太阳，从此以后，大地气候宜人，百姓安居乐业。

(9) **不由自主** bùyóu-zìzhǔ

释义：由不得自己，控制不了自己

示例：秋天，看见树叶从树上一片片飘落，我不由自主地把它们想成一只只飞舞的蝴蝶。

(10) **屈原** Qūyuán

战国时期楚国诗人、政治家，创立了“楚辞”这种文体，他大力支持联齐抗秦，受到其他贵族的排挤和诬陷，最后投江结束自己的生命。

(11) **巍峨** wēi' é（形）

释义：形容山或建筑物的高大雄伟

示例：在夕阳的映照下，巍峨的群山显得格外美丽。

(12) **一望无际** yīwàng-wújì

释义：一眼看不到边际，形容辽阔

示例：美丽的草原一望无际，牛羊正在悠闲地吃着草。

(13) **漫天飞舞** màntiān-fēiwǔ

释义：形容雪花或轻的东西漫天飘的样子

示例：春日的校园里，樱花烂漫，漫天飞舞。

(14) **莫高窟** Mògāokū

又称千佛洞，坐落在河西走廊的西端。

(15) **无边无际** wúbiān-wújì

释义：看不到边际，形容极为广阔

示例：骏马在无边无际的草原上奔驰。

(16) **琵琶** pípa（名）

释义：中国传统的弦乐器

示例：他会弹琵琶。

(17) **悠然自得** yōurán-zìdé

释义：悠闲而又舒适

示例：一群绵羊在草地上悠然自得地散步。

(18) **曲折蜿蜒** qūzhé-wānyán

释义：形容迂回弯曲

示例：曲折蜿蜒的道路一直通向这座古老的寺庙。

(19) **婀娜多姿** ēnuó-duōzī

释义：形容姿态柔和而美好

示例：柳条在春风中随风摇摆，真是婀娜多姿啊！

(20) **辗转** zhǎnzhuǎn（动）

释义：反复不定，翻来覆去

示例：小张为了自己所犯的错误辗转难眠。

(21) **意趣** yìqù（名）

释义：意味和兴趣

示例：读者要充分领会这篇散文的意趣。

(22) **空灵** kōnglíng（形）

释义：灵活而无法捉摸

示例：在茂密的深山里，只能偶尔听见黄鹂鸟空灵的叫声。

(23) **跻身** jīshēn（动）

释义：使自己上升到（某种位置）

示例：他通过自己的努力终于跻身全班前十的行列。

(24) **里程碑** lǐchéngbēi（名）

释义：整个计划中一个标志性阶段的完成

示例：这个项目的完成对整个公司来说具有里程碑的意义。

(25) **突飞猛进** tūfēi-měngjìn

释义：形容事业、学问等进步飞快

示例：这学期她的成绩突飞猛进。

(26) **敢上九天揽月**

出自毛泽东的《水调歌头·重上井冈山》："久有凌云志，重上井冈山。千里来寻故地，旧貌变新颜。到处莺歌燕舞，更有潺潺流水，高路入云端。过了黄洋界，险处不须看。　风雷动，旌旗奋，是人寰。三十八年过去，弹指一挥间。可上九天揽月，可下五洋捉鳖，谈笑凯歌还。世上无难事，只要肯登攀。"意思是："我一直都抱有宏大的志向，今天我再次登上井冈山。从千里之外来寻访这块故地，哪里还有半分它昔日的容颜。到处都是莺啼燕飞的晚春新景，流水潺潺，宽大的盘山公路直入云端。过了黄洋界隘口，就没有任何的险处可看了。

"当年革命时期风雷激荡，红旗漫卷，这就是人世间。三十八年都过去了，犹如弹指的一刹那。可以飞向长空摘月亮，也可以潜下深海捉鱼鳖，谈笑间高奏凯歌还师。世上没有什么困难的事，只要肯下定决心去登攀。"这首词表达了不畏艰难险阻的革命乐观主义精神和继续进行革命的英雄豪迈气概。

练习

1. 选择下列词语的正确读音。

（1）浩瀚

A. hàohǎn　　B. hàomiǎo　　C. hàohàn　　D. hàomiào

（2）遐想

A. jiǎxiǎng　　B. xiáxiǎng　　C. jiǎxiǎng　　D. xiàxiǎng

（3）目睹

A. mùdǔ　　B. mùdú　　C. mùzhě　　D. mùzhe

（4）巍峨

A. wēiwǒ　　B. wèiwǒ　　C. wèi'é　　D. wēi'é

（5）琵琶

A. pípa　　B. bíba　　C. píba　　D. bípa

2．选出与画线部分意思相近的选项。

（1）她对未来充满遐想。

A. 幻想　　B. 联想　　C. 想象　　D. 空想

（2）这时候，我的脑海中突然出现了一幅神异的图画。

A. 神秘　　B. 奇特　　C. 异常　　D. 神奇

（3）听到这么精彩的演讲，我不由自主地鼓起掌来。

A. 身不由己　　B. 鬼使神差　　C. 阴差阳错　　D. 脑门发热

（4）歌迷们非常喜欢这位歌手空灵的嗓音。

A. 空洞　　B. 灵动　　C. 灵敏　　D. 空虚

（5）南京明孝陵跻身世界遗产文化之林。

A. 置身　　B. 脚踩　　C. 踏上　　D. 爬上

3．根据拼音写出下列成语。

（1）ēnuó-duōzī______________________

（2）yīwàng-wújì______________________

（3）tūfēi-měngjìn______________________

（4）yōurán-zìdé______________________

4．根据课文内容，选择正确答案。

（1）奇肱国的居民都长什么样？

A. 三只眼睛，一条手臂　　B. 两只眼睛，两条手臂

C. 一只眼睛，长长的嘴巴　　D. 一只眼睛，长着翅膀

（2）后羿从____________那里求得“不死药”，想和嫦娥分食。

A. 羽民国　　B. 奇肱国　　C. 西王母　　D. 屈原

（3）在诗歌中，屈原想象着由________拉车，在天上飞行。

A. 凤凰　　B. 飞龙　　C. 骏马　　D. 奇兽

（4）敦煌壁画中的飞天是侍奉__________的仙女。

A. 佛陀　　B. 帝释天

C. 西王母　　D. 佛陀和帝释天

（5）随着神舟五号将杨利伟送上太空，中国成为第______个将人类送上太空的国家。

A. 一　　B. 二　　C. 三　　D. 四

5．请将下列飞行器和各自承担的责任配对。

（1）天宫　　a. 探月卫星

（2）嫦娥　　b. 运载火箭

（3）天问　　c. 航天飞船

（4）神舟　　d. 空间站

（5）长征　　e. 火星探测器

6．讨论题。

当今世界科技发展日新月异，随着载人航天技术的不断完善与发展，太空旅游不再是遥远的梦想。如果将来有一天人们可以自由地到太空去旅行，你最想去哪里看看，你会去做什么？请发挥你的想象力来谈一谈。

四、课文三

哪吒的故事

周末，小赵带了妻子和儿子星星去大昌合众“4S”店看车。当他们走进宽敞舒适的“4S”店展厅时，只见人头攒动、热闹非凡。

一位亭亭玉立的销售人员快步朝他们走来，面带微笑地自我介绍道：“你们好，欢迎光临本店，我是这里的销售顾问小赖。”

小赵彬彬有礼地回答道：“你好，我姓赵，这是我的爱人，还有我的儿子星星。我们想来了解一下新能源汽车。”

“好的，请问你们之前有看中的新能源车型吗？”小赖问道。

“没有，我只知道新能源汽车使用成本低、行驶稳定、节能环保。”小赵答道。

“嗯，新能源汽车现在销售火爆，深受大众追捧。我特别为你们介绍我们的主打车型——哪吒。请随我到这边来看一下。”小赖热情地为他们推荐。

星星一听，激动得一蹦三丈高：“哪吒？是我最喜欢的少年小英雄哪吒吗？”

小赖听了，哈哈笑道：“不是手拿‘乾坤圈’、脚踩‘风火轮’、身披‘红绫绸’、会斩妖除魔的哪吒三太子哦，是我们合众能源公司推出的新款能源汽车——哪吒 N0. 1。但是呢，哪吒纯洁的莲花化身和新能源车倡导的‘绿色生活’理念不谋而合，都体现了一种‘出淤泥而不染’的纯净美。所以我们将新车命名为哪吒，就是为了体现这是我们品牌的一次涅槃重生，向哪吒自信、勇敢和无畏的精神致敬。”

说话间，4 人已经来到了一辆红色汽车的旁边。看到汽车，小赵一家不由眼前一亮。

小赖介绍道：“这就是我们的哪吒 N0. 1。它的车身外形就能让人过目不忘。虽然和传统能源车的造型相比它并未显出特别的叛逆，但是在设计上则增加了一些创意，让整台车看起来非常精神。从前面看，这个小尺寸中网让它看上去非常有气质。前大灯则紧跟现代 SUV 的潮流，采用了较常规的多边形设计。前保险杠处为贯穿式黑色面板设计，塑造了一种‘大嘴式’的表情，是不是有几分‘霸气’的感觉呢？搭配两侧的圆形雾灯，整个设计收放自如。车身表面和线条被精练到极致，只保留了设计的本质和精髓，提高了整车的科技感。整体外观运动感十足，却又不失一份稳重。是不是完美诠释了小英雄哪吒的神韵？”

小赵一家听了，连连点头表示赞同。他们围着汽车转了好几圈，仔细地从各个角度观察汽车，对汽车外形越看越喜欢。

小赖又拉开车门，请小赵坐到驾驶座，请小赵的妻子和儿子坐到后排，自己则坐到了汽车的副驾驶，继续介绍汽车的内饰：“现在请你们再看看汽车的内饰，哪吒 N0. 1 简约而不简单的对称式设计非常符合当下新能源车定位。中央的这块 10 英寸彩色大屏更是涵盖了所有功能。乘坐空间也很宽敞呢。”

听完，小赵开口了：“车子外形夺人眼球，内饰也是赏心悦目。但是这些传统汽车都能做到啊，还有什么特别之处吗?”

小赖听完，微微一笑，点头回答道：“如此优秀的新‘哪吒’，光靠颜值当然是不够的，智能科技的加持才是博弈市场的加分项！哪吒 N0. 1 的车载智能系统依托‘合众云’服务平台，智能远程车辆控制、AI 智能语音交互都能极大地满足现代消费者对车辆智能互联的需求。”

小赵继续问道：“那汽车的动力怎么样呢?”

“动力方面，哪吒 N0. 1 采用了一台最大功率 75 马力的驱动电机，在 60 千米每小时等速续航里程为 380 千米，这比哪吒的‘风火轮’还要强，能让驾驶者充分享受驾驶的乐趣。对了，还有一个亮点哦，哪吒 N0. 1 支持快充功能，使用快充 30 分钟可充 80%的电量，虽然续航不是很高，但是居家使用、上班通勤、短途代步绰绰有余了。”小赖回答道。

这时候，小赵的妻子问道：“那这款车子的售价很贵吧?”

小赖一听，赶紧回答：“不贵不贵，这款车售价不到 10 万元，还享受各种政策补贴，而且不受各类限行的影响，干净好开，乘坐舒适，真的算得上是一款物美价廉的好车。”

听完小赖的介绍，小赵一家对该款车型非常满意，直接签订了购车合同，当天就把新车开回了家。

图 8-3　哪吒 N0. 1 汽车

注释

(1) **哪吒** Nézhā

中国神话人物，他是中国神话故事中玉皇大帝手下的天仙，他奉玉皇大帝的命令“下凡”斩妖除魔，转生成为托塔天王李靖的第三个儿子。他出生时是一个肉球，李靖以为是妖怪，用宝剑把它劈开，从中跳出一个三头六臂的小孩子，手拿“乾坤圈”，脚踏“风火轮”，身穿“红绫绸”。他曾经大闹东海，剔骨还父、削肉还母，幸亏他的师傅用莲花为他重铸肉身，后来他在封神榜中封神，成为天庭中的一名先锋神将。

(2) **宽敞** kuānchang（形）

释义：宽阔，宽大

示例：我们坐在宽敞的教室里上课。

(3) **人头攒动** réntóu-cuándòng

释义：形容人非常多，而且频繁地移动

示例：十一国庆黄金周，每个旅游景点都是人头攒动。

(4) **热闹非凡** rènào-fēifán

释义：形容热闹的场面或景象

示例：六一儿童节那天，校园里举办了各种活动，真是热闹非凡啊！

(5) **亭亭玉立** tíngtíng-yùlì

释义：形容女子身材修长美丽或花木细长挺拔

示例：才几年工夫，隔壁的小女孩就长成了一个亭亭玉立的姑娘。

(6) **彬彬有礼** bīnbīn-yǒulǐ

释义：文雅而有礼貌

示例：他是个彬彬有礼的年轻教师。

(7) **追捧** zhuīpěng（动）

释义：追求，捧场

示例：这个公司新推出的限量款球鞋深受年轻人追捧。

(8) **乾坤** qiánkūn（名）

中国古代哲学概念，指天地或者阴阳两个对立面。

(9) **绫绸** língchóu（名）

释义：衣料的种类，在古代，只有显贵才能穿着

示例：在古代，绫绸向来是高门大户追求的顶级丝织品。

(10) **斩妖除魔** zhǎnyāo-chúmó

释义：降服妖怪，捉拿鬼怪，多比喻以强大的力量战胜凶恶的敌人

示例：孙悟空一路斩妖除魔，保护师父唐僧上西天取经。

(11) **倡导** chàngdǎo（动）

释义：带头提倡

示例：国家倡导节能减排，绿色低碳的生活方式。

(12) **不谋而合** bùmóu'érhé

释义：没有事先商量而彼此见解或行动完全一致

示例：我们的想法不谋而合。

(13) **出淤泥而不染**

出自宋朝周敦颐的《爱莲说》：“予独爱莲之出淤泥而不染，濯清涟而不妖。”意思是：“我单单就喜欢莲花生长在污泥中而不被污泥所污染，在清水里洗涤过但是不显得妖媚。”

(14) **涅槃重生** nièpán-chóngshēng

释义：凤凰经历烈火的煎熬和痛苦的考验后获得重生，并在重生中达到升华

示例：虽然城市在地震中被摧毁了，但只要我们万众一心，就能在废墟上让它涅槃重生。

(15) **眼前一亮** yǎnqián-yīliàng

释义：比喻有些事物第一眼看上去印象就很好，令人产生好感

示例：盛开的玫瑰让人眼前一亮。

(16) **过目不忘** guòmù-bùwàng

释义：看过就不会忘记，形容记忆力强

示例：我非常佩服她过目不忘的记忆力。

(17) **叛逆** pànnì（形）

释义：背叛，经常对大众认为有道理的事情质疑

示例：他是一个非常叛逆的人。

(18) **精神** jīngshen（形）

释义：活跃，有生气

示例：这小伙子长得真精神！

(19) **贯穿** guànchuān（动）

释义：穿过

示例：这条隧道贯穿了整个山脉。

(20) **收放自如** shōufàng-zìrú

释义：对情感的控制非常自如，无论收敛还是奔放都很适宜

示例：她的演技收放自如，完全演活了这个角色。

(21) **诠释** quánshì（动）

释义：说明，解释

示例：这个故事完美诠释了沟通的重要性。

(22) **神韵** shényùn（名）

释义：精神，韵致

示例：这个画家完全画出了杏花的神韵。

(23) **涵盖** hángaì（动）

释义：包括，包容

示例：这本书题材广泛，几乎涵盖了所有社会热点问题。

(24) **赏心悦目** shǎngxīn-yuèmù

释义：看到美好的事物而心情愉快

示例：夏日清晨绽放的荷花真是让人赏心悦目。

(25) **博弈** bóyì（动）

释义：为了谋取利益而竞争

示例：这个案件已经成为国家之间的博弈。

(26) **续航** xùháng（名）

释义：设备能持续工作的时间

示例：这部手机续航能力很强。

(27) **绰绰有余** chuòchuò-yǒuyú

释义：形容很宽裕、用不完

示例：这些钱不仅够我们用，而且绰绰有余呢。

(28) **物美价廉** wùměi-jiàlián

释义：东西价钱便宜，质量又好

示例：义乌小商品市场的产品可以说是物美价廉了。

练习

1．选择下列词语的正确读音。

（1）宽敞

A．kuānzhǎng　B．kuānchána　C．kuānchàng　D．kuānchang

（2）追捧

A．zhuīpén　B．zhuīpěng　C．zhuibǎng　D．zhuipéng

（3）诠释

A．quánshì　B．shuānshì　C．quānshì　D．shuānshì

（4）博弈

A．bóyì　B．bōyì　C．bēiyì　D．fùyì

2．选词填空。

倡导　　贯穿　　诠释　　加持　　涵盖

（1）他的散文中＿＿＿＿＿＿着一种淡淡的忧伤。

（2）在运气的＿＿＿＿下，他居然一口气冲到了前十名的行列。

（3）王老师＿＿＿＿＿在同学中互帮互助、共同进步。

（4）这个问题＿＿＿＿＿的层面很广，不太容易全部掌握。

（5）这位护士用她的行动完美＿＿＿＿＿了救死扶伤的精神。

3．写出下列成语的拼音并造句。

（1）不谋而合 ＿＿＿＿＿＿

＿＿＿＿＿＿＿＿＿＿＿＿＿＿＿＿＿＿＿＿＿＿＿＿＿＿＿＿＿＿

＿＿＿＿＿＿＿＿＿＿＿＿＿＿＿＿＿＿＿＿＿＿＿＿＿＿＿＿＿＿

（2）过目不忘 ＿＿＿＿＿＿

＿＿＿＿＿＿＿＿＿＿＿＿＿＿＿＿＿＿＿＿＿＿＿＿＿＿＿＿＿＿

＿＿＿＿＿＿＿＿＿＿＿＿＿＿＿＿＿＿＿＿＿＿＿＿＿＿＿＿＿＿

（3）收放自如 ＿＿＿＿＿＿

＿＿＿＿＿＿＿＿＿＿＿＿＿＿＿＿＿＿＿＿＿＿＿＿＿＿＿＿＿＿

＿＿＿＿＿＿＿＿＿＿＿＿＿＿＿＿＿＿＿＿＿＿＿＿＿＿＿＿＿＿

（4）赏心悦目 ____________

____

____

（5）绰绰有余 ____________

____

____

4．根据课文内容填空。

它的车身外形就能让人__________。整体外观运动感十足，却又不失一份稳重。完美__________了小英雄哪吒的神韵。汽车的内饰采用简约而不简单的__________ 设计，令人赏心悦目。车载智能系统依托__________服务平台，智能远程车辆控制、AI 智能语音交互都能极大地满足现代消费者对车辆________的需求。动力方面，哪吒 N0. 1 采用了一台最大功率 75 马力的驱动电机，在 60 千米每小时等速______ 里程为 380 千米。还有一个亮点哦，哪吒 N0. 1 支持____________功能。而且售价不到 10 万元，还享受政府各种补贴，真不愧是一辆__________ 的好车。

5．根据课文内容回答问题。

（1）小赵一家去大昌合众“4S”店干什么？

____

（2）接待小赵一家的销售顾问是谁？

____

（3）新能源汽车有什么优势？

____

（4）哪吒 N0. 1 和神话人物哪吒有什么关系？

____

____

（5）小赵一家最后买车了吗？

____

6．小组演练。

先组成一个 3 人小组，一人扮演客户，一人扮演销售人员，还有一人在旁边观察整个销售过程，并进行记录。

销售场景：1. 推销啤酒　　2. 推销房屋　　3. 推销汽车

参考答案

课文一

1. （1）B　（2）C　（3）A　（4）B　（5）D

2.

（1）万众期待

造句：在万众期待中，这个举世瞩目的时刻终于到了。

（2）保驾护航

造句：我们将用成熟的管理理念为您的业务保驾护航。

（3）丰富多彩

造句：校园生活丰富多彩，使我们乐在其中。

（4）凯旋

造句：家乡的父老乡亲们等待着胜利的军队凯旋。

3. （1）✓　（2）✓　（3）×　（4）✓　（5）×

4.

（1）航天员们都受过专业的训练，同时，在空间站里的睡眠区，不受日出日落的影响，航天员可以正常休息，所以保持和地面同步的作息不是问题。

（2）太空洗脸就是用免洗湿纸巾清洁面部，刷牙则是把装在小袋子里的牙膏直接挤在嘴里，进行清洁后直接咽进肚子里。

（3）洗澡则需要在“包裹式淋浴间”的密闭环境中，通过浸湿的毛巾或者通过喷枪喷出的水洗澡。

（4）从太空看，地球是一个湛蓝色的笼罩着一层薄纱的不断旋转的美丽星球，大地、海洋和白云清晰可见，美得令人心醉。

（5）在失重的太空环境里进行运动，可以防止肌肉退化。

5.

科学实验，课题，出舱活动，安装调试，两次出舱，自行研制，机械臂，舱外行走

6. 略

课文二

1.（1）C （2）B （3）A （4）D （5）A

2.（1）C （2）D （3）A （4）B （5）A

3.（1）婀娜多姿 （2）一望无际 （3）突飞猛进 （4）悠然自得

4.（1）A （2）C （3）B （4）D （5）C

5.（1）d （2）a （3）e （4）c （5）b

6. 略

课文三

1.（1）D （2）B （3）A （4）A

2.（1）贯穿 （2）加持 （3）倡导 （4）涵盖 （5）诠释

3.

（1）bùmóu’érhé

造句：伟大的头脑总是不谋而合。

（2）guòmù-bùwàng

造句：这些经典的句子蕴含着人生哲理，让人过目不忘。

（3）shōufàng-zìrú

造句：他的书法收放自如，流畅洒脱。

（4）shǎngxīn-yuèmù

造句：秋天到了，天平山上漫山红叶，真是让人赏心悦目。

（5）chuòchuò-yǒuyú

造句：你的能力应付这个工作绰绰有余。

4. 过目不忘，诠释，对称式，合众云，智能互联，续航，快充，物美价廉

5.

（1）小赵全家准备去“4S”店买一辆新能源汽车。

（2）接待小赵一家的销售顾问是个姓赖的姑娘。

（3）新能源汽车使用成本低、行驶稳定、节能环保。

（4）哪吒纯洁的莲花化身和新能源车倡导的“绿色生活”理念不谋而合，都体现了一种“出淤泥而不染”的纯净美。车子以哪吒命名，就是为了体现这是品牌的一次涅槃重生，向哪吒自信、勇敢和无畏的精神致敬。

（5）小赵一家直接签订了购车合同，将新车开回了家。

6. 略

第九章

推测

一、本章要点

（一）阅读技能：推测

推测，指的是不借助字典等工具，根据上下文猜测出句意和文意。

推测句意或文意的方法主要有：第一，根据上下文的逻辑关系推测，比如句与句之间的因果关系、转折关系等，尤其是当“因为”“所以”“但是”这类关联词出现时，要特别注意关联词后的分句。第二，仔细揣摩文章的标题、开头、结尾及每个段落的开头和结尾。通常标题会点出文章的主要内容，文章的开头会引出全文的主题，文章的结尾会总结全文的中心思想，而每个段落的开头和结尾通常是全段的中心句出现的位置，要特别留意。

（二）教学目标

1. 了解目前中国的一些新经济业态和新商业模式。
2. 领会经济和商业领域新形式的表达方法。
3. 掌握推测的阅读技能，能通过推测理解句意和文意。

（三）教学重点

1. 有关经济和商业的常用词汇和句型。
2. 能用中文流利地说明商务事件并解决商务活动中的常见问题。
3. 成语、歇后语的理解和表达。

二、课文一

拿手机当钱包

2017 年 5 月，“一带一路”国际合作高峰论坛在北京举办。北京外国语大学丝绸之路研究院针对留学生群体发起了一次调查，来自“一带一路”沿线 20 国的青年留学生评选出了他们眼中的中国“新四大发明”：高铁、移动支付、共享单车和网购。

在北京外国语大学汉语言文学专业学习的留学生莎丽，来自中亚国家土库曼斯坦，她已在北京生活了两年，说起移动支付，她表示这是她最想带回祖国的生活方式。

莎丽用流利的汉语向北京外国语大学国际经济与贸易专业的调研人员小杨介绍起她与移动支付的亲密接触：“我第一次见识移动支付的魅力是我刚来北京我的同学请我去咖啡馆喝咖啡的时候。只见他在手机上轻轻点了几下，就完成了付款。当时我看得一头雾水。他告诉我，只要在智能手机上安装移动支付软件，绑定自己的银行卡，就能付款，连咱们的学费都能远程缴纳呢。”

莎丽边说边拿起自己的手机，熟练地点开移动支付软件，展示给小杨：“你看这个二维码，看上去只是许多杂乱无章的小黑块。但只要通过‘扫一扫’功能，就能快捷地完成付款，整个过程才几秒钟。”

小杨赞同道：“的确，二维码在我们的日常生活中随处可见。大到商场超市，小至菜场商铺，就连学校的小卖部和街边的移动早餐摊，都有二维码的身影，可以说是十分亲民了。”

莎丽非常认可，除了便捷的扫码付款，移动支付客户端还可以跟踪使用者的支出情况，每个月的支出类别列得明明白白，如餐饮美食、服饰装扮、日用百货等，让使用者对自己的开支一目了然。“那句中文怎么讲?”莎丽笑着说：“对，精打细算地过日子。”

操作简便的移动支付，像热浪一样席卷了各个年龄段的人们：青年人、中年人，甚至是不太懂智能手机的老年人也能用得得心应手。小杨向莎丽讲起了从爷爷那儿听来的往事。中华人民共和国成立不久，由于物资紧缺，生活必需品都是按人头定量供应的。那时家家户户都用粮票、肉票、油票、布票等来结算。改革开放后，拮据的生活有了改善，粮票等逐步被淘汰了，人们都使用现金购物，有了闲钱就存到银行，记录在存折上。当时彩色电视机、电话机都没有普及，更不用提智能手机了。现在小杨的爷爷不仅不用伸手从裤兜里掏钱包，万一忘带手机，还能刷脸支付，只要把脸贴近显示屏，就能付款。

国际经济与贸易专业的小杨说起移动支付滔滔不绝，阿里巴巴集团开辟了中国的移动支付道路，在网购领域推出了名为支付宝的委托付款服务，该系统可以在买家收到所购商品前代管付款。2013 年，支付宝成为全球最大移动支付平台。同年，腾讯集团将微信这一广受欢迎的即时通信软件关联移动支付。这两个软件目前在中国占据了移动支付市场的主要份额。在赢得网购的最初阵地后，移动支付转向实体店支付领域，并逐步延伸至投资和生活领域的方方面面，如吃喝玩乐、旅游出行、就医缴费、政务办事等。消费者还能在移动支付客户端购买投资理财产品。

移动支付给人们的生活带来了巨大的便捷，减轻了人们出门的“负担”。只要智能手机在手，就不用携带钱包装着不同面值的钞票、零零碎碎的硬币和银行卡、信用卡等。纸钞和硬币的流通减少也使其印刷、铸造相应节减。这在一定意义上能够节约自然资源，保护生态环境，同时也没有假钞的风险。不过，网络空间需要加强监管，大家记得保管好自己的密码哦！

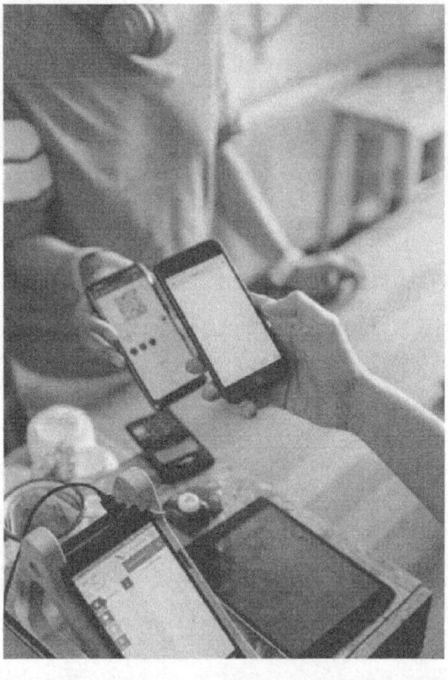

图 9-1　扫码付款

“新四大发明”之一的移动支付代表了中国突飞猛进的科技和经济发展，小小的支付方式如同一面镜子，折射着中国日新月异的面貌。

注释

(1) **四大发明** sìdà-fāmíng

释义：指造纸术、指南针、火药和印刷术，是中国古代对世界具有很大影响的四种发明

示例：四大发明中的指南针为哥伦布、麦哲伦实现远洋航行提供了重要技术保证。

(2) **一头雾水** yītóu-wùshuǐ

释义：形容摸不着头脑，稀里糊涂

示例：她讲话前言不搭后语，弄得我一头雾水。

(3) **二维码** èrwéimǎ（名）

通过二进制，把文字、数字、符号“翻译”成一串由“0”和“1”组成的字符串。再用白色方格代表“0”，黑色方格代表“1”。按照特定规律把白色和黑色方格进行排列，就形成了二维码。

(4) **杂乱无章** záluàn-wúzhāng

释义：又多又乱，没有条理

示例：他房间的地板上杂乱无章地堆着很多衣服。

(5) **亲民** qīnmín

释义：亲近民众，体察民情

示例：他是一位很亲民的领导。

(6) **跟踪** gēnzōng（动）

释义：紧紧地跟在后面（追赶、监视）

示例：他发现身后有人跟踪，便警惕起来。

(7) **一目了然** yīmù-liǎorán

释义：一眼就看得很清楚

示例：这件事情一目了然，问题就出在他身上。

(8) **精打细算** jīngdǎ-xìsuàn

释义：仔细地计算，尤其指在使用人力、物力上

示例：李奶奶经济不宽裕，买东西总是精打细算。

(9) **席卷** xíjuǎn（动）

释义：像卷席子一样把东西都卷进去

示例：整个城镇被这场龙卷风席卷一空。

(10) **得心应手** déxīn-yìngshǒu

释义：心里怎么想，手就能怎么做，比喻技艺纯熟或事情非常顺利

示例：王老师教学经验丰富，讲起课来得心应手。

(11) **粮票** liángpiào（名）

释义：购买粮食和粮食制品的票证

示例：如今粮票已经成为历史。

(12) **拮据** jiéjū（形）

释义：缺少钱，经济困难

示例：父亲去世后，他们一直手头很拮据。

(13) **淘汰** táotài（动）

释义：去掉坏的、弱的或者不合适的，留下好的、强的或者合适的

示例：他实力不够，在初赛就被淘汰了。

(14) **存折** cúnzhé（名）

释义：银行等发给存款者作为凭证的小本子

示例：取款时请记得带着您的存折。

(15) **滔滔不绝** tāotāobùjué

释义：形容话多，连续不断

示例：他说起自己的专业滔滔不绝，一听就是行家。

(16) **阵地** zhèndì（名）

释义：军队为进行战斗而占领的地方，通常修有工事

示例：我军的阵地就如铜墙铁壁，没有人可以攻破。

(17) **客户端** kèhùduān（名）

释义：是与服务器相对应，为客户提供本地服务的程序

示例：下载软件后，可以在客户端创建一个账号并设置密码。

(18) **铸造** zhùzào（动）

释义：把金属加热熔化后倒入模子里，冷却后凝固成为器物

示例：这是零件铸造车间。

练习

1．选择下列词语的正确读音。

（1）魅力

A. měilì　　B. guǐlì　　C. mèilì　　D. mòlì

（2）席卷

A. xíjuàn　　B. píjuàn　　C. xíjuǎn　　D. píjuǎn

（3）拮据

A. jíjū　　B. jiéjū　　C. jíjù　　D. jiéjù

（4）存折

A. chúnchāi　　B. cúnshé　　C. chúnjīn　　D. cúnzhé

（5）铸造

A. zhùzào　　B. zhùzhào　　C. tāozào　　D. tāozhào

2．根据课文内容，选择正确答案。

（1）中国古代的"四大发明"是什么？

A. 造纸术、指南针、火药、印刷术

B. 地动仪、指南针、火药、瓷器

C. 地动仪、指南针、烟花、印刷术

D. 造纸术、铸铁术、弓箭、印刷术

（2）中国的"新四大发明"是什么？

A. 高铁、移动支付、共享单车、网购

B. 高铁、美颜软件、共享单车、网购

C. 高铁、移动支付、航天技术、网购

D. 在线教育、移动支付、共享单车、网购

（3）小杨的爷爷以前用________买东西？

A. 肉票、油票、布票　　B. 粮票、油票、水票

C. 硬币、纸币　　D. 豆票、布票、水票

（4）扫码支付不可以应用在哪个领域？

A. 乘坐公共交通　　B. 缴纳学费

C. 上课点名　　D. 超市购物

（5）根据课文内容，下列哪个说法不正确？

A. 扫码支付主要运用了图像识别技术。

B. 移动支付非常安全，不需要设置密码。

C. 在中国用票证购物已成为历史。

D. 移动支付有利于环境保护。

3．将下列词语排列成句并注明标点。

（1）在 了 两年 北京 已 她 生活

____。

（2）方式 想 她 这 祖国 的 最 生活 是 带回

____。

（3）同班 喝 我 请 同学 的 咖啡 我

____。

（4）带来 便捷 支付 巨大的 的 生活 移动 人们 了 给

____。

（5）监管 需要 网络 加强 空间

____。

4．用汉语解释下列词语并造句。

（1）评选：____

____

（2）熟练：____

____

（3）紧缺：____

____

（4）逐步：____

____

（5）即时：____

____

5．选词填空。

拮据	魅力	流通	跟踪	淘汰

（1）那个猎人正在________一头狼。

（2）商场如战场，如果实力不够，就会被________。

（3）他成名前经济________，不得不暂时放弃画画。

（4）桂林山水很有________，吸引海内外众多游客到此一游。

（5）发展贸易能促进商品________。

6．讨论题。

网购已经成为一种流行的购物方式，尤其是很多年轻人，已经成为网购达人。请围绕以下问题说说你对网购的看法：

（1）请问你在中国网购过吗？你当时为什么选择网上购物呢？

（2）你一般会在网上购买哪类商品？你网购的频率是多少？

（3）你会选择在哪些网站购物？你是如何选择卖家的？你选择卖家的标准是什么？

（4）网购的商品一般采用快递邮寄的方式送达，你觉得这些服务的质量如何？

（5）你觉得网购与实体店购物有什么不同？网购有哪些优点和缺点？

三、课文二

共享经济“真香”

场景一：我叫小绿，是上海这个大都市中一辆普普通通、毫不起眼的共享单车。从流水线上被组装完成，我就出厂开始工作了。我被小心翼翼地安放在地铁口、学校、小区周边等公共区域，用来解决“最后一千米”的出行需求。2021 年 8 月 25 日，第九个“全国低碳日”这天，上海市民小刘和以往一样，8：00 整走出家门。他来到小区门口的共享单车停放点，熟练地操作手机上的共享单车软件，把我解锁后，轻快地骑上我去往地铁站。10 分钟后，小刘到达目的地。我还没喘口气，一位从地铁站走出来的时髦女郎又骑上我赶往公司。今天可真忙碌啊！叔叔阿姨们骑着我上下班，中学生们骑着我上下学，爷爷奶奶们骑着我出门买菜。虽然一天的工作使我筋疲力尽，但是能够缓解交通拥堵，接驳交通枢纽，减少汽车尾气排放以保护环境，又能使人们强身健体，我心里美滋滋的！近年，共享单车的数量飙升，我的家族越来越庞大。希望大家文明出行，不能“任性”停车，更不能伤害我，让我“折手断脚”。请正确地使用我，爱护我这个经济实惠的绿色环保小标兵，让我陪你穿过大街小巷，领略城市美好风景。

场景二：最近，共享单车小绿有点儿寂寞，原来小刘已经有一段时间没骑车去地铁站了。难道小刘搬家了？这天清晨，小绿在小区门口看到了那个熟悉的身影。小刘坐在一辆汽车的后座，往公司的方向去。原来最近小刘发现了拼车这个“神器”。通过拼车软件，匹配同路线的几位乘客乘坐同一辆车，车费由乘客们分摊。

拼车的好处是互不等待，随到随走，既缓解交通压力，节能环保，又经济实惠，还能促进人与人之间的和谐沟通。还有一种拼车方式是车主在拼车平台登记后，可以顺路带人，这叫“顺风车”。对车主而言，拼车减少了油费和养车的支出。此外，还有节假日长途拼车和旅游拼车等多种拼车方式。这种出行的方式真是省时、省心、省力、省钱！

场景三：这天下班后，小刘约女朋友一起在商场看电影。小刘到商场后，正准备给女朋友发微信，突然他发现手机的电量显示变成红色了。哎呀！今天在公司忘记充电了。小刘心中焦急起来，电影就快开场了，现在打车回家肯定来不及了。小刘急得像热锅上的蚂蚁，目光所及之处恰巧闪过一个长相特别的柜子。定睛望去，原来是早有耳闻的共享充电宝柜，真是“山重水复疑无路，柳暗花明又一村”。小刘赶忙注册使用，手机电量一格一格闪动变绿，共享充电宝真是解了小刘的燃眉之急。这时，小刘收到女朋友的微信，她到达商场了。小刘开开心心地和女朋友去看电影了。

场景四：国庆节快到了，小刘打算假期回河北老家探亲。这天，他浏览网页时无意中发现了一个房屋短租网站。小刘灵光一现，国庆期间，肯定有很多游客来上海观光旅游，那可以把自己的房子租给有需要的人嘛。说干就干，小刘立刻发布广告：“××路一居室，国庆期间短租，交通便利，家电齐全，干净整洁，氛围温馨……”很快，来自西安的小周联系上了小刘。国庆节后，小刘回来了，门一打开，小刘忐忑的心放下了。小周走之前把房屋打扫得一尘不染，还给小刘写了一张留言条：“在异地感受家的温馨，与陌生人产生美好交集，体会人与人之间的信任，谢谢你！”小刘开始憧憬春节期间的下一位客人来自哪里、是什么样的人……

生活在信息时代，越来越多的新兴产业随着科技的蓬勃发展而萌芽生根。共享经济，优化闲置资源配置，“曾经使用，何必拥有”的共享价值理念正逐步渗透至全体消费者，并孕育了广阔商机。共享经济成了“香饽饽”。

图 9-2 街边的共享单车

注释

（1）**流水线** liúshuǐxiàn（名）

释义：按照流水作业进行的由各个环节组成的生产程序

示例：流水线上的工人正在组装汽车。

（2）**小心翼翼** xiǎoxīn-yìyì

释义：形容举动十分谨慎小心，丝毫不敢疏忽

示例：我小心翼翼地走进屋里，生怕吵醒正在睡觉的孩子。

（3）**全国低碳日**

2013 年 6 月 6 日，国家应对气候变化战略研究和国际合作中心召开媒体通气会，确定 2013 年 6 月 17 日为首个“全国低碳日”，届时将启动“低碳中国行”活动。2021 年 8 月 25 日为第九个“全国低碳日”。由生态环境部、北京市人民政府共同主办的 2021 年“全国低碳日”主场活动以线上方式举行。

（4）**时髦** shímáo（形）

释义：形容人的衣着装饰或其他事物入时

示例：一些年轻人很爱赶时髦。

(5) **接驳** jiēbó（动）

释义：① 转移人或物

示例：酒店提供去机场的免费接驳车。

释义：② 特指公交线路相连接，便于换乘

示例：这个地铁站接驳 5 路公交车。

(6) **枢纽** shūniǔ（名）

释义：事物的关键；事物互相联系的中心环节

示例：徐州是南来北往的交通枢纽。

(7) **飙升** biāoshēng（动）

释义：（价格、数量等）急速上升

示例：这部电影大受好评，让主角人气值飙升。

(8) **任性** rènxìng（形）

释义：不加约束，放任自己的性子

示例：做人做事要讲道理，不能太任性。

(9) **标兵** biāobīng（名）

释义：比喻作为榜样的人或单位

示例：小明期末考试全班第一，被评为本学期的学习标兵。

(10) **寂寞** jìmò（形）

释义：孤单冷清

示例：我远离家人，一个人在国外留学，时常感到很寂寞。

(11) **神器** shénqì（名）

释义：某一方面非常有用的软件或者产品

示例：这个翻译笔真是个神器，能立刻把书上的汉语翻译成英语。

(12) **分摊** fēntān（动）

释义：分担（费用等）

示例：我和同事合租一套两居室，每人分摊一半租金。

(13) **热锅上的蚂蚁**

这是歇后语：热锅上的蚂蚁——团团转。形容心里焦急、坐立不安的样子。歇后语是熟语的一种，由两部分组成，前半部分类似谜语的谜面，后半部分是谜底，即本意，是一种口语性的引注语，有时隐去后半部分不说。

(14) **定睛** dìngjīng（动）

释义：集中视线

示例：黑暗中走来一个人，他定睛细看，发现居然是村主任。

(15) **耳闻** ěrwén（动）

释义：听说

示例：耳闻不如目见。

(16) **山重水复疑无路，柳暗花明又一村。**

出自南宋诗人陆游的诗《游山西村》：“莫笑农家腊酒浑，丰年留客足鸡豚。山重水复疑无路，柳暗花明又一村。箫鼓追随春社近，衣冠俭朴古风存。从今若许闲乘月，拄杖无时夜叩门。”意思是：“不要笑农家腊月里酿的酒浊而浑，在丰收年景里待客菜肴非常丰繁。山峦重叠、水流曲折，正担心无路可走，柳绿花艳忽然眼前又出现一个山村。吹着箫，打起鼓，春社的日子已经接近，村民们衣冠简朴古代风气仍然保存。今后如果还能乘大好月色出外闲游，我一定拄着拐杖随时来敲你的家门。”比喻在遇到困难一种办法不行时，可以用另一种办法去解决，通过探索去发现答案。

(17) **燃眉之急** ránméizhījí

释义：像火烧到眉毛那样紧急，比喻非常急迫的情况

示例：汛期即将到来，抓紧时间修好防洪堤是燃眉之急。

(18) **浏览** liúlǎn（动）

释义：大略地看

示例：他边吃早餐边浏览报纸上的新闻。

(19) **灵光一现** língguāng-yīxiàn

释义：比喻灵感突然出现

示例：他看着那面镜子，灵光一现，想出了一个妙计。

(20) **忐忑** tǎntè（形）

释义：心神不宁

示例：他忐忑地坐在座位上，听经理宣布面试结果。

(21) **一尘不染** yīchén-bùrǎn

释义：环境非常清洁干净

示例：他很勤快，总把屋子打扫得一尘不染。

（22）**憧憬** chōngjǐng（动）

释义：对美好事物的向往

示例：小刘考入了南京大学，他憧憬着即将到来的大学生活。

练习

1．选择下列词语的正确读音。

（1）接驳

A．jiēbó　B．jiēguǐ　C．jiēchù　D．jiěchú

（2）枢纽

A．shūniǔ　B．shūkōu　C．qūniǔ　D．qūkōu

（3）飙升

A．biāoshēng　B．sàsēng　C．biāosēng　D．sàshēng

（4）忐忑

A．shàngxià　B．shàngtè　C．tǎnxià　D．tǎntè

（5）憧憬

A．tóngjǐng　B．chōngjǐn　C．chōngjǐng　D．tóngjǐn

2．请配对以组成完整的歇后语。

（1）芝麻开花　a．说亮话

（2）老鼠过街　b．人人喊打

（3）打破砂锅　c．自卖自夸

（4）打开天窗　d．节节高

（5）王婆卖瓜　e．问到底

3．请写出下列词语的意思并造句。

（1）小心翼翼：________________

____

（2）燃眉之急：________________

____

（3）灵光一现：________________

____

（4）一尘不染：____
____

（5）憧憬：____
____

4．根据课文内容填空。

小刘有时骑________上班，有时通过______上班，这个费用由乘客________。出门在外，手机没电了，小刘就用共享________充电。短暂外出时，小刘就把房屋________给别人。这几种都是________的表现形式。

5．请写一段话，设想一种新的共享经济形式，约150字。

____
____
____
____
____
____
____
____

6．讨论题。

请说说你对共享经济的看法。可围绕以下问题展开：

（1）你有没有体验过共享经济？

（2）如果有，你是在什么情况下体验共享经济的？

（3）作为消费者，你的体验感如何？

（4）共享经济有什么优点和缺点？

四、课文三

博鳌亚洲论坛

各位朋友大家好！今天我们要去参观的是一年一度的政界和商界的风

云人物聚首之地——博鳌亚洲论坛国际会议中心，是博鳌亚洲论坛的永久会址。本会议中心位于海南省琼海市的东屿岛，被专家誉为世界河流入海口自然景观保存最完美的地方之一。整座东屿岛的外形酷似一只大鳌，在景区内也随处可见鳌元素。鳌是中国古代传说中海里的大龟或大鳖，还有一种说法，鳌是南海龙王的女儿所生，龙头、龟身、麒麟尾。龙王不喜欢它，用玉带滩阻隔母子，鳌因此兴风作浪，祸害百姓。后来鳌被观音降服并被点化成鳌龙，留下鳌的原身化作东屿岛，这就是博鳌名称的由来。这里原本只是一个小渔镇，现在已经成为世界瞩目之地，正切合了“独占鳌头”的好兆头，这一切当然是乘了博鳌亚洲论坛的东风。

沐浴着明媚的阳光，吹着凉爽的海风，呼吸着清新的空气，看着片片婆娑的椰林，我们来到了博鳌亚洲论坛国际会议中心。眼前这座矗立在美丽的万泉河入海口的新颖别致的建筑，记录着博鳌亚洲论坛成立和首届年会的历史性时刻。2003 年 9 月 22 日，该会议中心正式启用。会议中心的正面是两个大型喷水池，其中圆台形喷水池中间是一个地球仪，瀑布般的流水从地球仪下倾泻而出。从空中俯瞰，整个会议中心的形状像一枚外圆内方的古钱币，象征着中国人的包容性和亲和力，没有上下、主次和方向上的高低之分，体现与会者的平等。走进这座气势恢宏的会议中心，能充分感受到中国作为礼仪之邦的风度和大气。会议中心的总面积达 37 000 平方米，可容纳 2 000 人同时开会。会议中心共分三层，一层的东屿宴会厅可容纳 1 500 人同时就餐，环宴会大厅有 20 个可容纳 50 至 200 人的小会议厅。二层是博鳌亚洲论坛年会的主会场，会场的主色调为黄色，给人金碧辉煌、规模宏大之感。会场的音响、灯光、摄像和翻译都由电脑全程监控，可同时提供 7 种语言的同声传译服务。整个会议中心集会议、接待、宴请的功能于一体，当然，主要的功能是作为博鳌亚洲论坛的永久性会址。

博鳌亚洲论坛（Boao Forum For Asia，BFA）是一个总部设在中国的国际组织，由 29 个成员国共同发起，每年定期在海南博鳌举行年会。论坛成立的初衷是，促进亚洲经济一体化。论坛当今的使命是，为亚洲和世界的发展凝聚正能量。就亚洲国家整体而言，需要一个真正从亚洲的利益和观点出发，专门讨论亚洲事务，增进亚洲各国之间、亚洲各国与世界其他地区之间交流与合作的论坛组织。在此背景下，1998 年，菲律宾前总统拉莫斯、澳大利亚前总理霍克和日本前首相细川护熙倡议成立一个“亚洲论坛”。从2002年起，论坛定期在中国海南博鳌召开年会。

2021年博鳌亚洲论坛年会于4月18日至21日举行，共有2 600多名代表在这里碰撞思想，提供“亚洲视角”，贡献“博鳌智慧”。本次年会围绕“世界大变局：共襄全球治理盛举 合奏‘一带一路’强音”的主题，以线上线下结合的方式，设置了数十场内容丰富的活动，共分为六个板块，包括“解读中国”“‘一带一路’合作”“把握世界变局和亚洲的发展大势”“拥抱产业变革”“共享发展”和“与新技术共舞”。

朋友们，了解了这些博鳌亚洲论坛的信息，你是不是想更深入了解这个自然风光和人文景观并驾齐驱的地方呢，下面我们接着游览……

图9-3　博鳌亚洲论坛2021年年会——“双循环的中国新发展格局”分论坛

注释

（1）**风云人物**　fēngyún-rénwù

释义：一个时期内在社会上非常活跃、很有影响力的人

示例：他凭借过人的智慧和八面玲珑的手段，成为商场上的风云人物。

（2）**鳌**　áo（名）

传说中海里的大龟。

（3）**鳖**　biē（名）

爬行动物，形状像龟，也叫甲鱼，俗称“王八”。

(4) **麒麟** qílín（名）

古代传说中的一种动物。形状像鹿，头上有角，全身有鳞甲，有尾，象征祥瑞。

(5) **兴风作浪** xīngfēng-zuòlàng

释义：原指神话小说中的妖魔鬼怪施展法术掀起风浪，后比喻煽动情绪，制造事端

示例：恐怖主义的邪恶势力在全球兴风作浪，必须严厉打击。

(6) **祸害** huòhai（动/名）

释义：① 损害，损毁（动）

示例：野猪祸害了一大片庄稼。

释义：② 造成损害、损失和不幸的灾难，也指引起灾祸的人或事（名）

示例：警察抓住了这个为非作歹的祸害。

(7) **降服** xiángfú（动）

释义：投降、屈服

示例：骑手终于降服了那匹烈马。

(8) **点化** diǎnhuà（动）

释义：神仙运用法术使物变化，僧道用言语启发人悟道，泛指启发指导

示例：艺术的魅力就是点化人性。

(9) **瞩目** zhǔmù（动）

释义：注视、注目

示例：中国的现代化建设取得了举世瞩目的成绩。

(10) **独占鳌头** dúzhàn-áotóu

释义：泛指占首位或第一名

示例：赵刚在全国武术比赛中独占鳌头。

(11) **婆娑** pósuō（形）

释义：① 枝叶纷披的样子

示例：河边垂柳婆娑的影子像少女的曼妙身姿。

释义：② 盘旋舞动的样子

示例：少女随着音乐婆娑起舞。

(12) **别致** biézhì（形）

释义：新奇，与众不同

示例：这座古典园林的设计很别致。

(13) **倾泻** qīngxiè（动）

释义：（大量的水）从高处急速流下来

示例：瀑布从悬崖上倾泻下来，水声震耳欲聋。

(14) **气势恢宏** qìshì-huīhóng

释义：气势磅礴，场面大气

示例：气势恢宏的长城被誉为世界第八大奇迹。

(15) **礼仪之邦** lǐyízhībāng

释义：讲究礼节和仪式的国家

示例：中国自古以来就是礼仪之邦，注重礼尚往来。

(16) **金碧辉煌** jīnbì-huīhuáng

释义：形容建筑物等装饰华丽，光彩夺目，比喻陈设华丽

示例：在阳光的照射下，这座宫殿更显得金碧辉煌。

(17) **初衷** chūzhōng（名）

释义：最初的心愿

示例：虽然经过许多挫折，他仍然不改教书育人的初衷。

(18) **共襄** gòngxiāng（动）

释义：共同完成一番事业

示例：这场盛会吸引众多业界专家共襄盛举。

(19) **并驾齐驱** bìngjià-qíqū

释义：几匹马并排拉一辆车，一起快跑，比喻齐头并进，彼此的力量或才能不分高下或者地位相当

示例：这两位科学家并驾齐驱，都取得了丰硕的成果。

练习

1．选择下列词语的正确读音。

（1）祸害

A. huòhài　　B. huóhài　　C. huòhai　　D. huó hai

(2) 降服

A. jiàngfú　　B. xiángfū　　C. jiàngfū　　D. xiángfú

(3) 瞩目

A. shǔmù　　B. zhǔmù　　C. shǔrì　　D. zhǔrì

(4) 婆娑

A. shāshā　　B. shāsuō　　C. pósuō　　D. póshā

(5) 共襄

A. gòngxiāng　　B. gōngxiǎng　　C. gòngxiǎng　　D. hōngxiāng

2．选出与画线部分意思相近的项。

(1) 暑假我去参观了很多名胜古迹。

A. 加入　　B. 观看　　C. 游览　　D. 考察

(2) 教师被誉为人类灵魂的工程师。

A. 名称　　B. 荣誉　　C. 称赞　　D. 承认

(3) 树上红彤彤的果实酷似一个个红灯笼。

A. 严酷　　B. 非常像　　C. 残忍　　D. 好像

(4) 这件衣服的式样很别致。

A. 新奇　　B. 不一样　　C. 漂亮　　D. 价格高

(5) 我们做这事的初衷可不是为了钱。

A. 目的　　B. 本意　　C. 理由　　D. 想法

3．根据课文内容，给下列句子排序。

(1) 2021年年会的主题是“世界大变局：共襄全球治理盛举 合奏‘一带一路’强音”。

(2) 博鳌亚洲论坛由29个成员国共同发起。

(3) 博鳌亚洲论坛国际会议中心位于海南省琼海市的东屿岛。

(4) 会议中心共分三层，可容纳2 000人同时开会。

(5) 2003年9月22日，会议中心正式启用。

4．选词填空。

凝聚　　俯瞰　　倡议　　全程　　贡献

（1）这个公园位于可以________城市的山上。

（2）跑完马拉松________后，选手们累得汗流浃背。

（3）四大发明________着古代中国人民的智慧。

（4）校长________向山区的受灾群众捐款。

（5）袁隆平为中国农业________了一生。

5．请写一段话，谈谈你的祖国加入的一个国际组织，以及加入后参加的活动和获益，约150字。

6．讨论题。

（1）请谈谈你对国际组织的看法。如果你可以发起一个国际组织，它会是什么样的呢？请展开谈谈这个国际组织的会员、宗旨、组织结构、活动安排等。

（2）你来自哪个国家？你的国家有什么和地域相关的神话和传说？请和大家分享一下。

参考答案

课文一

1. （1）C　（2）C　（3）B　（4）D　（5）A

2. （1）A　（2）A　（3）A　（4）C　（5）B

3.

（1）她已在北京生活了两年。

（2）这是她最想带回祖国的生活方式。

（3）我的同班同学请我喝咖啡。/我请我的同班同学喝咖啡。

（4）移动支付给人们的生活带来了巨大的便捷。

（5）网络空间需要加强监管。

4.

（1）评选：评比并推选。

造句：小赵今年工作表现出色，被评选为“先进个人”。

（2）熟练：（动作、技能、技巧等）精熟老练。

造句：来中国半年了，玛丽已经能熟练地使用筷子了。

（3）紧缺：因短缺而供应紧张。

造句：物流管理人才是我国目前的紧缺人才之一。

（4）逐步：一步一步地。

造句：中国的城乡差别正在逐步缩小。

（5）即时：立刻、立即。

造句：网络时代，读者可以即时反馈感受并评论。

5. （1）跟踪　（2）淘汰　（3）拮据　（4）魅力　（5）流通

6. 略

课文二

1. （1）A　（2）A　（3）A　（4）D　（5）C

2. （1）d　（2）b　（3）e　（4）a　（5）c

3.

（1）小心翼翼：形容举动十分谨慎小心，丝毫不敢疏忽。

造句：她充满期待，小心翼翼地拆开礼物。

（2）燃眉之急：像火烧到眉毛那样紧急，比喻非常急迫的情况。

造句：他借了笔钱给我，解决了我的燃眉之急。

（3）灵光一现：比喻灵感突然出现。

造句：作家灵光一现，拿起笔又继续写了起来。

（4）一尘不染：环境非常清洁干净。

造句：她把家整理得窗明几净，一尘不染。

（5）憧憬：对美好事物的向往。

造句：他憧憬很久的事终于有了结果。

4. 共享单车，拼车，分摊，充电宝，出租，共享经济

5. 略

6. 略

课文三

1. （1）C　（2）D　（3）B　（4）C　（5）A

2. （1）C　（2）C　（3）B　（4）A　（5）B

3. （3）（5）（4）（2）（1）

4. （1）俯瞰　（2）全程　（3）凝聚　（4）倡议　（5）贡献

5. 略

6. 略

第十章

同义词互释

一、本章要点

（一）阅读技能：同义词互释

同义词互释，指的是用等义词或近义词相互解释。这么做的主要目的是用老词解释新词，用新词复习老词，使学生们对新旧词语产生联系和联想，理解和体会同义词之间的差别，增强汉语语感，积累汉字识字量。

（二）教学目标

1. 了解中国生态文明建设从古至今的脉络，以及进行生态文明建设的意义。

2. 通过具体事例了解中国在生态文明建设方面做出的努力。

3. 学会辨析同义词。

（三）教学重点

1. 理解生态文明的内涵。

2. 学会使用同义词替换。

3. 体会课文重点词句，了解中国古代神话。

二、课文一

绿水青山就是金山银山

“西塞山前白鹭飞，桃花流水鳜鱼肥”，这是人和自然的和谐共生；“相看两不厌，只有敬亭山”，这是人与山的情感互通。绿水青山，碧海蓝天，世代相依，和谐共生，我们都是自然界的一分子。当前，我们正处于发展的十字路口，正处于历史的交汇点上，要想实现高质量的发展，必须重视保护生态环境，这是发展之需、自然之愿，也是你我之责。

我们从出生就接受着自然的馈赠，索取她的精华，过着丰衣足食的日子。大自然仿佛是一位慈爱的母亲，赋予人类生存所必需的一切，给了我们所有的智慧和幻想。中华民族向来尊重自然、热爱自然，绵延 5 000 多年的中华文明孕育着丰富的生态文化。

中华文明的第一缕曙光从伏羲仰观天象、俯察大地而画八卦肇始。这是中国人最早的文化形象：一个人矗立于高山之巅，头顶是浩瀚无穷、神秘莫测的星空，眼前是广袤无垠、连绵不绝的大地、山川、河流，人是其中一个既渺小又伟大的存在。它说明中国文化一开始就有道法自然的思想，中国人在广阔的生态环境中确立了自身的存在。中国古人一方面根据自然生态的文化创建人类社会的文化，确立人伦；另一方面又将人重新置于浩荡的宇宙之中，使人在理解天地、效法天地的过程中与天地浑然一体，忘却自己的主体性。

大自然很早就进入了中国人的精神生活。我国古代圣贤不仅对“天人关系”“人地关系”有深刻的认识，提出过极为丰富的生态文明思想，而且以其指导人们的实践，为后人留下了宝贵的精神遗产。花鸟虫鱼、山川河流、日月星辰赋予人们灵感，慰藉人们心灵，我们钟情大自然、敬畏大自然，山水自然与人物心性相同，使得古人发出了“一松一竹真朋友，山鸟山花好弟兄”的感叹，更留下了陶渊明以菊为知己，王羲之与鹅为伴，以及林和靖的“梅妻鹤子”等佳话。

而今，伴随着经济发展的浪潮澎湃和工业化的呼声迭起，人类为了满足日益增长的物质生活需求正不自觉地步入掠夺性资源利用和破坏性生产的误区。环境污染、森林面积锐减、土地沙漠化、气候变化、生态灾难频繁、水资源和自然资源逐渐枯竭……人类的生存与发展正面临着环境不断恶化所带来的严峻威胁，地球及其居民好像进入了一个高风险的发展时期，警钟已经敲响！

保护生态环境，是功在当代，利在千秋的发展之道。发展并不意味着与生态割裂，更不意味着与生态保护背道而驰。“良好的生态环境是最普惠的民生福祉”，保护环境才能实现可持续发展的美好愿景，才可以搭建留得住乡愁的精神原乡。人类只有真正地把自身融入自然发展的脉络，在追求经济开发的同时保持清醒的头脑，其文明才能走向成熟；而那些目光短浅，为短期利益而牺牲生态环境的行为，无异于涸泽而渔、自掘坟墓。

“绿水青山就是金山银山”的智慧之语，殷殷回响在我们耳边。从浙江安吉余村凭改善环境走出一条生态美、产业兴、百姓富的共赢之路，到十八洞村发展生态旅游实现共同富裕，保护环境就是造福自身的发展理念，已在全面小康、乡村振兴的征途上镌刻进中国人民的心田，并结出丰收的硕果。斐然成绩的背后，离不开数代人坚持不懈的砥砺奋斗。建设生态文明，不仅是楷模之任，更是你我之责。滇池卫士张正祥、草鞋书记杨善洲、治沙英雄石光银，这些耳熟能详的人物事迹，不仅应得到我们的敬佩，更应成为我们参与生态文明建设的力量源泉。从我做起，涓滴之水的绿色小事也能汇成滔滔巨浪。唯有将绿色观念、绿色行动融入日常生活，化为自觉行为，美丽中国才会碧波荡漾、草木青青，谱写出“万里江山恣意开”的生态华章。

勾勒经济发展的蓝图，绿色永远是不变的主调。绿色发展观念应该成为社会共识，绿色生活应该成为社会常态。共筑绿色的生态长城，让草木滋长，让鸟兽翱翔，才能让诗文中的山川灵秀浸润民族的文脉，才能实现文明的赓续发展。愿我们垂垂老矣时，能无悔地站在子孙面前说：“我曾播种春天，我无愧于大地。”

图 10-1　桂林漓江

注释

（1）西塞山前白鹭飞，桃花流水鳜鱼肥

出自唐朝张志和的《渔歌子》："西塞山前白鹭飞，桃花流水鳜鱼肥。青箬笠，绿蓑衣，斜风细雨不须归。"意思是："西塞山附近，白鹭展翅高飞，桃花夹岸的溪水中，鳜鱼肥美。头顶青箬笠，身披绿蓑衣，斜风细雨中，垂钓的人不想回家。"这首词描绘了一幅江南水乡春汛时期的钓鱼山水画。

（2）相看两不厌，只有敬亭山

出自唐朝李白的《独坐敬亭山》："众鸟高飞尽，孤云独去闲。相看两不厌，只有敬亭山。"意思是："山中群鸟一只只高飞远去，天空中的最后一片白云也悠然飘走。敬亭山和我对视着，谁都看不够、看不厌，看来理解我的只有这敬亭山了。"这首诗是诗人表现自己精神世界的佳作。

（3）交汇　jiāohuì（动）

释义：（水流、气流等）汇合在一起

示例：长江口因为咸水和淡水交汇，鱼类资源极为丰富。

（4）馈赠　kuìzèng（动）

释义：赠送（礼品）

示例：这是馈赠亲友的佳品。

（5）**丰衣足食**　fēngyī-zúshí

释义：穿的吃的都很丰富充足，形容生活富裕

示例：自力更生才能丰衣足食。

（6）**伏羲**　Fúxī

我国古代传说中的人物。传说他教民从事渔猎畜牧。

（7）**肇始**　zhàoshǐ（名）

释义：开始

示例：奥林匹克圣火的启用肇始于 1936 年。

（8）**神秘莫测**　shénmì-mòcè

释义：非常神秘，难以推测，常用来形容一些不可理解的事物或现象

示例：他很少说话，总是一副神秘莫测的样子。

（9）**广袤无垠**　guǎngmào-wúyín

释义：形容广阔得望不到边际，辽阔无边。

示例：在广袤无垠的大草原上，生活着数以亿计的生灵。

（10）**渺小**　miǎoxiǎo（形）

释义：非常微小，无关紧要

示例：地球在整个银河系就是一个非常渺小的存在。

（11）**道法自然**　dàofǎzìrán

出自老子《道德经》的哲学思想，意思是“道”所反映出来的规律是“自然而然”的。

（12）**浑然一体**　húnrán-yītǐ

释义：融合成一个整体，形容完整无法分割

示例：这些建筑物和周围的自然景物相融合，浑然一体。

（13）**慰藉**　wèijiè（名）

释义：安慰

示例：他的诗歌是人类的财富和慰藉。

（14）**敬畏**　jìngwèi（名）

释义：既敬重，又害怕

示例：人类对自然要始终保持敬畏之心。

（15）一松一竹真朋友，山鸟山花好弟兄

出自宋朝辛弃疾的《鹧鸪天·博山寺作》："不向长安路上行。却教山寺厌逢迎。味无味处求吾乐，材不材间过此生。　　宁作我，岂其卿。人间走遍却归耕。一松一竹真朋友，山鸟山花好弟兄。"意思是："不在通往帝都的路上奔波，却多次往来于山寺以致它都厌于逢迎我了。在有味与无味之间追求生活乐趣，在材与不材之间度过一生。我宁可保持自我的独立人格，也不趋炎附势猎取功名。走遍人间，过了大半生还是走上了归耕一途。松竹是我的真朋友，花鸟是我的好弟兄。"这首词表达了作者厌倦官场，决意归隐的思想。

（16）梅妻鹤子　méiqī-hèzǐ

以梅为妻，以鹤为子。比喻清高或隐居。宋代林逋（bū）隐居西湖孤山，植梅养鹤，人称"梅妻鹤子"。

（17）澎湃　péngpài（形）

释义：① 形容波浪互相撞击

示例：波涛汹涌澎湃，拍打着岸边的礁石。

释义：② 比如声势浩大，气势雄伟

示例：澎湃的革命席卷了全国。

（18）迭起　dié qǐ（动）

释义：一次又一次地出现

示例：比赛可谓是高潮迭起。

（19）锐减　ruìjiǎn（动）

释义：急剧减少或下降

示例：在经济危机的冲击下，这个公司的营业额锐减。

（20）枯竭　kūjié（形）

释义：资源或能源用光

示例：她才思枯竭，实在写不出文章来了。

（21）严峻　yánjùn（形）

释义：严厉，严肃，严重

示例：疫情形势仍然十分严峻。

（22）功在当代，利在千秋

释义：做一件事情，其功劳建立于当代，而其所产生的利益将惠

及千秋万代

示例：植树造林，功在当代，利在千秋。

(23) **背道而驰** bèidào’ érchí

释义：朝着相反的方向跑，比喻行动方向和所要达到的目标完全相反

示例：我和他的想法总是背道而驰。

(24) **福祉** fúzhǐ（名）

释义：幸福

示例：一个有担当的政府应该为谋求人民的福祉而努力。

(25) **脉络** màiluò（名）

释义：指中医对动脉和静脉的统称或维管植物的维管系统，也可用来比喻条理或头绪

示例：这篇文章脉络清楚，条理清晰。

(26) **涸泽而渔** hézé’ éryú

释义：排尽湖中或池中的水捕鱼，比喻只图眼前利益，不作长远打算

示例：这种涸泽而渔的做法不利于公司的长期发展。

(27) **自掘坟墓** zìjuéfénmù

释义：自己的所作所为就像在替自己挖掘坟墓一样，比喻自寻死路

示例：你这样一意孤行地错下去，简直就是自掘坟墓！

(28) **殷殷** yīnyīn（形）

释义：众多，昌盛

示例：值此圣诞节之际，献上殷殷祝福。

(29) **镌刻** juānkè（动）

释义：雕刻

示例：宫殿大门的两边镌刻着一副对联。

(30) **斐然** fěirán（形）

释义：显著

示例：成绩斐然。

(31) **砥砺** dǐlì（动）

释义：磨刀石，也指磨炼、锻炼，用来表示革命意志，也可以表示相互之间勉励

示例：正是这种艰苦的生活，锻造了他坚强的意志，砥砺了他顽强的生命力。

(32) **楷模** kǎimó（名）

释义：榜样，模范

示例：你的所作所为要以你的哥哥为楷模。

(33) **荡漾** dàngyàng（动）

释义：飘荡，起伏不定

示例：走在乡间小路上，牧童的歌声在荡漾。

(34) **恣意** zìyì（副）

释义：不加限制，任意

示例：她觉得她遭到了新闻界的恣意诽谤。

(35) **勾勒** gōulè（动）

释义：用线条画出轮廓，也指用简单的笔墨描写事物的大致情况

示例：这部小说善于勾勒场面，渲染气氛。

(36) **滋长** zīzhǎng（动）

释义：生长，产生

示例：田里的杂草正在滋长。

(37) **垂垂老矣** chuíchuílǎoyǐ

释义：渐渐老了

示例：如今他已经垂垂老矣，真是岁月不饶人。

练习

1．选择下列词语的正确读音。

（1）馈赠

A. kuízèng　B. kuìzèng　C. guízèng　D. guìzèng

（2）肇始

A. bìshǐ　B. yīshǐ　C. zhàoshǐ　D. chàoshǐ

（3）澎湃

A. pénbài　　B. péngpái　　C. péngbài　　D. péngpài

（4）枯竭

A. gūjié　　B. kūqiè　　C. gūqiè　　D. kūjié

（5）镌刻

A. juānkè　　B. jūnkè　　C. juànkè　　D. jùnkè

2．用合适的词语填空。

（1）赋予　　　给予

对同学微小的进步，老师也＿＿＿＿＿肯定和鼓励。

只争朝夕，是时代＿＿＿＿＿我们的使命。

（2）孕育　　　养育

奔腾不息的黄河＿＿＿＿＿了古老的华夏文明。

即使你飞黄腾达了，也不能忘了＿＿＿＿＿你的乡亲。

（3）渺小　　　微小

这些东西十分＿＿＿＿＿，需要在显微镜下才能看见。

个人在大自然面前显得多么＿＿＿＿＿。

（4）锐减　　　骤减

由于近年教师需求量＿＿＿＿＿，师范生就业压力陡升。

流通领域的货币供应量一夜＿＿＿＿＿。

（5）恣意　　　肆意

沙漠里的风和沙在向我们＿＿＿＿＿逞强。

春天里，各种鲜花＿＿＿＿＿盛开。

3．匹配题。

（1）李白　　　a. 道法自然

（2）辛弃疾　　b. 梅妻鹤子

（3）林逋　　　c. 西塞山前白鹭飞，桃花流水鳜鱼肥

（4）张志和　　d. 一松一竹真朋友，山鸟山花好弟兄

（5）老子　　　e. 相看两不厌，只有敬亭山

4．根据课文内容填空。

中华文明的第一缕曙光从＿＿＿＿＿仰观天象、俯察大地而画＿＿＿＿＿肇始。这是中国人最早的文化形象：一个人＿＿＿＿＿于高山之巅，头顶是

浩瀚无穷、神秘莫测的星空，眼前是________ 、连绵不绝的大地、山川、河流，人是其中一个既渺小又伟大的存在。它说明中国文化一开始就有__________的思想，中国人在广阔的生态环境中确立了自身的存在。

5．根据课文内容，选择正确答案。

（1）关于保护生态环境，下列说法错误的一项是________。

A．发展之需　　B．政府要求　　C．自然之愿　　D．你我之责

2．中国人最早的文化形象是__________。

A．女娲　　B．夸父　　C．伏羲　　D．后羿

3．“一松一竹真朋友，山鸟山花好弟兄”，这句话体现了__________。

A．人和自然和谐共处　　B．很孤单，没有朋友

C．喜欢植物和动物　　D．人类虚伪，不值得信任

4．下面哪一项不能说明人类的生存与发展正面临着环境不断恶化所带来的严峻威胁？

A．环境污染　　B．森林面积锐减

C．土地沙漠化　　D．退耕还林

5．“绿水青山就是金山银山”的理念反映出的是______________ 的辩证统一的关系。

A．保护自然与制度建设　　B．生态环境与人类文明之间

C．经济发展与生态环境保护之间　　D．生态环境与民生之间

6．讨论题。

我们只有一个地球。请谈一谈你对环境保护的理解。可以从为什么要环保、环保具体该怎么做、环保会带给我们什么好处等角度来说一说你的看法。

三、课文二

大象旅行团

我是一头大象，大家都叫我断鼻。其实我的鼻子没有受过伤，只是和

其他大象比起来稍微短了一截而已。因为我叫断鼻，所以我的家族就自然而然地被称为断鼻家族了。

我的家乡西双版纳有“森林博物馆”的美誉，拥有地球北回归线上仅存的热带雨林，保护着756种野生动物，占全国的1/4，其中单是被列为国家重点保护珍稀动物的就达109种。这里不仅有我们野生亚洲象，还有印度野牛、印支虎、鼷鹿等珍稀濒危野生动物。

我从出生就一直生活在西双版纳的勐养子保护区。我们亚洲象喜欢群居生活，每群数头到数十头不等，由一头成年母象作为群体的首领带着活动，没有固定的住所，活动范围很广。西双版纳的自然保护区是我们亚洲象的栖息地，生活着300多头亚洲象，不仅有我们断鼻家族，还有小缺耳家族、花鼻子家族等。

保护区里风景如画，森林茂密，一片热带雨林风光，鸟儿在枝头起起落落，猕猴在树丛中窜来窜去，麂子和马鹿轮番到池塘喝水，而我们亚洲象则最喜欢到次生林中取食粽叶芦，每天尽情嬉戏，想吃就吃，想睡就睡，好不快活。

日子就这样波澜不惊地一天天过去了。有一天，我们断鼻家族突然有了一个想法：世界这么大，我们为何不去看看呢？我们在保护区被照顾得这么好，我们可不是背井离乡哦，我们是组团出游咯。有句话怎么说来着？对了，身体和灵魂，总要有一个在路上。

2020年3月，我们家族16位成员在一位领头象的带领下，从云南西双版纳出发，开始了一路向北的旅行。

2020年12月，我们家族迎来了一件大喜事。在素有“绿海明珠”“天然氧吧”之称的普洱市，我们家族添了一位小成员。虽然多了一位又萌又可爱的象宝宝，但我们家族并没有因此停止旅行的脚步，刚出生的小家伙也不矫情，休整了数十分钟就跟着家里的长辈一起赶路了。

2021年4月，我们家族的两位男性成员和我们走散了，自己先回到了栖息地，这下我们家族只剩下15位成员了。也就在这个时候，我们大象旅行团居然引起了全国人民的热议，很多人都把目光投向了云南，开始关注我们的一举一动。

2021年5月，我们旅行团发生了一件令人啼笑皆非的事情。这都怪我们象群里那个馋嘴的家伙。还记得那是5月24日，我们路过石屏的一座村庄时，这位兄弟不知道怎么发现了村民放在家门口的酒糟，然后就全部吃光了。他毫不意外地“醉了”，晕晕忽忽，路都走不稳，还跟我们大部队走散了。还好，他在清醒之后，赶了一天的路，才追上我们，真不知道他咋想的。

到了5月底、6月初的时候，我们俨然是网络上的明星了，国内各大媒体纷纷报道我们，连国际社会也向我们投来了关注的目光。也就是这个时候，我们团里又一位男性离开了族群。一开始，他一个象乱晃悠，跟大部队的距离也越来越远。最后，他被“遣返”回了勐养子保护区。

图 10-2　亚洲象

我们出来这么久，也玩够了，7月我们开始往南边慢慢迂回，这场说走就走的奇妙之旅也快接近尾声了，8月我们大象旅行团终于到家啦！

这趟旅行可谓是真真正正的“尊享之旅”。我们翻过了一座座山，越过了一道道弯，走过了一条条田埂，练就了一身真本事。这一路上，我们得到了人们的悉心照顾，所到之处都有特别为我们设立的“大食堂”，根本不用担心饿肚子。每一位旅途中遇到的朋友都对我们关怀备至，就算不小心闯了祸，大家对我们也非常包容。人们还专门为我们这次旅行成立了指挥部，他们时时刻刻引导和守护着我们，让我们这一路吃得好、逛得欢，保证我们的旅行能够平安顺利地结束。我们和人类从彼此身上学到了很多，都变得更加勇敢、温柔、善良了。

注释

（1）**自然而然**　zìrán’ érrán

释义：不经外力作用而如此

示例：我们长期在一起工作，自然而然地建立了深厚的友谊。

(2) **美誉** měiyù（形）

释义：美好的名誉

示例：我们来到素有“天堂”美誉的苏杭，饱览明丽的山水风光。

(3) **鼷鹿** xīlù（名）

有蹄类动物中最小的一种，体型很小，大致同家兔差不多，体长为42~48厘米，尾长5~7厘米，肩高不足33厘米，体重只有125~210克，看上去很像是还没有长角的鹿类幼崽。

(4) **勐** měng

云南西双版纳傣族自治州旧时的行政区划单位。

(5) **栖息** qīxī（动）

释义：停留，休息

示例：茂密的热带雨林里栖息着各种动物。

(6) **麂子** jǐzǐ（名）

麂亚科麂属动物，属国家级保护动物。

(7) **嬉戏** xīxì（动）

释义：无忧无虑地玩耍

示例：这群美丽的天鹅在湖面上自由自在地嬉戏。

(8) **波澜不惊** bōlán-bùjīng

释义：微风吹过，水面上风平浪静，比喻局面平静，形势平稳，没有什么变化或曲折

示例：把平淡枯燥的工作做得出色，把波澜不惊的日子过得精彩。

(9) **背井离乡** bèijǐng-líxiāng

释义：离开自己的家乡，到外地生活

示例：这场百年不遇的大水灾，迫使人们不得不背井离乡。

(10) **矫情** jiáoqing（形）

释义：强词夺理，无理取闹

示例：适当的自卑是谦逊，而过分的自卑是矫情。

(11) **一举一动** yījǔ-yīdòng

释义：人的每一个动作

示例：他作为一个大明星，一举一动都受到全国人民的关注。

(12) **啼笑皆非**　tíxiào-jiēfēi

释义：哭也不是，笑也不是，形容既令人难受，又让人觉得可笑

示例：他的荒诞行为让我啼笑皆非。

(13) **俨然**　yǎnrán（副）

释义：很像

示例：这孩子年纪虽小，说起话来俨然是一个大人了。

(14) **遣返**　qiǎnfǎn（动）

释义：送走，使返回原地

示例：这批偷渡客将于下周被遣返。

(15) **迂回**　yūhuí（动）

释义：回旋，环绕

示例：失败只是迂回的道路，不是死胡同。

(16) **田埂**　tiángěng（名）

释义：田间的埂子，用来分界并蓄水

示例：一些不知名的小花，这一朵、那一簇地洒在田埂上。

(17) **悉心**　xīxīn（副）

释义：用尽所有的精力

示例：感谢老师的悉心教导。

(18) **关怀备至**　guānhuái-bèizhì

释义：关心得无微不至

示例：李阿姨对我关怀备至，让我很感动。

练习

1．选择下列词语的正确读音。

(1) 栖息

A. qīxī　　B. qíxī　　C. xīxī　　D. xíxī

(2) 矫情

A. jiāoqing　　B. jiáoqing　　C. qiāoqing　　D. qiáoqing

(3) 俨然

A. yānrán　　B. yánrán　　C. yǎnrán　　D. yànrán

（4）迂回

A. xūhuí　　B. xúhuí　　C. yúhuí　　D. yūhuí

（5）田埂

A. tiāngēng　　B. tiángěng　　C. tiānjīng　　D. tiánjǐng

2．根据拼音写出下列词语并用这些词语造句。

（1）měiyù ________________

____

____

（2）xīxì ________________

____

____

（3）bōlán-bùjīng ________________

____

____

（4）tíxiào-jiēfēi ________________

____

____

（5）bèijǐng-líxiāng ________________

____

____

3．根据课文内容，给下列句子排序。

（1）象群里多了一头象宝宝。

（2）两头雄性大象离开了象群。

（3）云南大象生活在西双版纳的勐养子保护区。

（4）象群慢慢向南迂回。

（5）象群在一头领头象的带领下开始向北的旅行。

____

4．根据课文内容判断正误，对的打✓，错的打✕。

（1）因为我的鼻子受过伤，比其他大象短了一截，所以我叫断鼻。（　　）

（2）我的家乡西双版纳有“绿海明珠”“天然氧吧”的美誉。（　　）

（3）亚洲象喜欢群居生活，每群数头到数十头不等，由一头成年母象作为群体的首领带着活动，没有固定的住所，活动范围很广。（　）

（4）我们亚洲象因为在保护区食物不够，所以慢慢向北旅行，寻找食物。（　）

（5）喝醉的那头大象被“遣送”回了保护区。（　）

5．根据课文内容填空。

我从出生就一直生活在西双版纳的________保护区。我们亚洲象喜欢______生活，每群数头到数十头不等，由一头成年______作为群体的首领带着活动，没有固定的______，活动范围很广。西双版纳的自然保护区是我们亚洲象的__________，生活着300多头亚洲象，不仅有我们断鼻家族，还有小缺耳家族、花鼻子家族等。

6．写一写。

你喜欢动物吗？请选择你喜欢的一种动物，写一写它的有趣或可爱之处。

四、课文三

大禹治水

在中国，大禹治水的故事可以说是家喻户晓，历久弥新。

相传在很久很久以前，尧在位的时候，黄河发生了一场很大的水灾，洪水横流，滔滔不息，房屋倒塌，田地被淹，五谷不收。为了活命，百姓们都搬到了很高很高的山上居住。尧看着自己的百姓受苦，心里很着急，他立刻把大臣们召集到一起，商量治水的办法。大家公推鲧去治理，尧便将治水的任务交给了鲧。鲧到了治水的地方后，沿用了传统的水来土掩的办法——就是用土筑堤堵塞洪水的办法治水。他把人们活动的地区用土城墙围了起来，洪水来时，不断加高加厚土层。但是由于洪水来势凶猛，不断冲击土墙，结果堤毁墙塌，洪水反而闹得更凶了。鲧治水九年，劳民伤财，一事无成，并没有把洪水制服。

尧老去后，把王位禅让给了舜，舜亲自巡视治水情况。他见鲧对洪水束手无策，耽误了大事，就把鲧处死在羽山。随后他又命令鲧的儿子禹继续治水，并让其他人协助禹一同治水。

禹领命后，为了了解水患情况，总结鲧治水失败的教训，他带领众人一起跋山涉水，考察各条水流的源头、上游和下游，并在重要的地方堆积一些石头或砍伐树木作为记号，便于治水时做参考。这次的考察很辛苦，据说有一次他们走到山东的河边，忽然狂风大作，乌云蔽日，电闪雷鸣，大雨倾盆，山洪暴发，一下子卷走了不少人。有些人在咆哮的洪水中被淹没了，有些人在翻滚的水流中失踪了。大禹看着在水中苦苦挣扎的百姓却无能为力，心里真是难过极了。

从此，他更加刻苦钻研，功夫不负有心人，他终于找到了治理洪水的办法，决定用疏导代替堵截的办法来治理水患。大禹亲自率领大家，带着简陋的石斧、石刀、石铲、木耒等工具，开始治水。他们一心扑在治水上，风餐露宿，粗茶淡饭，风里来雨里去，扎扎实实地工作着。尤其是大禹，起早贪黑、兢兢业业，腰累疼了、腿累肿了，仍然不敢有一丝懈怠。

一天，他们来到了河南洛阳，这里层峦叠嶂，巍峨雄险，犹如一座东西走向的天然屏障。高山中段有一个天然的缺口，涓涓的细流就由缝隙轻轻流过。但是这个缺口过于狭窄，难以通过汛期的洪水，洪水容易溢出河道，危害百姓的安全。大禹决定集中治水的人力，在群山中开道。艰苦的劳动，损坏了一件件的工具，有人被山石砸伤了，有人被洪水卷走了，但是这都没能动摇他们凿山开道的决心。经过无数个艰辛的日日夜夜，大禹脸晒黑了、人累瘦了，但是在他的指挥和带动下，治水进展神速，大山终于被劈开，洪水一泻千里向下游流去，江河从此畅通。

大禹治水十三年，凿了一座又一座山，开了一条又一条渠。在治水过程中，他全心全意，公而忘私，三过家门而不入。第一次他经过家门，正好遇上他的妻子分娩，虽然听到婴儿呱呱坠地的哭声，但大禹害怕耽误治水，没有进去；第二次经过家门，他的儿子正在妻子的怀中向他招手，这正是工程紧张的时候，他只是挥了挥手就走过去了；第三次经过家门，他的儿子已经 10 多岁了，跑过来使劲把他往家里拉，他深情地抚摸着儿子的头，告诉他，水未治平，没空回家，又匆忙离开了。

经过十三年的努力，治水终于成功，人民可以安居乐业了。大禹治水的功绩为历代所传颂，中国很多地方都有关于他的遗迹和轶闻。

大禹治水是我国传统文化的瑰宝之一，不论是大禹治水的疏导方法，还是大禹治水中所体现的文化价值与道德精神，都已成为我们中华民族传统观念的重要组成部分。大禹治水，顺势而为，是对水的因势利导，在达到疏导洪水的目的的同时，并不违背水的自然本性，这就是所谓的“天人合一”。大禹治水的故事就是古代生态文明的体现，中华民族历来尊重自然、敬畏自然，在千年的发展中秉承着可持续发展的理念。水能载舟，亦能覆舟，与人类文明进程相伴不息的就是水患不断，治水不息。在实施可持续发展水利战略的今天，弘扬大禹治水精神，充分运用人类先进的文化成果充实和丰富其内涵，对于达到人水和谐具有积极的指导意义。

图 10-3 大禹治水

注释

（1）**大禹** Dàyǔ

上古时期夏后氏首领，夏朝开国君王，历史上的治水名人。

（2）**家喻户晓** jiāyù-hùxiǎo

释义：每家每户都知道

示例：在中国，孙悟空是一个家喻户晓的人物。

（3）**历久弥新** lìjiǔ-míxīn

释义：经历长久的时间而更加鲜活，更加有活力，更显价值

示例：爱之所以珍贵，是因为它如纯金般没有杂质，历久弥新。

(4) **尧** Yáo

传说中的上古帝王。

(5) **滔滔不息** tāotāo-bùxī

释义：像流水那样毫不间断，永不停息；也可指话很多，说个不停

示例：香炉寺的山下就是滔滔不息的黄河。

(6) **鲧** Gǔn

古人名，传说是大禹的父亲。

(7) **筑堤** zhùdī（动）

释义：修筑或加固河堤或海堤

示例：那场洪水，让大家意识到了重新筑堤的重要性和迫切性。

(8) **堵塞** dǔsè（动）

释义：阻塞（洞穴、通道），使不通

示例：我们必须查漏补缺，堵塞工作中的漏洞。

(9) **来势** láishì（名）

释义：人或事物到来的气势

示例：这场疫情来势汹汹。

(10) **劳民伤财** láomín-shāngcái

释义：既使人民辛苦，又浪费人民钱财

示例：这种劳民伤财的举动还是不要做的好。

(11) **一事无成** yīshì-wúchéng

释义：连一件事情都做不成

示例：回忆自己过去的三十年，真是一事无成。

(12) **禅让** shànràng（动）

释义：统治者生前把首领之位让给别人

示例：禅让制被世袭制取代了。

(13) **舜** Shùn

传说中的上古帝王。

(14) **束手无策** shùshǒu-wúcè

释义：就像捆住了手，形容没有一点儿办法

示例：正当大人们束手无策的时候，年幼的曹冲想出了用船称象的办法。

(15) **水患**　shuǐhuàn（名）

释义：水灾

示例：水患造成的损失让人痛心。

(16) **跋山涉水**　báshān-shèshuǐ

释义：翻山越岭，蹚水过河，形容旅途非常辛苦

示例：红军战士一路跋山涉水，历尽艰辛，终于到达了陕北。

(17) **大雨倾盆**　dàyǔ-qīngpén

释义：雨大得像盆里的水直往下倒，形容雨大势急

示例：南方的天气，一会儿细雨绵绵，一会儿大雨倾盆。

(18) **咆哮**　páoxiào（动）

释义：猛兽怒吼，形容人暴怒喊叫，也形容水奔腾轰鸣

示例：风在吼，马在叫，黄河在咆哮。

(19) **挣扎**　zhēngzhá（动）

释义：用力支撑

示例：垂死挣扎。

(20) **无能为力**　wúnéngwéilì

释义：用不上力量，指没有能力去做或力量达不到

示例：这件事我无能为力，你还是另请高明吧。

(21) **木耒**　mùlěi（名）

一种古代农具。

(22) **风餐露宿**　fēngcān-lùsù

释义：在风中吃饭，露天睡觉，形容旅途或野外工作的辛苦

示例：地质工作者在野外工作，常会风餐露宿，十分辛苦。

(23) **起早贪黑**　qǐzǎo-tānhēi

释义：起得早，睡得晚，形容辛勤劳动

示例：为了独自将儿子抚养长大，张阿姨每天起早贪黑地工作。

(24) **兢兢业业**　jīngjīngyèyè

释义：小心谨慎，认真负责

示例：小王工作兢兢业业，深受领导赏识。

(25) **懈怠**　xièdài（形）

释义：松懈懒惰

示例：他对工作尽心竭力，从不懈怠。

(26) **层峦叠嶂**　céngluán-diézhàng

释义：山峰重叠

示例：映入人们眼帘的是层峦叠嶂的群山。

(27) **屏障**　píngzhàng（名）

释义：指屏风或阻挡之物

示例：云雾包围了整座山，好像一个白色的屏障。

(28) **涓涓**　juānjuān（形）

释义：细水慢流的样子

示例：涓涓细流，汇成大海。

(29) **神速**　shénsù（形）

释义：速度快得惊人

示例：兵贵神速，不给敌人喘息的机会。

(30) **一泻千里**　yīxiè-qiānlǐ

释义：形容江河奔流直下，现比喻文笔奔放畅达，也泛指直线下降，势头很猛

示例：读李白的诗歌，能感受到那种一泻千里的气势。

(31) **公而忘私**　gōng' érwàngsī

释义：为了公事而不考虑私事，为了集体利益而不考虑个人得失

示例：他这种公而忘私的精神，值得我们学习。

(32) **安居乐业**　ānjū-lèyè

释义：安定地生活，愉快地工作

示例：只有社会秩序稳定，老百姓才能安居乐业。

(33) **轶闻**　yìwén（名）

释义：不见于正式记载的传说

示例：他知道很多逸闻趣事。

(34) **瑰宝**　guībǎo（名）

释义：特别珍贵的东西

示例：敦煌壁画是我国古代艺术的瑰宝。

(35) **顺势而为**　shùnshì' érwéi

释义：做事要顺应潮流，不要逆势而行

示例：事到如此，我们也没有其他办法，只能顺势而为了。

(36) **因势利导** yīnshì-lìdǎo

释义：顺着事物发展的趋势加以引导

示例：对孩子们的各种爱好要善于因势利导。

(37) **秉承** bǐngchéng（动）

释义：按（命令或指示）办事或处理问题

示例：我们一直秉承的理念是公开、公正、公平。

(38) **水能载舟，亦能覆舟**

出自《荀子·哀公》，意思是："统治者如船，老百姓如水，水既能让船安稳地航行，也能将船推翻吞没，沉于水中。"表示事物用之得当则有利，反之必有害处。

练习

1．选择下列词语的正确读音。

（1）堵塞

A．dǔsāi　B．dǔsài　C．dǔsē　D．dǔsè

（2）禅让

A．shānràng　B．shànràng　C．chànràng　D．chǎnràng

（3）咆哮

A．pāoxiāo　B．páoxiào　C．bāoxiāo　D．báoxiào

（4）巍峨

A．wēi'ē　B．wěi'ē　C．wēi'é　D．wèi'é

（5）秉承

A．bǐngchéng　B．bīnchéng　C．bǐngchén　D．bīnchén

2．根据拼音写出下列词语并用这些词语造句。

（1）xièdài ____________

____

（2）guībǎo ____________

____

（3）láomín-shāngcái ____________________

____

（4）shùshǒu-wúcè ____________________

____

（5）jīngjīngyèyè ____________________

____

3．根据意思写出课文中出现的成语。

（1）每家每户都知道。

____

（2）经历长久的时间而更加鲜活，更加有活力，更显价值。

____

（3）翻山越岭，蹚水过河，形容旅途非常辛苦。

____

（4）安定地生活，愉快地工作。

____

（5）在风中吃饭，露天睡觉，形容旅途或野外工作的辛苦。

____

4．根据课文内容，选择正确答案。

（1）尧在位的时候，__________发生了一场很大的水灾。

A．黄河　　B．长江　　C．河南　　D．山东

（2）尧将治水的任务交给鲧，鲧采用了____________方法。

A．抽干　　B．蒸发　　C．堵塞　　D．疏导

（3）鲧之后，大禹治水采用了______________方法。

A．抽干　　B．蒸发　　C．堵塞　　D．疏导

（4）大禹在治水过程中，__________次过家门而不入。

A．二　　B．三　　C．四　　D．五

（5）“大禹治水”体现了中华民族______________的精神。

A．爱好和平　　B．团结统一　　C．自强不息　　D．兼容并包

5．根据课文内容填空。

一天，他们来到了河南__________，这里层峦叠嶂，巍峨雄险，犹如一座东西走向的天然__________。高山中段有一个天然的缺口，涓涓的细流就由缝隙轻轻流过。但是这个缺口过于______，难以通过汛期的洪水，洪水容易溢出河道，危害百姓的安全。大禹决定集中治水的人力，在群山

中______。艰苦的劳动，损坏了一件件的工具，有人被山石砸伤了，有人被洪水卷走了，但是这都没能动摇他们凿山开道的________。

6．讨论题。

洪水被大禹制服了，如果你是这里的乡亲们，你想对大禹说些什么呢？

参考答案

课文一

1. （1）B　（2）C　（3）D　（4）D　（5）A

2.

（1）给予，赋予　（2）孕育，养育　（3）微小，渺小　（4）锐减，骤减　（5）肆意，恣意

3. （1）e　（2）d　（3）b　（4）c　（5）a

4. 伏羲　八卦　矗立　广袤无垠　道法自然

5. （1）B　（2）C　（3）A　（4）D　（5）C

6. 略

课文二

1. （1）A　（2）B　（3）C　（4）D　（5）B

2.

（1）美誉

造句：四川自古以来就有天下第一粮仓的美誉。

（2）嬉戏

造句：鱼儿在莲叶间嬉戏。

（3）波澜不惊

造句：最美的不是生如夏花，而是在时间的长河里波澜不惊。

（4）啼笑皆非

造句：他明明戴着眼镜，却满屋子到处找他的眼镜，真是令人啼笑皆非。

（5）背井离乡

造句：这群小伙子背井离乡打工去了。

3. （3）（5）（1）（2）（4）

4. （1）×　（2）×　（3）✓　（4）×　（5）×

5. 勐养子，群居，母象，住所，栖息地

6. 略

课文三

1. （1）D　（2）B　（3）B　（4）C　（5）A

2.

（1）懈怠

造句：艾老师对工作认真负责，从不懈怠。

（2）瑰宝

造句：这件书法作品堪称是我国艺术界的瑰宝。

（3）劳民伤财

造句：开发撒哈拉大沙漠的结果是劳民伤财，一无所获。

（4）束手无策

造句：就在大家束手无策时，他急中生智，想出了一个好办法。

（5）兢兢业业

造句：要想成功就得脚踏实地，兢兢业业，不要想一步登天。

3. （1）家喻户晓　（2）历久弥新　（3）跋山涉水　（4）安居乐业　（5）风餐露宿

4. （1）A　（2）C　（3）D　（4）B　（5）C

5. 洛阳　屏障　狭窄　开道　决心

6. 略

第十一章

压缩句子

一、本章要点

（一）阅读技能：压缩句子

我们在阅读的时候，会遇到一些很长、看似很复杂的句子，但其实这些句子中的重要信息可能并不复杂，还有可能很简单。那么我们怎样才能在最短的时间内理解这类长句并找到我们需要的重要信息呢？我们要学会压缩句子，在不改变原句的主要意思的前提下，把长句中不重要的词和一些句子成分去掉，只留下这个句子的主干。主干就是指句子的主语、谓语和宾语。换言之，压缩句子就是把长句中的定语、状语、补语都去掉，使长句变短句，方便准确理解。

压缩语句有以下方法和技巧：

1．去掉名词前面的修饰词语，也就是“的”字前面的词语。

例如：美丽的蝴蝶飞走了。“美丽”是修饰“蝴蝶”的，因此可删去。这句话可以压缩成“蝴蝶飞走了”。

2．去掉动词前面的修饰词语，也就是“地”字前面的词语。

例如：小明高高兴兴地去上学。“高高兴兴”是修饰“去”的，因此可删去。这句话可以压缩成“小明去上学”。

3．去掉补充说明的词语，也就是“得”字后面的补语。

例如：海力布着急得像热锅上的蚂蚁。“像热锅上的蚂蚁”是对着急程度的补充，也可以删去。这句话可以压缩成“海力布着急”。

4. 去掉状语，比如时间、地点、条件状语。

例如：在庆国庆的文娱活动中，我们收获了快乐。“在庆国庆的文娱活动中”是表示特定的条件和环境的词组，可删去。这句话可以压缩成“我们收获了快乐”。

5. 去掉数量词，保留中心词语。

例如：爸爸种了一棵苹果树。“一棵”这个表示数量的词语可删去。这句话可以压缩成“爸爸种了苹果树”。

6. 找句子主谓宾和中心词语。

例如：打扮得漂漂亮亮的女孩，准备在百货大楼买妈妈的生日礼物。先找出句子主语“女孩”，谓语“买”，宾语“礼物”。再去掉“得”后面的补语，“的”前面的形容词，表示地点的状语“在百货大楼”，这句话可以压缩成“女孩买礼物”。

（二）教学目标

1. 了解目前中国扶贫工作的情况。
2. 了解科技进步给人类生活带来的巨大变化。
3. 掌握压缩句子的阅读技能，能通过压缩句子，提取句子主干。

（三）教学重点

1. 有关脱贫攻坚的常用词汇和句型。
2. 能大致地了解扶贫的常见问题并尝试提出建设性解决方案。
3. 学会判断句子的不同成分。

二、课文一

一个都不能少——十八洞村的故事

全面小康，一个都不能少。

美丽的十八洞村在湖南省湘西州，这里群山连绵，风景秀丽，可是山多地少，资源匮乏。村旁有十八洞，洞洞相连，是一个纯苗族村，也是典型的苗族聚居贫困村。2013 年，村里有 239 户 946 人，人均年收入只有 1 668 元，仅为全国平均水平的 9.1%，贫困人口占 56.8%。

2013 年 11 月 3 日，习近平总书记来到十八洞村考察扶贫，首次提出了"精准扶贫"的重要思想，做出了"实事求是、因地制宜、分类指导、精准扶贫"的重要指示，同时强调发展才是摆脱贫困的硬办法。贫困地区要从实际出发，因地制宜，把到底种什么和养什么落实了，才能找到脱贫致富的好路子。不仅要帮助十八洞村脱贫，更要从十八洞村的经验中探索积极的、可复制的、可推广的扶贫模式，要让全国贫困地区都能面貌一新。

十八洞村本来就有很多优势，有秀美的自然风光、保存完好的苗族文化。扶贫工作队围绕发展乡村旅游这条线，带领村民搞起农家乐，发展旅游业。随着湘西州县通了高速，村民的思路也打通了，就业机会也越来越多。厨艺好的，开饭店；有房子的，办民宿；会说普通话的姑娘、小伙儿，当导游；环卫保洁、交通秩序维护，都需要人手；老年人还能在家门口摆个摊卖山货，也有不错的销路。旅游业兴起，带动了传统手工业和种植业。苗绣更是非物质文化遗产，村里组织留守妇女成立苗绣合作社，绣娘们围坐在一起，指尖飞舞，飞针走线，不一会儿，灵动的花鸟便跃然布上。

十八洞村因户施策，一户一策，根据每一户的具体情况和发展意愿，量身打造帮扶策略，实施帮扶措施，做到有的放矢，百发百中。宝翁里是村里的苦孩子，从小没了亲人，读书不多，也没啥技能，一间破瓦房还四处漏雨。当扶贫工作队刚来十八洞村时，宝翁里还以为他们就是来发救济的，跟其他困难群众吵吵嚷嚷着去要钱要东西。后来，在扶贫工作队的帮助下，宝翁里上了农校，学习知识本领。看到十八洞村野花漫山遍野，他灵光乍现，这不就是最好的蜜源嘛，我们可以养蜜蜂，采蜜卖钱。没想到他还真养成了规模！就这样，宝翁里不仅脱了贫，还脱了单。去年，女儿出生，小日子越过越美。以前，石欧妮家里唯一的电器是一盏电灯，如今，她的家中添置了电视、电冰箱、洗衣机等各种电器。她卖腊肉，卖苗绣，村里的猕猴桃产业合作社还有分红，吃穿不愁，日子过得红红火火。打工回乡的年轻人小施面对镜头，通过直播帮村民们带货，卖十八洞村的特色农产品，2020 年，光腊肉就卖了近 1 500 公斤。

2019 年，全村所有建档的贫困户实现脱贫。同时，全村也完成了“六到户”和“五改”工程——水、电、路、房、网、环境治理都到户，改造了厨、厕、浴、圈和危房，村容村貌焕然一新，还获得了“中国美丽休闲乡村”的荣誉。2020 年，十八洞村人均年收入增长到了 18 369 元，村集体经济实现了从 0 到 200 万元的突破。全村在产业发展上下功夫，壮大了种养、苗绣、劳务、旅游、山泉水五大产业。产业越来越好，分红也越来越多。通过建设十八洞精品猕猴桃基地，开发十八洞清冽的山泉水，发展十八洞的酒厂，推广十八洞的苗绣，十八洞已经成了具有价值的品牌，十八洞的产品销路越来越广。

通往十八洞村的路越修越宽，慕名而来的游客络绎不绝。前来学习和考察的队伍也不断壮大，他们期待从跨越千年贫困的十八洞村的成功中获得启示。十八洞村作为精准扶贫的策源地，它的成功切实地证明了“绿水青山就是金山银山”，为全人类消除贫困提供了最具参考价值的“中国方案”。

图 11-1　土特产之一　腊肉

注释

（1）**小康** xiǎokāng（名）

释义：指能维持中等生活水平的家庭经济状况，介于温饱和富裕之间

示例：全面建成小康社会，不让一个县、一个乡掉队。

（2）**匮乏** kuìfá（形）

释义：（物资）缺乏、贫乏

示例：我国是一个水资源相对匮乏的国家。

（3）**人均** rénjūn（名）

释义：按人平均

示例：贫困村真是名副其实的贫困，人均收入少得可怜。

（4）**实事求是** shíshì-qiúshì

释义：从实际情况出发，正确地对待和处理问题

示例：科学研究需要实事求是的态度和脚踏实地的精神。

（5）**因地制宜** yīndì-zhìyí

释义：根据当地的实际情况，制定适当的措施

示例：种庄稼，要因地制宜，不可一味照搬书本。

（6）**摆脱** bǎituō（动）

释义：脱离（牵制、束缚、困难等）

示例：与其坐以待毙，还不如想办法摆脱困境。

（7）**农家乐**

农家乐是一种新兴的旅游休闲形式，一种回归自然从而获得身心放松、精神愉悦的休闲旅游方式。农家乐是乡村旅游的一种，周围一般都是美丽的自然或田园风光，空气清新，环境优美，受到许多城市人群的喜爱。

（8）**非物质文化遗产**

各种以非物质形态存在的与群众生活密切相关、世代相承的传统文化表现形式，简称“非遗”。非物质文化遗产是一个国家和民族历史文化成就的重要标志。

（9）**绣娘** xiùniáng（名）

释义：从事刺绣的妇女

示例：她从小喜爱刺绣，长大后如愿以偿成为一名出色的绣娘。

(10) **飞针走线** fēizhēn-zǒuxiàn

释义：形容熟练快速地做针线活

示例：绣娘坐在刺绣台前飞针走线，为杨太太缝制旗袍。

(11) **跃然** yuèrán（动）

释义：形容逼真而生动地出现的样子

示例：不愧是大师，只需寥寥数笔，灵动的火焰便跃然纸上。

(12) **帮扶** bāngfú（动）

释义：帮助扶持

示例：帮扶下岗人员是此时此刻的工作重点。

(13) **有的放矢** yǒudì-fàngshǐ

释义：对准靶子射箭，比喻说话或者做事目的明确，有针对性

示例：有的放矢才能事半功倍。

(14) **救济** jiùjì（动/名）

释义：用金钱或物资帮助灾区或生活困难的人

示例：发达的现代交通工具让灾区民众及时得到了救济。

(15) **灵光乍现** língguāng-zhàxiàn

释义：指突然有了灵感

示例：这道题困扰了他很久，今早他灵光乍现，一下就解决了这个难题。

(16) **分红** fēnhóng（动）

释义：企业分配盈余或利润

示例：打工人最期盼的就是年终分红。

(17) **带货** dàihuò

释义：直播带货，指通过互联网，使用直播技术进行近距离商品展示等

示例：618 购物节，直播带货火遍全网，创下销售新高。

(18) **焕然一新** huànrán-yīxīn

释义：形容鲜明光亮的样子

示例：小果用漂亮的千纸鹤将屋子打扮得焕然一新。

（19）**清洌**　qīngliè（形）

释义：清凉，清澈

示例：清洌的山泉水是对家乡最美好的回忆。

（20）**慕名**　mùmíng

释义：仰慕他人的名气

示例：他终于有机会来到慕名已久的西子湖畔。

（21）**络绎不绝**　luòyì-bùjué

释义：形容人、车、马等来来往往，接连不断

示例：富春茶社的包子天下一绝，慕名前来的游客络绎不绝。

练习

1．选择下列词语的正确读音。

（1）匮乏

A. guìfá　　B. kuìfá　　C. guìzhī　　D. kuìzhī

（2）秩序

A. zhìxù　　B. yìxù　　C. zhìyǔ　　D. yìyǔ

（3）跃然

A. yuèrǎn　　B. yàorǎn　　C. yuèrán　　D. yàorán

（4）有的放矢

A. yǒude-fàngshī　　B. yǒudì-fàngshī

C. yǒude-fàngshǐ　　D. yǒudì-fàngshǐ

（5）因地制宜

A. yīngdì-zhìyí　　B. yīndì-zhìyí

C. yīngdì-zhìyì　　D. yīndì-zhìyì

2．根据拼音写出下列词语并用这些词语造句。

（1）dàihuò________________

____

（2）qīngliè________________

____

（3）mùmíng________________

____

（4）shíshì-qiúshì ________________

____

（5）luòyì-bùjué ________________

____

3．根据课文内容，选择正确答案。

（1）美丽的十八洞村在哪里？

A．湖南省　　B．湖北省　　C．湘西省　　D．河北省

（2）________首次提出“精准扶贫”的重要思想。

A．毛泽东　　B．周恩来　　C．邓小平　　D．习近平

（3）________是摆脱贫困的硬办法。

A．创新　　B．发展　　C．合作　　D．努力工作

（4）________不是十八洞村的优势。

A．风景秀美　　B．苗族刺绣　　C．山泉水　　D．土壤肥沃

（5）到________年，全村所有建档的贫困户实现脱贫。

A．2019　　B．2020　　C．2018　　D．2013

4．根据课文内容判断正误，对的打✓，错的打×。

（1）十八洞村是一个典型的苗族聚居贫困村。（　）

（2）2013 年，该村的人均年收入只有 1 866 元，贫困人口超过 50%。（　）

（3）苗绣是中国优秀的物质文化遗产。（　）

（4）互联网在脱贫攻坚中起到了重要的作用。（　）

（5）2019 年，该村人均年收入增长到了 18 369 万元，村集体经济实现了从 0 到 200 万元的突破。（　）

5．选词填空。

人均　　摆脱　　直播　　救济　　焕然一新

（1）政府的________帮助老李一家度过了最困难的时期。

（2）随着医学和科技的不断发展，人类的________寿命越来越长。

（3）改革开放让人们的生活有了很大改善，大多数人________了贫困的生活。

（4）为了迎接新学期的到来，老师和同学们齐心协力，把教室打扮得

________。

(5) 中央电视台对这场精彩的球赛进行了现场________。

6．讨论题。

(1) 十八洞村的成功不仅仅是一个村的成功，它的成功具有可参考性和可复制性。请你总结一下十八洞村成功脱贫的经验，其中有哪些是可以被其他贫困地区复制和借鉴的？

(2) 你是如何理解“实事求是、因地制宜、分类指导、精准扶贫”的？

(3) 假如你是十八洞村的村民，你还有哪些金点子帮助你们村脱贫致富？请详细阐述。

三、课文二

通信工具的变迁

你听过烽火戏诸侯的故事吗？你知道飞鸽传书吗？你读过“一骑红尘妃子笑，无人知是荔枝来”的诗句吗？翻着女儿的历史书，我突然感触良多，你能想象在一个没有手机的世界，大家是怎么联系的吗？

作为一个“70后”，记忆中最早的通信工具是信件。小时候，街边的绿色邮筒是无数人的期盼和寄托。听外公说，当年母亲在外地求学，父女俩就是定期写信保持联系的。母亲一直珍藏着外公的家书，每一封都承载着外公深厚的父爱。母亲说，书信几乎是那个年代普通百姓远距离交流情感的唯一方式。细细斟酌遣词用句，一笔一画将诚挚的问候和深深的牵挂郑重地镌刻在信笺上，塞进信封，贴上邮票，投进邮筒，然后数着日子盼回信……因为信件走得实在是太慢了，慢到曾经有妻子写信告诉当兵的丈夫自己怀孕的事，可丈夫收到信的时候，孩子都出生了。所以在特别紧急的情况下，人们会选择发电报。据说发电报是按字数收费的，价格昂贵，人们发电报的时候总是希望能够言简意赅，用尽量少的字数。可那时人们文化水平有限，字数太少往往词不达意，容易闹误会。

20世纪80年代，随着中国改革开放，固定电话普及了，人与人之间的距离瞬间被缩短了，可是安装得起的人家寥寥无几。人与人之间的联系依然很不方便，交通基本靠走，联络基本靠吼。老百姓最向往的生活就是“楼上楼下，电灯电话”。1989 年，父母花了 350 元巨款（当时工资每个月几十元），给家里装了台座机电话，我兴奋了好几天，给亲戚、朋友、同学打电话，得意地到处宣布我家装电话了。可是，我还没高兴多久，移动电话“大哥大”出现了。我国正式进入第一代无线通信时代。别看“大哥大”像砖头一样笨重，价格可是固定电话的三倍以上。在那个年代，只有极少数的人用得起，它可是身份、地位、财富的象征啊！用不起“大哥大”的时尚青年就会弄个 BP 机别在腰间。这玩意儿虽然不如“大哥大”方便，但只要有人呼你，你立刻就能收到信息，找个固定电话就能回过去了，人与人之间的联系更密切了。BP 机成了“潮男潮女”的标配，同时也加速了公用电话亭的建设。各式投币电话、IC 电话陆续出现在大街小巷，成为一道独特的城市风景线。我上大学时跟家里联系，基本上就是靠 IC 电话亭。印象中只给家里写过有限的几封信，再后来，有事打个电话就搞定了。

不过，科技发展速度真的超出想象。毕业后，我很快拥有了属于自己的手机，一台小巧的诺基亚——巴掌大小，灰色的小屏幕，下面一排排数字按键，只能打电话、发短信，屏幕也是黑白的。减肥之后的“大哥大”价格也瘦身了，老百姓也买得起了，从此手机变得普及起来。

进入 21 世纪之后，通信工具更是火箭般飞速发展。各种智能手机频频亮相，随着互联网的迅速发展，各种智能手机软件也如雨后春笋般被开发出来，让通信工具的功能越来越丰富。现在我的手机已经变成了我最贴心的生活小助手：不出门就能订车票、船票、飞机票、电影票；出门定位、导航、搜各种吃喝玩乐的地方；商店超市大酒店，就连路边的鸡蛋饼摊、补鞋摊，只要手机“扫一扫”，完全不需要现金，甚至我买卖股票、投资理财也都用手机操作。最近我还学会用手机挂号看病，预约专家，查看体检报告。每周还给女儿约两次大洋彼岸的美国外教网课，智能手机触摸屏轻轻一点，孩子自己都能操作。我 70 多岁的老父亲也摇身一变成了网购达人，各大电商平台游刃有余，商品直接送货上门，省力省钱，真是其乐无穷。无聊时老爷子还会刷刷短视频娱乐一下，这退休生活真是丰富多彩！

通信工具的变迁，拉近了人与人之间的距离，让地球真的成了一个村！通信工具的更新换代，背后是祖国科技的不断发展，是祖国在不断地变强变大。手机刚出现时，大家大多用的是国外品牌，像诺基亚、摩托罗拉。可是现在国产手机后来居上，华为已经走在世界前沿，成为通信领域的领导品牌之一。不光手机厉害，我们的通信技术更是领跑世界，5G 时代将为我们打开一片全新的天地。

图 11-2　诺基亚黑白屏老式手机

注释

（1）**变迁**　biànqiān（名）

释义：指事物的变化转移

示例：时代在变迁，观念也要不断更新。

（2）**飞鸽传书**　fēigē-chuánshū

古人的一种联系方式，将信件系在鸽子的脚上传递给收信人，通过飞鸽传递信息。

（3）**一骑红尘妃子笑，无人知是荔枝来。**

出自唐代诗人杜牧的《过华清宫三首·其一》："长安回望绣成堆，山顶千门次第开。一骑红尘妃子笑，无人知是荔枝来。"意思是："在长安回头远望骊山宛如一堆堆锦绣，山顶上华清宫千重门依次打开。一骑驰来，烟尘滚滚，妃子欢心一笑，无人知道是南方送了荔枝鲜果来。"这是一首咏史诗，通过飞骑送荔枝这件事，揭露了统治者的骄奢淫逸和昏庸无道，以史讽今。

（4）**感触良多** gǎnchù-liángduō

释义：对某事物或者某情况有很多感受

示例：看到电视报道中"巨婴"的新闻，让我感触良多。

（5）**珍藏** zhēncáng（动）

释义：认为有价值而妥善地收藏

示例：历史博物馆里珍藏着许多珍贵的古代文物。

（6）**斟酌** zhēnzhuó（动）

释义：考虑事情、文字是否可行或者恰当；反复考虑后做出取舍

示例：她再三斟酌，终于同意了。

（7）**遣词** qiǎncí（动）

释义：（说话、写文章）运用词语

示例：写商务信件时，遣词用句必须再三斟酌。

（8）**诚挚** chéngzhì（形）

释义：诚恳真挚

示例：灾区人民向人民解放军表达了最诚挚的谢意。

（9）**言简意赅** yánjiǎn-yìgāi

释义：语言简练但意思完备，形容说话写文章简明扼要

示例：例会上的发言应该言简意赅，切忌长篇大论，拖泥带水。

（10）**词不达意** cíbùdáyì

释义：（说话、写文章）言词不能准切地表达意思

示例：他一在公众场合说话就紧张，常常词不达意。

（11）**误会** wùhuì（名）

释义：错误理解对方的意思

示例：把事情的原委说清楚，可以消除误会。

(12) **寥寥** liáoliáo（形）

释义：非常少

示例：越野挑战赛太艰苦了，能坚持下来的人寥寥无几。

(13) **潮** cháo（形）

释义：时尚。

示例：潮男潮女最爱各种智能 App。

(14) **标配** biāopèi（名）

释义：基本的装备，也指标准的配置

示例：买车选择标配就可以了，车只是代步工具而已。

(15) **贴心** tiēxīn（形）

释义：最亲近，最知己

示例：一句贴心的问候就像冬日的暖阳，一扫心中阴霾。

(16) **游刃有余** yóurèn-yǒuyú

释义：比喻工作熟练、有实际经验、解决问题不费事

示例：这件小事对你来说，肯定游刃有余。

(17) **其乐无穷** qílè-wúqióng

释义：其中的乐趣没有穷尽，指做某事，感觉到乐在其中

示例：对于积极向上的勇敢者来说，与困难作斗争，其乐无穷。

(18) **更新换代** gēngxīn-huàndài

释义：以新换旧，用新的事物种类取代旧的

示例：电子产品更新换代的速度实在是太快了。

(19) **后来居上** hòulái-jūshàng

释义：后来的超过先前的，比喻后来的人或事，很快赶上或超过了先前的

示例：长江后浪推前浪，这些年轻人后来居上，真是后生可畏啊！

练习

1. 选择下列词语的正确读音。

(1) 珍藏

A. zhēnzàng　　B. zhēngzàng

C. zhēncáng　　D. zhēngcáng

（2）斟酌

A. zhēnzhuó　　B. zhēngzhuó

C. zhēnzhuō　　D. zhēngzhuō

（3）寥寥

A. liāoliāo　　B. liáoliáo　　C. liǎoliǎo　　D. liàoliào

（4）言简意赅

A. yánjiǎn-yìhái　　B. yánjiǎn-yìgāi

C. yánjiǎn-yìhài　　D. yánjiǎn-yìgài

（5）更新换代

A. gēngxīng-huàndài　　B. gēnxīng-huàndài

C. gēnxīn-huàndài　　D. gēngxīn-huàndài

2．选出与画线部分意思相近的项。

（1）很多动植物在时代的变迁中灭亡了。

A. 迁徙　　B. 变幻　　C. 搬迁　　D. 变化

（2）收拾屋子时，偶然看到父亲亲手给我做的小车，我感触良多。

A. 感慨万千　　B. 内心没有触动

C. 无动于衷　　D. 感恩戴德

（3）送给你最诚挚的生日祝福。

A. 尊敬爱戴　　B. 诚实可靠

C. 执子之手的祝福　　D. 诚恳真挚

（4）她虽然喋喋不休，但是大多词不达意。

A. 准确表达自己的想法　　B. 非常健谈

C. 没有说到点子上　　D. 言语不通

（5）经过反复训练，他终于可以游刃有余地操作机器了。

A. 技术熟练　　B. 游移不定

C. 绰绰有余　　D. 心有余悸

3．根据课文内容，给下列句子排序。

（1）有时候人们会选择发电报，不过又贵又不能完全说清楚事情。

（2）如今智能手机已经成为人们生活中必不可少的一部分了。

（3）20 世纪 80 年代，电话，尤其是移动电话的出现，彻底改变了人们的沟通方式。

（4）20 世纪 70 年代，普通百姓的通信工具是信件。

（5）古代，人们用烽火、飞鸽、驿马等传递信息。

4．请将不同通信方式和各自的特点配对。

（1）信件	a．第一次缩短了人与人之间的距离
（2）固定电话	b．虽方便，但昂贵，普通人用不起
（3）大哥大	c．即时收到消息，回消息比较麻烦
（4）BP 机	d．不可或缺的生活必需品
（5）智能手机	e．可以记录细腻的感情，值得珍藏

5．请写一段话，设想未来有可能出现的一种新的通信工具，约 150 字。

6．讨论题。

古往今来，人们与远方亲朋好友的沟通联系方式产生了巨大的变迁。古代有“烽火戏诸侯”“鸿雁传书”“青鸟传书”“鱼传尺素”，近代是“去邮局寄信”“拍电报”“鸡毛信”，到了现代，人们打电话（既包括固定电话也包括移动电话）、发短信、上网聊天、收发 E-mail。从沟通方式的变迁来看，趋势是什么？谈谈你对这个变化的感想。

四、课文三

古代精准扶贫的故事

一个国家的繁荣，不是看这个国家有多少军队，也不是看有多少财力，而是看这个国家有多少贫困人口，所以实现国家繁荣的首要任务就是解决贫穷问题。扶贫帮困改善民生，实现小康，是当今社会的追求，也是古代社会的理想。对于扶贫，先秦的诸子百家早就提出了各自的政治主张：孔子从社会公平的角度提出“不患寡而患不均，不患贫而患不安”；荀子主张“收孤寡，补贫穷”；墨子则提出“使饥者得食，寒者得衣，劳者得息”；老子提出了“损有余而补不足”。这些思想都体现出了扶贫对国家安定的重要作用。

相较于灾荒、战争引起的大面积贫困，如今国家的扶贫难点在于尚未脱贫的人口，这就需要“精准扶贫”，而“精准扶贫”需要“精准识别”对象。《礼记》中提到的“鳏寡孤独废疾者”就是古代对贫困人口的定义。《孟子》称他们为“穷民”，应该优先照顾。汉代，每年都会统计户口，官府通过地方官吏上呈朝廷的“籍簿”给年老者扶助。《汉书》记载，汉文帝下令：“年八十已上，赐米人月一石，肉二十斤，酒五斗。”类似的制度各朝各代都有，并且政策越来越完善。

白居易（772—846），字乐天，号香山居士，生于河南新郑的一个“世敦儒业”的中小官员家庭。他是唐代伟大的现实主义诗人，代表诗作《卖炭翁》《琵琶行》等均反映出当时社会衰败的现实状况和底层劳动人民的困苦生活。大多数人对白居易的了解仅限于他的诗人身份，殊不知他还是古代精准扶贫的代表人物，对唐朝的扶贫工作功不可没。那时，杭州的西湖是一个让人非常头疼的问题湖泊：西湖水浅，堤坝年久失修。遇到干旱之年，西湖存不住水，没有足够的湖水用于灌溉。大涝之年，湖水又会冲破湖堤，冲毁农田。当地的土豪乡绅还会围湖造田，或者私自引湖水灌溉私田，这样更加剧了旱灾、水患的不断出现，当地居民生活非常艰难。

822 年 7 月，白居易被任命为杭州刺史，他不畏权贵，亲临现场勘查指挥，清理违建的私田和湖底的淤泥，设计建造了一条将西湖一分为二、从钱塘门到武林门的长堤。他从府衙内登记造册的贫困户中优先招录 7 000 名民工，按时足额发放工钱。长堤修筑完毕，万亩农田得以灌溉。白居易此举不仅治理了水患，扶贫效果也非常显著。

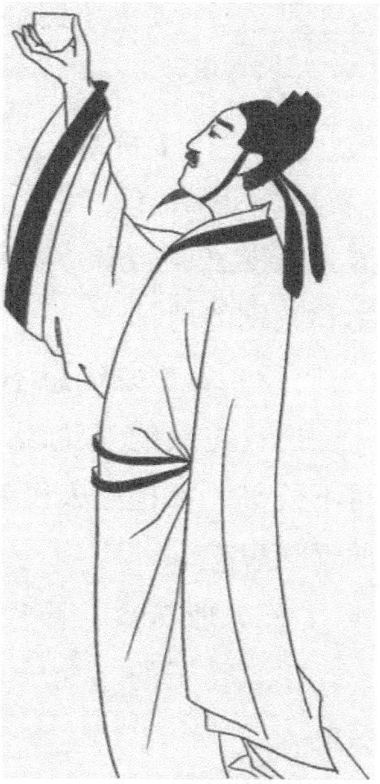

图 11-3　扶贫功臣白居易

杭州人为了纪念白居易，将长堤命名为“白公堤”。此后，白居易也同样用优先招录贫困户做民工的方式，为百姓疏通了城区 9 口大水井，帮扶贫困户的同时，也极大地改善了当地百姓的饮水问题，提高了他们的生活质量。西湖的治理和水井的疏浚为杭州的发展创造了条件，旱灾、水患得到了有效的治理，杭州经济迅速发展，人口迅速增加，民生也得到极大改善。这种为解决自然灾患或社会危机而进行的以工代赈、加大基础工程建设、改善民生的政策比 1933 年的罗斯福新政早了近千年。

此外，文化也能扶贫。清代道光三年，状元林召棠衣锦还乡。林召棠的发小开了个粥店，生意冷冷清清，发小的妻子请他题个店名。林召棠想帮助发小摆脱困境，于是灵机一动，提笔写下了“弜店”两个大字，落款“道光癸未钦赐状元及第林召棠题”。发小夫妇非常高兴，马上请人制成大匾，在店门上方悬挂起来。过往行人见是状元亲题，纷纷赶来欣赏状元亲笔。状元的书法笔酣墨饱，但“粥”字中间少了“米”字，变成“弜”，这岂不成了别字？一时间状元写错字的消息迅速传开，人们成群结队地前来观看，品头论足。此时，正值夏天，天气炎热，人们看完热闹就顺便进店买上一碗凉粥喝。发小的粥店一下子就火了，仅一个月就赚到了过去一年才赚到的钱。后来状元才告知：“粥字中间的米字我是故意漏掉的。而且正是因为没有米，你们店里的米才多起来嘛。”林状元扶贫真是扶到了点子上，文化扶贫够精准！

历朝历代帮扶贫困人口的思想和探索在今天仍然具有启示作用，有助于我们早日全面实现脱贫攻坚的最终目标。

注释

（1）**诸子百家** zhūzǐ-bǎijiā

诸子指孔子、老子、庄子、墨子、孟子、荀子等人物；百家指儒家、道家、墨家、名家、法家等学术流派。诸子百家是后世对先秦学术思想人物和派别的总称。

（2）**不患寡而患不均，不患贫而患不安**

出自先秦的《论语·季氏》，意思是："不担心分得少，而是担心分配得不公平。不担心人民生活贫穷，而是担心生活不安定。"此句反映出孔子的反战思想。

（3）**收孤寡，补贫穷**

出自荀子的《荀子·王制》。此句的意思是："收养孤寡之人，补助贫穷的人。"

（4）**使饥者得食，寒者得衣，劳者得息**

该句源自《墨子·32 章 非乐（上）》的"民有三患，饥者不得食，寒者不得衣，劳者不得息"，所以墨子主张让饥饿的人得到吃的，寒冷的人得到衣服，劳动的人得到休息。

（5）**损有余而补不足**

出自老子的《道德经》第七十七章："天之道，损有余而补不足"。意思是："自然的规律，是减少有余的补给不足的。"

（6）**鳏寡孤独废疾者**

鳏指年老的男人没有妻子，寡指年老的女人没有丈夫，孤指幼年失去父亲，独指年老而没有子女，废指身体残缺，疾指长期患病。

（7）**官吏** guānlì（名）

释义：旧时政府工作人员的总称

示例：古代不少官吏学富五车，气度不凡。

（8）**朝廷** cháotíng（名）

释义：古代的中央统治机构

示例：作为一名朝廷命官，他鞠躬尽瘁，死而后已。

（9）**世敦儒业** shìdūnrúyè

指世世代代都以儒学为业。

(10) **功不可没** gōngbùkěmò

释义：功劳极大，不能磨灭

示例：这次我们能取得最后的胜利，教练功不可没。

(11) **年久失修** niánjiǔ-shīxiū

释义：年代久远，荒废失修

示例：这个庭院年久失修，园内一副破败的景象。

(12) **灌溉** guàngài（动）

释义：利用水渠或管道输水到农田，以满足耕作和作物生长的需要

示例：这条水渠解决了这片土地的灌溉问题。

(13) **旱灾** hànzāi（名）

释义：由于长期干旱缺水造成作物枯死或大量减产的灾害

示例：古代农民的三大自然灾害分别是水灾、旱灾和虫灾。

(14) **勘查** kānchá（动）

释义：去实地进行勘验，检查

示例：经过现场勘查，警方初步锁定目标。

(15) **疏浚** shūjùn（动）

释义：清除淤塞或挖深河槽使水流通畅。

示例：河道需要定期疏浚，航运才能确保畅通。

(16) **衣锦还乡** yījǐn-huánxiāng

释义：古代指做官以后，穿着华丽的衣服，回到故乡，也形容在外面有了出息后荣归故里

示例：他背井离家多年，就等衣锦还乡的这一天了。

(17) **匾** biǎn（名）

释义：题字的门牌，挂在门或者墙的上部

示例：旧时衙门的公堂上常常挂着“明镜高悬”的匾额。

(18) **笔酣墨饱** bǐhān-mòbǎo

释义：笔墨运用得很畅快，很充分，形容书法、诗文酣畅浑厚

示例：八个大字，一气呵成，字迹如行云流水，笔酣墨饱。

(19) **品头论足** pǐntóu-lùnzú

释义：比喻在小节上诸多挑剔

示例：做好自己，不要对别人品头论足。

练习

1．选择下列词语的正确读音。

（1）民生

A．mínshēn　　B．mínshēng　　C．míngshēng　　D．míngshēn

（2）官吏

A．guǎnshǐ　　B．guǎnlì　　C．guānshǐ　　D．guānlì

（3）灌溉

A．huānjì　　B．guànjì　　C．huāngài　　D．guàngài

（4）衣锦还乡

A．yījǐn-huánxiāng　　B．yījǐn-háixiāng

C．yījǐng-huánxiāng　　D．yījǐng-huánxiāng

2．根据课文内容判断正误，对的打√，错的打×。

（1）一个国家是否繁荣是看这个国家的财力和军事实力。（　　）

（2）孟子主张“不担心分得少，而是担心分配得不公平，不担心人民生活贫穷，而是担心生活不安定”。（　　）

（3）《礼记》中对贫困人口的定义是“鳏寡孤独废疾者”。（　　）

（4）白居易不仅是唐朝伟大的诗人，还是杰出的官员。（　　）

（5）林召棠虽是状元，可是偶尔也会写错别字。（　　）

3．根据课文内容填空。

实现国家繁荣的首要任务就是解决________。先秦的________早就提出了各自有关扶贫的政治主张。如今国家的扶贫难点在于尚未脱贫的人口，这就需要“______”。各朝各代都有对贫困人口，也就是“______”给予帮扶的记载。唐代伟大的现实主义诗人白居易的代表诗作________、________都反映了当时社会衰败的现实状况。白居易任杭州刺史时，清理违建的私田和湖底的淤泥，设计建造了著名的长堤“________”；同时，他发放工钱，招录贫困户干活，达到了________效果。此外，白居易还为百姓疏通了城区9口大水井，提高了他们的________。历朝历代的扶贫思想和探索在今天仍有启示作用，有助于我们早日全面实现________的最终目标。

4．请写出下列成语的意思并造句。

（1）功不可没：____

____

（2）年久失修：____

____

（3）衣锦还乡：____

____

（4）品头论足：____

____

5．选择一个古代扶贫的故事，假设你是故事主人公，用第一人称进行改写，约150字。

____

____

____

____

____

____

____

____

6．讨论题。

贫困问题是21世纪人类所面临的最严重挑战之一。联合国从1993年起把每年10月17日定为国际灭贫日（International Day for the Eradication of Poverty），希望能唤起世界各国对因制裁、各种歧视与财富集中化而导致的全球贫富悬殊族群、国家与社会阶层的注意、检讨与援助。提高全球的灭贫意识，提醒所有人持续为2015年"① 靠每日不到1美元维生的人口比例减半，② 挨饿的人口比例减半"这两个目标而努力。

（1）请谈谈你对消除世界贫困的看法。有哪些国家在消除贫困方面做出的努力值得借鉴和推广？哪些国家做的不够？你们国家的情况如何呢？

（2）如果让你来做扶贫工作小组长，你打算如何开展工作？请和大家分享。

参考答案

课文一

1. （1）B　（2）A　（3）C　（4）D　（5）B

2.

（1）带货

造句：她在家做网络直播带货，帮乡亲们卖土特产。

（2）清冽

造句：湖水清冽甘甜，水草丰茂，水产品丰富。

（3）慕名

造句：大闸蟹的鲜美众所周知，八方食客都慕名而来。

（4）实事求是

造句：他做事的风格是一丝不苟，实事求是。

（5）络绎不绝

造句：他的医术高明远近皆知，上门求医的病人络绎不绝。

3. （1）A　（2）D　（3）B　（4）D　（5）A

4. （1）✓　（2）×　（3）×　（4）✓　（5）×

5. （1）救济　（2）人均　（3）摆脱　（4）焕然一新　（5）直播

6. 略

课文二

1. （1）C　（2）A　（3）B　（4）B　（5）D

2. （1）D　（2）A　（3）D　（4）C　（5）A

3. （5）（4）（1）（3）（2）

4. （1）e　（2）a　（3）b　（4）c　（5）d

5. 略

6. 略

课文三

1. （1）B　（2）D　（3）D　（4）A

2. （1）× （2）× （3）✓ （4）✓ （5）×

3. 贫穷问题，诸子百家，精准扶贫，穷民，《卖炭翁》，《琵琶行》，白公堤，扶贫，生活质量，脱贫攻坚

4.

（1）功不可没：功劳很大不能被埋没。

造句：这次谈判如此成功，助理小王功不可没。

（2）年久失修：年代久远，荒废失修。

造句：他们决定把那间年久失修的小屋拆了重建。

（3）衣锦还乡：形容在外面有了出息后荣归故里。

造句：在外奔波数年，终于赚够钱可以衣锦还乡了。

（4）品头论足：比喻在小节上诸多挑剔。

造句：不论你做什么，总有人会品头论足。

5. 略

6. 略

第十二章

作者态度

一、本章要点

（一）阅读技能：作者态度

态度题是阅读理解中的一种重要题型，主要考查对态度的辨别，一般分为三类：第一类表示赞同或支持；第二类表示客观或中立；第三类表示反对、怀疑或批评。

表示态度的标志词有“看法”“认为”“相信”“态度”等及其近义词，这些词，一般用来引出某种态度，而态度通常用形容词来表达。表示赞同或支持的褒义标志词有：正确的、有益的、乐观的、支持的、赞同的、自信的、引起兴趣的等；表示客观或中立的中性标志词有：客观的、公正的、中立的、保留的、不带个人情绪的等；表示反对、怀疑或批评的贬义标志词有：怀疑的、否定的、反对的、悲观的、批评的、失望的、令人厌恶的、不能忍受的等。当然，这些词语对应的副词、动词和名词也都可表达相同的态度。

判断态度的阅读技巧如下：

1. 首先判断清楚是“谁”对“谁”的态度。是作者的态度还是文中的某人或某个群体的某种态度，或者是作者引用的别人的态度；态度的指向对象是“谁”，是某人还是某物。

2. 不要用读者的态度去取代作者的态度。“一千个读者就有一千个哈姆雷特”，阅读过程中，读者会自然而然地形成自己对篇章或是书中某人某物的态度，但在做题时，切不可掺入自己的主观感情，而应辨清题目，就事论事。

3. 当作者的态度不明朗时，可试着通过上文所用的词语的褒贬性去判断。

4. 根据整个篇章判断态度。不可读了一句或一段就急着下判断，有时态度会有改变，可能先抑后扬，或者先扬后抑，应根据整段或全文的语境，以及上下文的行文逻辑，整合信息进行判断。

（二）教学目标

1. 了解中国古代和现代的名人。
2. 领会故事的几个要素及讲故事的方法。
3. 掌握在文章中判断作者态度的阅读技能。

（三）教学重点

1. 有关人物描写的常用词汇和句型。
2. 能用中文流利地讲一个人物故事。
3. 对人物故事的理解和评价。

二、课文一

人物篇——中国（一）

“圣人”孔子

二千五百年前，中国这个古老的文明古国出现了灿烂的文化，中国古代思想家、政治家、教育家、儒家学派创始人孔子就是这种文化的代表。孔子出生在公元前六世纪中叶，正值中国历史上的春秋时代中晚期，这个时代是中国奴隶制社会崩溃、封建社会形成的过渡期。在频繁的战争中，孕育了“士”这一阶层，由没落的贵族和原来的下层贵族，以及阶层上升的人组成。他们改变了之前文化被贵族阶层垄断的现象，开创了私人教授学生、传播文化的新教育制度。

由于学习刻苦，孔子逐渐成了博学多能的人。在三十岁左右，他有了第一批弟子，这是他教育事业的开端。孔子的弟子学习“六艺”：礼、乐、射、御、书、数。“礼”是国家典礼制度和百姓的行为规范，如与人见面时的礼仪；“乐”是音乐，通过学习音乐，使人身心和谐；“射”是射箭，学习射箭不仅磨炼人的意志品质，还能培养君子风度；“御”是驾车，通过驾驭马车，可以领悟到掌控事物的方法；“书”是书法，通过文字传承思想；“数”是算术，可以推测事物变化的规律，解决问题。

孔子培养的弟子超过三千人，其中贤人七十二个，可以用“学不厌、教不倦”来概括孔子的教育生涯。他说：“学而时习之，不亦说乎？有朋自远方来，不亦乐乎？”孔子的弟子和再传弟子，把他和弟子们的言行编成语录文集，就是《论语》。孔子根据每位学生的性格和优缺点加以相应的教育，这就是“因材施教”的理念。以孔子思想为核心的儒家学派逐渐形成，孔子被

图 12-1　孔子

尊称为“圣人”“至圣先师”。

孔子去世的时候是七十三岁，他的遗体葬在山东曲阜城北，就是被称为“孔林”的地方。孔子去世的第二年，他的弟子们为了纪念老师，修建了“孔庙”。“孔府”是孔子嫡系子孙居住的地方。孔林、孔庙、孔府，这就是曲阜“三孔”。每年，人们会举行仪式纪念孔子。

一统天下秦始皇

秦始皇名叫嬴政，是中国历史上第一个称皇帝的君主。他十三岁登基，成为秦国国君，在扫清了国内吕不韦和嫪毐两大政治势力后，他定下了统一六国的大计。

眼看秦国接连灭掉当时实力最弱的韩国和渐显颓势的赵国后，与赵国相邻的燕国为了解除国家危机，派一名叫荆轲的勇士去刺杀秦王。在向燕国太子丹道别时，荆轲唱道：“风萧萧兮易水寒，壮士一去兮不复还！”荆轲假称燕国向秦国献地，捧着地图来到秦王面前，缓缓打开，待到地图全部展开时，露出了藏在里面的匕首。荆轲左手抓住秦王的衣袖，右手拿起匕首刺向秦王胸膛。这时秦王反应过来，仅仅被扯断了衣袖。在朝堂上一番追逐后，秦王拔出长剑，回击荆轲，荆轲刺秦的任务失败了。这就是“图穷匕见”的故事。此后，魏国、楚国、燕国、齐国都被秦国所灭。依据中国古代最有名的帝王“三皇五帝”，秦王改称号为皇帝，自己为始皇帝，后代依次为二世、三世直到万世。

统一全国后，始皇帝把全国分为三十六个郡，每个郡的主要官员都由皇帝直接任免，不得世袭。此外，始皇帝还统一了文字、货币、度量衡，分别以小篆和半两钱为通用文字和货币。度分为寸、尺、丈、引；量分为斗、升、斛；衡以十钱为一两，十六两为一斤，一百二十斤为一石。这就是“半斤八两”的由来。秦始皇还发明了“玉玺”，就是皇帝的印章。为了保卫国土，防止匈奴南下，始皇帝从全国各地征调了几十万囚犯、民工和士兵修建长城，筑起了人工屏障。这样，边疆的百姓不再担心匈奴人的侵扰，可是繁重的徭役也弄得民不聊生。始皇帝死后，伪造诏书登基的秦二世施行暴政，陈胜、吴广发起了农民起义，始皇帝的万世皇帝梦最终破灭了。

图 12-2　秦始皇

神机妙算诸葛亮

诸葛亮，字孔明，是我国杰出的政治家和军事家。他四岁丧母，八岁丧父，由叔父抚养长大。他博览群书、胸怀大志，立志匡扶汉室、拯救黎民，在湖北襄阳的隆中村潜心读书。

刘备、关羽、张飞三位结拜兄弟听闻诸葛亮的大名，来到隆中，请他出山襄助。刘备来到草堂前，诸葛亮正好外出，第一次拜访吃了闭门羹。过了一个月，刘备第二次登门仍未见到诸葛亮踪影。第三次，刘备三人足足等了五个时辰，用真诚打动了诸葛亮。这就是“三顾茅庐”的故事。

诸葛亮是智慧的化身。他总是手持羽毛扇，显得胸有成竹的样子。当时，北方的曹操势力很大，不断南下，刘备和东吴孙权决定联合抗曹。东吴大都督周瑜见到诸葛亮上知天文、下知地理，担心他日后成为东吴的威胁，便要诸葛亮立下军令状，在十天内造十万支箭。诸葛亮命人在二十艘船的两侧各摆上五百个稻草人，乘着江雾，向曹操的水寨驶去，同时命令士兵们在船舱里擂鼓呐喊。曹操以为东吴偷袭，不敢贸然出击，便命令放箭，射退敌人。密集的箭像雨点一样射向二十艘船上的稻草人，十万支箭不费吹灰之力便到手了。这就是“草船借箭”的故事。

图 12-3　诸葛亮

公元 228 年，诸葛亮出兵北伐，派马稷驻守街亭失败，司马懿率兵乘胜追击。诸葛亮无兵迎敌，但他沉着镇定，端坐在城楼上，焚香弹琴，旁若无人。司马懿怀疑有埋伏，退兵而去。这就是“空城计”的故事。

诸葛亮智慧过人，鞠躬尽瘁，死而后已，书写了传奇的一生。

文成公主入藏

唐朝在唐太宗李世民的治理下，繁荣昌盛，史称“贞观之治”。他通过“和亲”政策，也就是把唐朝的公主嫁到突厥等地，促进他们与唐朝的友好关系。吐蕃首领松赞干布也想求娶唐朝公主。

唐太宗让各地的婚使们比试本领，谁赢了就答应谁的请求。唐太宗出了几道刁钻的题目，让人一筹莫展。其中一题是要把细细的丝线穿过洞眼弯弯曲曲的九曲珠。有人歪着头，拿捏着细线小心翼翼地穿孔，有人为了对得更准，闭起一只眼……松赞干布的使者禄东赞捉了一只蚂蚁，把细线绑在蚂蚁身上，在珠子的另一侧洞眼抹上蜂蜜，不一会儿，蚂蚁就闻着蜜香，顺利通过了九曲珠。在拉萨大昭寺和布达拉宫内，至今仍保存着描绘“六试婚使”故事的壁画。

送亲的队伍浩浩荡荡地从长安城出发了。吐蕃就是如今的青藏高原地区，这里海拔高，空气稀薄，生活条件艰苦。文成公主入藏时，不仅带去了珍宝等陪嫁，还有谷物种子和生产书籍等。因为文成公主的到来，吐蕃人民的生活发生了天翻地覆的变化，他们学会了唐朝先进的农耕和医药技术，松赞干布还派吐蕃贵族子弟到长安学习知识。

文成公主背井离乡，为两地人民的安居乐业做出了巨大的牺牲和贡献，加强了中原和西藏地区的交流和融合。

图 12-4　文成公主和松赞干布塑像

“诗仙”李白

李白，字太白，号青莲居士，可以说他是中国诗人中认知度最广的一位，有些还未上学的稚童，也能背诵李白的诗作《静夜思》：“床前明月光，疑是地上霜。举头望明月，低头思故乡。”这首诗被称为“千古思乡第一诗”。诗人在月色如霜的秋夜，将照射在床前的清冷月光误作铺在地面的浓霜。“低头”这一动作形象地刻画了诗人陷入沉思，想念家乡的父老兄弟、一草一木的状态。其实，关于李白的籍贯，说法不一，但可以确定的是他在四川度过了童年。

李白壮年时期，正值唐明皇统治的“盛唐”期间。李白离开四川漫游，他赋诗《渡荆门送别》：“渡远荆门外，来以楚国游。山随平野尽，江入大荒流。月下飞天镜，云生结海楼。仍怜故乡水，万里送行舟。”李白到了长安后，见到了唐明皇和杨贵妃，写下《清平调》三首：“云想衣裳花想容，春风拂槛露华浓。若非群玉山头见，会向瑶台月下逢。”描绘了宫中的享乐生活。

李白和许多文人建立了深厚的友情。对比他大十一岁的孟浩然，他作诗《赠孟浩然》：“吾爱孟夫子，风流天下闻。红颜弃轩冕，白首卧松云。”李白与杜甫像兄弟般友爱，“醉眠秋共被，携手日同行”（杜甫《与李十二白同寻范十隐居》）。对款待他的村夫俗子，他赠诗：“李白乘舟将欲行，忽闻岸上踏歌声。桃花潭水深千尺，不及汪伦送我情。”（《赠汪伦》）诗人贺知章见李白卓然不群，称他为“谪仙人”，意思是说李白就像仙人，因犯错才被贬人间。

图 12-5　李白

李白是浪漫主义的集大成者，他的诗浓而烈，如“白发三千丈，缘愁似个长。不知明镜里，何处得秋霜?”（《秋浦歌》）李白在中国诗歌史上留下了浓墨重彩的一笔。

注释

（1）**崩溃** bēngkuì（动）

释义：（政治、军事、经济等）完全破坏

示例：在我军的猛烈攻击下，敌人的防线崩溃了。

（2）**垄断** lǒngduàn（动）

释义：原指站在市集的高地上对产品的价格和市场进行操纵和控制，后泛指把持和独占

示例：这个原料进口商垄断了货源，引起所有厂商的不满。

（3）**学不厌、教不倦**

出自《论语·述而》：“默而识之，学而不厌，诲人不倦，何有于我哉?”意思是：“默默地记住所学知识，学习不觉得满足，教育人不知道疲倦，对我来说，还有什么遗憾呢?”

（4）**学而时习之，不亦说乎？有朋自远方来，不亦乐乎？**

出自《论语·学而》，意思是：“学习并时常复习，不是很快乐吗？志同道合的朋友从老远的地方来探究学问，不是很高兴吗?”

（5）**嫡系** díxì（名）

释义：家族的正支，与“旁支”相对，喻指与派系首脑人物最亲近的人或力量

示例：这支部队是冯玉祥的嫡系。

（6）**登基** dēngjī（动）

释义：帝王即位

示例：康熙八岁登基，是一位少年天子。

（7）**颓势** tuíshì（名）

释义：衰落的趋势

示例：清朝颓势已成，没有挽回的办法了。

（8）**世袭** shìxí（动）

释义：帝位、爵位等世代相传

示例：名人远比世袭的贵族伟大。

(9) **徭役** yáoyì（名）

释义：古代统治者规定平民成年男子承担的一定数量的无偿社会劳动，一般有力役、军役和杂役

示例：古代的百姓承担了沉重的徭役。

(10) **民不聊生** mínbùliáoshēng

释义：人民没有办法生活

示例：军阀连年混战，民不聊生。

(11) **匡扶** kuāngfú（动）

释义：辅佐，扶持

示例：他学成下山，用一身武艺匡扶正义。

(12) **闭门羹** bìméngēng（名）

释义：访问时遭回避、拒绝，未得主人相见

示例：小张去王总的公司推销产品，却吃了闭门羹。

(13) **胸有成竹** xiōngyǒuchéngzhú

释义：出自宋代晁补之诗句“与可画竹时，胸中有成竹”，意思是与可（宋代画家文同的字）画竹子的时候，心里已经有了竹子的形象，比喻做事时已有全面的考虑

示例：她每天放学后都刻苦练琴，上台表演时胸有成竹。

(14) **不费吹灰之力**

释义：形容办事情很容易，不费什么力气

示例：大个子李刚不费吹灰之力，便举起了这张桌子。

(15) **旁若无人** pángruòwúrén

释义：好像旁边没有人一样，形容态度自然或高傲

示例：他在地铁上旁若无人地大声打电话，一点不顾别人愤怒的目光。

(16) **鞠躬尽瘁** jūgōng-jìncuì

释义：小心谨慎，贡献出全部力量

示例：焦裕禄鞠躬尽瘁，勤勤恳恳为人民服务。

(17) **死而后已** sǐ’érhòuyǐ

释义：死了才停止工作，形容为完成某种事业而奋斗终生

示例：他将一生都奉献给了革命事业，死而后已，受到人民的爱戴。

(18) **刁钻**　diāozuān（形）

释义：狡猾、奸诈

示例：地主非常刁钻，不让农民占一点儿便宜。

(19) **一筹莫展**　yīchóu-mòzhǎn

释义：一点办法也想不出，一点儿计策也施展不出

示例：面对这个棘手的问题，小新一筹莫展。

(20) **天翻地覆**　tiānfān-dìfù

释义：形容变化极大

示例：中华人民共和国成立以来，西藏人民的生活发生了天翻地覆的变化。

(21) **籍贯**　jíguàn（名）

释义：祖辈居住或个人出生的地方

示例：他的籍贯是江苏南京。

(22) **款待**　kuǎndài（动）

释义：热情优厚地招待

示例：主人热情款待远道而来的客人。

(23) **浓墨重彩**　nóngmò-zhòngcǎi

释义：形容绘画或描述着墨多

示例：作家浓墨重彩地描写了热闹的乡村市集。

练习

1．选择下列词语的正确读音。

（1）崩溃

A. pénggui　　B. péngkuì　　C. bēngkuì　　D. bēnggui

（2）颓势

A. tuíshì　　B. fèishì　　C. tuísì　　D. fèisì

（3）匡扶

A. wángfū　　B. kuāngfú　　C. wángfú　　D. kuāngfū

(4) 刁钻

A. dāozuān　　B. diāozuàn　　C. dāozuàn　　D. diāozuān

(5) 籍贯

A. jíguàn　　B. jíguān　　C. jīguān　　D. jīguàn

2．根据课文内容，选择正确答案。

(1) 孔子教他的弟子学习的“六艺”是______。

A. 仁、乐、射、御、书、数　　B. 礼、乐、射、御、书、算

C. 礼、乐、射、御、书、数　　D. 礼、乐、骑、御、书、数

(2) 秦始皇消灭其他六国的先后顺序是______。

A. 韩国、赵国、吴国、魏国、楚国、齐国

B. 韩国、赵国、魏国、楚国、燕国、齐国

C. 越国、赵国、燕国、魏国、楚国、齐国

D. 韩国、李国、燕国、魏国、楚国、齐国

(3) 以下哪个典故与诸葛亮无关？

A. 揭竿而起　　B. 草船借箭　　C. 空城计　　D. 赤壁之战

(4) 以下哪个不是文成公主传入西藏的？

A. 医药　　B. 农耕　　C. 佛教　　D. 哈达

(5) 李白生活在哪个皇帝统治的时期？

A. 唐太宗　　B. 唐明皇　　C. 唐高宗　　D. 唐肃宗

3．根据课文内容判断正误，对的打✓，错的打×。

(1) 孔子有七十二位学生。(　　)

(2) 始皇帝把全国分为三十六个郡，每个郡的主要官职可以世袭。(　　)

(3) 桃园结义的三位是刘备、诸葛亮和关羽。(　　)

(4) 文成公主入藏和亲对中原和西藏的人民都有益处。(　　)

(5) 李白是现实主义诗人。(　　)

4．请将诗句与作品名配对。

(1) 山随平野尽　　a.《清平调》

(2) 缘愁似个长　　b.《秋浦歌》

(3) 桃花潭水深千尺　　c.《赠孟浩然》

(4) 春风拂槛露华浓　　d.《赠汪伦》

(5) 风流天下闻　　e.《渡荆门送别》

5．请将下列所缺的诗句补充完整。

（1）床前明月光，________________。举头望明月，低头思故乡。

（2）白发三千丈，缘愁似个长。不知明镜里，________________？

（3）吾爱孟夫子，风流天下闻。红颜弃轩冕，________________。

（4）李白乘舟将欲行，______________________。桃花潭水深千尺，不及汪伦送我情。

（5）云想衣裳花想容，春风拂槛露华浓。______________________，会向瑶台月下逢。

6．讨论题。

（1）请查找文中五位人物的生平资料，说一说他们让你印象深刻的其他事迹。

（2）你的祖国有哪些古代的名人？他（她）是思想家、政治家，还是文学家？请向大家介绍他（她），说说他（她）的生平、事迹、代表作品或贡献等，并作出评价。

三、课文二

人物篇——中国（二）

钱学森与“两弹一星”

1911年12月11日，钱学森出生在上海一所教会医院里。他的父母都是杭州大户人家的知书达理的读书人，父母从小对他循循善诱，培养他对读书的兴趣和对未知事物的好奇心。求学生涯中，钱学森的成绩一直名列前茅，从交通大学毕业后，他进入美国麻省理工学院航空系学习。不久，他转入加州理工学院航空系，师从“超声速飞行之父”冯·卡门学习航空动力学，冯·卡门主持的航空实验室被誉为人类火箭技术的摇篮。在大师的指导下，钱学森如鱼得水，找到了解决“声障”的方法，这就是著名的“卡门-钱公式”。

1949年10月，中华人民共和国成立的喜讯传遍全球。钱学森始终未忘父母对他“天下兴亡，匹夫有责”的教导，归心似箭，恨不得立刻插上翅膀飞回祖国。可是，他一家人的回国之路却布满了重重障碍，美国政府甚至拘捕他以阻止他回国。美国人说：“钱学森的价值抵得上五个师的兵力。”身陷囹圄、受到监控的生活仍无法磨灭他的拳拳赤子心。最终，在中国的坚持和力争下，钱学森全家登上了回国的邮轮。

可是，回国后很长一段时期里，在钱学森儿子和女儿的眼中，爸爸“失踪”了，大半年也不见人影。很多年后，孩子们才知道，爸爸在草原上，在沙漠里，在戈壁滩上，与许多科学家和解放军叔叔，就像生命力顽强的沙漠植物一样，在研究条件简陋和滞后的状况下，用自己的汗水、智慧、青春甚至生命，为中国铸造了强大的国防之盾。在钱学森的领导下，1960 年 11 月 5 日，科学家们成功研制并发射导弹，这被称为“争气弹”。1964 年 10 月 16 日，中国第一颗原子弹爆炸成功。1970 年 4 月 24 日，中国成功发射了第一颗人造卫星，中国人民家喻户晓的乐曲《东方红》从太空中传来……

钱学森的一生，就像以他名字命名的国际编号为 3763 号的小行星，绽放着耀眼的光芒。这颗“钱学森星”，照亮了中国的航天工程事业。

图 12-6 钱学森

万婴之母林巧稚

四季如春，温暖多雨，林木常青的厦门鼓浪屿，就是林巧稚出生、成长的地方。一方水土养一方人，作为中国妇产科学的主要开拓者和奠基人，林巧稚和鼓浪屿的阳光一样，如母亲的手轻抚面颊，慰藉人心。

在北京协和医学院，林巧稚不仅学到了精湛的医术，更继承了优良的集体作风。在不同的科室轮流见习时，医护人员的每一个工作细节都体现了精益求精的医院常规，比如病房任何时候都要保持整洁、安静。医生查房给病人做检查时，护士要拉上窗帘，调好灯光，轻声告诉病人将做什么检查，检查后还要为病人盖好被子。这样做的唯一目的，就是体现对人的关怀和爱护。林巧稚一生都在践行在协和医学院学到的“医者父母心”。

无论病人是贫苦农民还是高级干部，林巧稚都一视同仁，同样负责认真。唯一的区别就是收费，对穷人，林巧稚经常减免费用。协和医院的病案室，还存有当时的病历。发黄的病历中，清晰地记载着：“……林巧稚大夫优待，按八五折计算……”“……林巧稚大夫免收费用……”她是看病，不是看人，这就是她赢得一致爱戴和尊敬的原因。

这种“以病人为中心”的精神也传承给了学生。在产科的学生见习报告中，林巧稚只给一位学生批了“good”（好），其余的学生很不服气，觉得自己做得也很认真负责，于是找来那位同学的报告对比，发现只多了一句话：“产妇的额头上冒出了豆大的汗珠。”林巧稚严肃地说：“只有注意细节，才会懂得观察产妇，因为产科的规律就是无规律！”

妙手仁心的林巧稚是妇女和婴儿的守护神。她终身未婚未育，却是传递生命的天使，接生过5万多名婴儿，其中一位呱呱坠地时还未来得及取名字，称为“袁小孩”，他便是后来的“杂交水稻之父”袁隆平。

图 12-7　林巧稚

“杂交水稻之父”袁隆平

民以食为天。填饱肚子，是天下老百姓最朴素的愿望。水稻发源于中国的南方地区，距今约七千年的河姆渡人就已经开始种植水稻了。安江农校的一位青年教师也怀揣着种水稻的梦想：让水稻长得像高粱一样高，穗子像扫把那么长，颗粒像花生米那么大，朋友们能坐在稻穗下喝茶乘凉。

盛夏里，他来到试验田，被一株“鹤立鸡群”的稻株吸引了，它特别高大，穗大粒多。青年教师凑近观察，轻轻地捧起稻穗，细心地数起谷粒，一共167粒！远远超过一般水平的100粒，这不正是自己一直寻找的优良育种材料吗！这位数谷粒的青年教师就是袁隆平。

杂交水稻研究是世界公认的科研难题，袁隆平虚心求教，查阅资料，反复推敲，认为最好的方法就是找到雄性不育株。烈日下，太阳火辣辣地照射着又黑又瘦的袁隆平，豆大的汗水不断地从他黝黑的脸上滴下来，他也顾不上擦，被汗水湿透的衣服溅满了泥土，他也没有停下脚步。在一丝不苟地观察了14万株水稻后，袁隆平终于发现了天然不育株的踪影，这标志着我国杂交水稻研究的开始，这一年是1964年。袁隆平和他的团队继续奋斗在田间地头，1975年，杂交水稻种子喜获丰收，平均亩产达到600斤。杂交水稻与常规水稻相比每亩增产20%以上，每年可以多养活7 000万人口。

图12-8　袁隆平

袁隆平一辈子只做一件事——让中国人能吃饱饭。面对蜂拥而来的各种荣誉，袁隆平觉得“光环太多，太累”。80多岁时，他乐呵呵地称自己为

“80后”，仍每天都要去绿油油的稻田里，看看起伏的稻浪，摸摸饱满的稻穗……

生命卫士钟南山

2020年1月18日，从广州飞驰开往武汉的高铁上，一位84岁的老人，在餐车一隅闭目稍作休息。此前，他已高强度工作了很久，这就是钟南山院士，他正在与死神争分夺秒地赛跑，前往当时新冠病毒肆虐的武汉。武汉的疫情，牵动着全国人民的心，大家迫切地想听到令人信服的声音。在民众的眼里，钟南山代表着科学，代表着权威，代表着希望。钟南山的发声平复了诸多不实信息，凝聚了人心，他噙着热泪说：“武汉本来就是一个英雄的城市……”这是对武汉人民的悲悯之泪和对全国万众一心的感动之泪。

钟南山一生谨记父亲钟世藩医生对他的教诲：“说话一定要有证据。”父亲科学的治学态度和善良的为人处世风格，深深地影响了钟南山。2002年底，一种奇怪的疾病突然袭击广州，并很快四下蔓延，这就是“非典”。来势汹汹的“非典”击倒了许多第一线的医生和护士。广州呼吸疾病研究所的钟南山身先士卒，主动请缨，“把最重的病人都送到我这里来”，并制定了科学的医疗方案。他秉持实事求是的态度和置之死地而后生的精神，以真诚和担当直面病毒，坚守了科学家的良心。

《人民日报》官方微博如此评价钟南山：有院士的专业，有战士的勇猛，更有国士的担当！

图12-9　钟南山

中国航天员群像

当你仰望头顶的星空，一闪一闪和你打招呼的星光可能是几千年、几万年甚至是几十万年前散发出的，有些星星可能现在已经不在了。漆黑夜幕上若隐若现的光点，比我们从地球上看上去的大得太多了，有些星星甚至比地球的体积大好几千倍。多么浩瀚的宇宙呀！从二十世纪开始，载人航天工程便是世界上强大国家孜孜不倦的追求。

中国的航天员，经历层层选拔，初心不改，为中国的太空追梦事业勇敢地度过了一个又一个训练难关：

离心机训练。巨大的离心机以一百千米的时速高速旋转，航天员半躺在铁臂尽头的圆筒里，体验相当于自身体重八倍的压力，仿佛身上站着一头大象，同时还要反应敏捷地回答问题。他们手边有一个红色按钮，按下就可以暂停，可是二十年来没有人碰过。

震动训练。当火箭升空时，会剧烈地摇晃。想象下你骑着自行车走过坑坑洼洼的路面，碰上个大坑，有时手都能震得脱把。航天员承受的压力是这种强度的几十倍甚至上百倍，身上的每一处肌肉、每一块骨头都好像在被人用力击打。

失重训练。也许你坐过云霄飞车，可能你还特别勇敢，能微笑着拍张照片。可是，航天员们要坐着喷气式飞机到达万米高空，然后高速俯冲，在足足二十五秒的失重时间里，还要求能看书和回答问题。因为航天服重达一百六十千克，在失重状态下，把微小的动作做准确，是对自己和队友负责任。

还有基础理论课学习，严格的野外生存训练，与家人长时间分离的辛酸……航天员们经历严酷的磨砺，以长期的自律和坚守，终于实现了中华民族千百年来的飞天梦想，让我们记住他们的名字：

图 12-10　中国航天日

杨利伟，中国第一个进入太空的人；

翟志刚，中国太空漫步第一人；

刘洋，中国第一位女航天员；

王亚平，中国首位“80后”女航天员。

…………

注释

(1) **循循善诱** xúnxún-shànyòu

释义：善于有步骤地引导

示例：做思想工作应该循循善诱，不能盛气凌人。

(2) **名列前茅** míngliè-qiánmáo

释义：名次列在前面

示例：小刘学习非常刻苦，每次考试都在班级里名列前茅。

(3) **如鱼得水** rúyúdéshuǐ

释义：像鱼儿得到水一样，比喻得到符合自己心意的人或环境

示例：换了新公司后，她如鱼得水，工作得非常出色。

(4) **天下兴亡，匹夫有责**

出自顾炎武《日知录·正始》，意思是国家的兴盛或衰亡，每个普通人都有一份责任。

(5) **归心似箭** guīxīn-sìjiàn

释义：想回家的心情就像射出的箭一样急，形容回家的心情十分急切

示例：每到周五，住校生们就归心似箭。

(6) **囹圄** língyǔ（名）

释义：监狱

示例：革命者身陷囹圄，也丝毫没有动摇对共产主义的信仰。

(7) **拳拳** quánquán（形）

释义：形容恳切

示例：高规格的接待体现了主办方的拳拳盛情。

(8) **滞后** zhìhòu（形）

释义：（事物）落在形势发展的后面

示例：由于公路建设滞后，这个地区的农业一直得不到发展。

（9）**一方水土养一方人**

俗语，意思是不同地域的人，由于环境、地理气候和生活方式的差异，思想观念和性格特征也各不相同。

（10）**奠基**　diànjī（动）

释义：打下基础

示例：鲁迅是中国新文学的奠基人。

（11）**精益求精**　jīngyìqiújīng

释义：（技艺、作品、产品）追求更好

示例：服务部门的工作质量要精益求精。

（12）**一视同仁**　yīshì-tóngrén

释义：不分厚薄，同样看待。

示例：老师应该对学生一视同仁，不能偏爱。

（13）**妙手仁心**　miàoshǒu-rénxīn

释义：医术高明，心地仁慈

示例：这位医生妙手仁心，很受病人的尊敬。

（14）**河姆渡人**

距今约七千年前生活在长江下游的古人类。他们过定居生活，栽培人工水稻，家养猪、狗和水牛等牲畜。

（15）**怀揣**　huáichuāi（动）

释义：胸怀里藏着

示例：这个年轻人怀揣着梦想来大城市闯荡。

（16）**鹤立鸡群**　hèlìjīqún

释义：比喻外表或才能十分出众

示例：他一表人才，在众人间总是鹤立鸡群。

（17）**黝黑**　yǒuhēi（形）

释义：皮肤暴露在阳光下而晒成的青黑色

示例：在乡下的奶奶家待了一个暑假，小明的皮肤晒得黝黑，显得非常健康。

（18）**一丝不苟**　yīsī-bùgǒu

释义：形容做事十分认真，一点儿也不马虎

示例：老师一丝不苟地讲解实验步骤。

(19) **一隅** yīyú（名）

释义：一个角落，比喻狭小或片面

示例：这只是他的一隅之见，不代表董事会的决定。

(20) **争分夺秒** zhēngfēn-duómiǎo

释义：形容时间抓得紧，不浪费一分一秒

示例：高考前，小张争分夺秒努力学习，终于考入了心仪的大学。

(21) **悲悯** bēimǐn（动）

释义：怜悯

示例：他的不幸遭遇令人悲悯。

(22) **万众一心** wànzhòng-yīxīn

释义：千万人一条心，形容团结一致

示例：全国人民万众一心，什么困难都能克服。

(23) **来势汹汹** láishì-xiōngxiōng

释义：动作或事物到来的气势很厉害

示例：敌人来势汹汹，却遭到了我们勇敢的反抗。

(24) **身先士卒** shēnxiānshìzú

释义：作战时将帅带头，冲在士兵前面，比喻领导带头走在群众前面

示例：领导干部要身先士卒，不能只坐在办公室里指挥。

(25) **请缨** qǐngyīng（动）

释义：请求给他一根长缨，比喻主动请求担当重任

示例：士兵主动请缨，要求派往抗洪一线。

(26) **置之死地而后生**

原指作战时把军队布置在无法退却、只有战死的境地，士兵就会奋勇杀敌。比喻事先断绝退路，就能下定决心，取得成功

(27) **若隐若现** ruòyǐn-ruòxiàn

释义：隐隐约约，时而看得见，时而又看不见

示例：远处的小山丘在云雾中若隐若现。

(28) **孜孜不倦** zīzī-bùjuàn

释义：勤勉，不知疲倦

示例：他孜孜不倦地学习，期望能通过这次的考试。

（29）**坑坑洼洼**　kēngkēng-wāwā

释义：形容地面或器物表面高低不平

示例：施工队偷工减料，地铺得坑坑洼洼。

（30）**磨砺**　mólì（动）

释义：摩擦使锐利，比喻磨炼

示例：宝剑锋从磨砺出。

练习

1．选择下列词语的正确读音。

（1）囹圄

A．língwú　　B．línwú　　C．língyǔ　　D．línyǔ

（2）滞后

A．dàihòu　　B．zhìhòu　　C．luòhòu　　D．tuōhòu

（3）怀揣

A．huáichuāi　　B．huáiduān　　C．bùchuāi　　D．bùduān

（4）一隅

A．yīǒu　　B．yīyù　　C．yīyō　　D．yīyú

（5）孜孜

A．zīzī　　B．zhīzhī　　C．wénwén　　D．zǐzǐ

2．根据课文内容，选择正确答案。

（1）“两弹一星”指的是______。

A．导弹、手榴弹、人造卫星　　B．氢弹、原子弹、人造卫星

C．导弹、原子弹、人造卫星　　D．氢弹、手榴弹、人造卫星

（2）以下关于林巧稚的说法哪一项是不正确的？

A．林巧稚出生在厦门鼓浪屿。　　B．林巧稚对病人十分关怀。

C．林巧稚经常优待穷困的病人。　　D．钟南山是林巧稚接生的。

（3）攻克杂交水稻技术的关键是找到______。

A．天然不育株　　B．水稻种子

C．合适的土壤　　D．袁隆平

（4）钟南山牢记父亲对他的什么教诲？

A．妙手仁心　　　　　　　　　B．实事求是

C．功成名就　　　　　　　　　D．填饱肚子

（5）中国第一位女航天员是______。

A．王亚平　　　B．杨利伟　　　C．刘洋　　　D．聂海胜

3．请写出下列成语的意思并造句。

（1）归心似箭：________________________________

____

（2）鹤立鸡群：________________________________

____

（3）精益求精：________________________________

____

（4）万众一心：________________________________

____

（5）孜孜不倦：________________________________

____

4．选词填空。

杨利伟	钱学森	袁隆平	林巧稚	钟南山

（1）学成归国后，__________ 在百废待兴的中国大地上完成了“两弹一星”的壮举。

（2）在病毒肆虐时，__________ 两次挺身而出。

（3）__________ 的梦想就是让十几亿中国人能吃饱饭。

（4）__________ 把自己的一生献给了中国的妇产科学。

（5）中国第一个进入太空的人是__________ 。

5．读完十位中国人物的故事，你有什么想法和评价吗？请写一段话，谈谈你对其中某一位人物的看法，约150字。

____

____

____

____

6．讨论题。

（1）请查找文中五位人物的生平资料，说一说他们让你印象深刻的其他事迹。

（2）你的祖国有哪些现代的名人？他（她）从事什么职业？请向大家介绍他（她），说说他（她）的生平、事迹、主要贡献等，并作出评价。

四、课文三

人物篇——江苏

沈括与《梦溪笔谈》

在江苏省镇江市的东郊，有一座美丽的宅园叫梦溪园，意思是纪念主人多年来常做的好梦。花园里有覆盖着花草的小山，名为百花堆，山下有淙淙的流水，环绕花园，这就是梦溪。琴、棋、禅、墨、丹、茶、吟、谈、酒为“九客”。这位隐居在此的主人就是沈括，他是北宋时期杰出的科学家，对天文、数学、历法、地理、生物、医药、文学、史学、音乐等各门学科的研究，都有卓越的贡献。他将自己的所见、所闻、所感、所悟，编写成文字，汇集成一本综合性著作——《梦溪笔谈》。而梦溪园是成书之地，也是沈括的终老之地。这本书在中国科技史乃至世界科技史上都留下了浓墨重彩的一笔。英国著名科学史专家李约瑟敬佩地称《梦溪笔谈》是“中国科学史上的坐标”。

《梦溪笔谈》包罗万象，里面记载了沈括自己毕生的科学活动，如他在司天监时期的天文学说，也翔实地记录了别的科学家的成果，比如毕昇的活字印刷术，从造字、排版到印刷，过程完备，使得后人能一窥当时最新的科技水平。

《梦溪笔谈》不仅仅是一部自然科学著作，其中自然科学的内容约占三分之一，里面还有乐律、艺文、书画、官政、象数等各种门类的知识。更可贵的是，《梦溪笔谈》肯定了劳动人民的智慧和力量，具有进步性。沈括认为，科技活动和发明创造，不一定只有智慧过人的"圣人"才能从事，普通劳动人民也能参与。在《梦溪笔谈》中，记录了锻钢工人、采集石油的劳动人民，歌颂了劳动人民的聪明才智，这样的认识在当时是很了不起的。

图 12-11　沈括像

沈括治学严谨，他并不埋头书本来研究学问，而是很重视实地调查。正是这样艰苦踏实的治学作风，才为后世留下了这部历史研究的宝藏巨著。

旅行家徐霞客

提起旅游，你是不是很兴奋呢？与家人、朋友一起自助游，或者是舒舒服服地跟团游，让旅行社安排好一切，游览名山大川，探索福地洞天，游山玩水乐悠悠。可是，没有宾馆、酒店、饭店，甚至社会秩序也不那么安定，拍张美美的照片发朋友圈更是想都别想，有时还会饿肚子，露宿野外，这样的旅行你还愿意参加吗？

徐霞客就是这样旅行的，他是明朝末年人，老家在今天的江苏省江阴市，他首先游览的就是离家不远的浙江天台山。《徐霞客游记》首篇《天台山日记》开篇之日是 1613 年 5 月 19 日，因此从 2011 年起，每年 5 月 19 日定为"中国旅游日"。

徐霞客的旅游可不是走马观花，他边走边仔细观察，总结了很多科学原理，并一一记录在考察日记《徐霞客游记》中，涵盖了自然和人文两大类，从风景名胜、大山大河，到风土人情、交通贸易，是我国古代字数最多的游记。

徐霞客的旅游不是单纯为了寻奇访胜，更重要的是为了探索大自然的奥秘，寻找大自然的规律。他在山脉、水文、地质、地貌方面的实地调查，为古代地理学的发展做出了巨大贡献。中国最古老的地理著作《尚书·禹贡》中说：“岷山导江。”意思是岷江是长江的发源地。千百年来，没有人怀疑这一论断。徐霞客来到岷江、金沙江、长江汇合处，发现了问题：金沙江比岷江大得多，而且直通长江，长江的源头应为金沙江。眼见为实，他大胆反驳权威论断，提出“推江源者，必将以金沙为首”，意思是要探寻长江的源头，金沙江是第一个考察对象。事实的确如此。

从二十多岁出门，到五十三岁从云南返回，大多数的时间徐霞客都在用脚丈量中国大地，真正践行了“读万卷书，行万里路”。

图 12-12　徐霞客

朱自清的散文

去的尽管去了，来的尽管来着；去来的中间，又怎样地匆匆呢？早上我起来的时候，小屋里射进两三方斜斜的太阳。太阳他有脚啊，轻轻悄悄地挪移了，我也茫茫然跟着旋转。于是——洗手的时候，日子从水盆里过去；吃饭的时候，日子从饭碗里过去；默默时，便从凝然的双眼前过去。我觉察他去的匆匆了，伸出手遮挽时，他又从遮挽着的手边过去，天黑时，我躺在床上，他便伶俐地从我身上跨过，从我脚边飞去了。等我睁开眼和太阳再见，这算又溜走了一日。我掩着面叹息。但是新来的日子的影儿又开始在叹息里闪过了。

（节选自《匆匆》，发表于 1922 年 4 月 11 日《时事新报》副刊《文学旬刊》第 34 期）

曲曲折折的荷塘上面，弥望的是田田的叶子。叶子出水很高，像亭亭的舞女的裙。层层的叶子中间，零星地点缀着些白花，有袅娜地开着的，有羞涩地打着朵儿的；正如一粒粒的明珠，又如碧天里的星星，又如刚出浴的美人。微风过处，送来缕缕清香，仿佛远处高楼上渺茫的歌声似的。这时候叶子与花也有一丝的颤动，像闪电般，霎时传过荷塘的那边去了。叶子本是肩并肩密密地挨着，这便宛然有了一道凝碧的波痕。叶子底下是脉脉的流水，遮住了，不能见一些颜色；而叶子却更见风致了。

（节选自《荷塘月色》，发表于1926年7月《小说月报》18卷7号）

我说道："爸爸，你走吧。"他往车外看了看，说："我买几个橘子去。你就在此地，不要走动。"我看那边月台的栅栏外有几个卖东西的等着顾客。走到那边月台，须穿过铁道，须跳下去又爬上去。父亲是一个胖子，走过去自然要费事些。我本来要去的，他不肯，只好让他去。我看见他戴着黑布小帽，穿着黑布大马褂，深青布棉袍，蹒跚地走到铁道边，慢慢探身下去，尚不大难。可是他穿过铁道，要爬上那边月台，就不容易了。他用两手攀着上面，两脚再向上缩；他肥胖的身子向左微倾，显出努力的样子。这时我看见他的背影，我的泪很快地流下来了。我赶紧拭干了泪。怕他看见，也怕别人看见。我再向外看时，他已抱了朱红的橘子往回走了。过铁道时，他先将橘子散放在地上，自己慢慢爬下，再抱起橘子走。到这边时，我赶紧去搀他。他和我走到车上，将橘子一股脑儿放在我的皮大衣上。于是扑扑衣上的泥土，心里很轻松似的。过一会说："我走了，到那边来信！"我望着他走出去。他走了几步，回过头看见我，说："进去吧，里边没人。"等他的背影混入来来往往的人里，再找不着了，我便进来坐下，我的眼泪又来了。

（节选自散文集《背影》，1926年10月开明书店出版）

图 12-13 朱自清

徐悲鸿画马

徐悲鸿出生在江苏宜兴，是一位著名画家和美术教育家。他曾留学法国学习西方绘画技巧，回国后从事美术教育，中华人民共和国成立后任中央美术学院院长。

徐悲鸿擅长画人物、走兽、花鸟，主张传统中国画的改良，推崇现代写实主义，尤其擅长画马。

《奔马图》画于 1941 年的秋天，当时正值抗日战争时期，听闻日军占领长沙，正在为抗战募捐远赴马来西亚办画展的徐悲鸿心急如焚，一幅《奔马图》一气呵成。豪放的泼墨和劲秀的线描，力透纸背，刻画了马的气势，雄骏、矫健、强健有力、生机勃勃、富有动感，前伸的马腿和马头冲击力极强，好像要冲出画面，奔马的精神象征了作者忧国忧民的愤慨之情和振兴祖国的豪情壮志。

图 12-14 徐悲鸿《奔马》

徐悲鸿还将中国画的韵味渗入油画中，将油画的艺术手法融入中国画中。他的代表作油画《田横五百士》和中国画《愚公移山》表现了劳动人民坚韧不屈的品质，充满了对劳动人民的同情之心以及对民族危亡的忧虑和对光明的向往。

数学家华罗庚

华罗庚生长在江苏金坛。少时家贫，华罗庚读完初中就无奈辍学了，在家帮父亲打理杂货铺。困苦的境地也阻挡不了华罗庚的求知欲，他每天闻鸡起舞，一本《大代数》、一本《解析几何》和一本从老师那摘抄来的只有五十页的《微积分》就是他无声的老师，引导着他通往数学胜境。华罗庚一边看铺子，一边演算数学，算错钱是家常便饭。华罗庚忍受着父亲的责备，仍不改对数学的热爱。

1930 年，华罗庚的论文在上海的《科学》杂志发表。著名的数学大师清华大学数学系系主任熊庆来先生慧眼识英才，把只有初中文凭的华罗庚请到了清华大学。华罗庚如鱼得水，他继续钻研，两年后就被破格升为助教、讲师，并进入剑桥大学深造。华罗庚成果斐然，国际上以他姓氏命名的成果有“华氏定理”和“华氏不等式”。

中华人民共和国成立后，华罗庚毅然回国，这位富有家国情怀的数学家，传承着前辈“不拘一格降人才”的理念，把不善讲课的陈景润调到北京。陈景润果然不负众望，证明了“哥德巴赫猜想”的“1+2”。

华罗庚，这个从小杂货铺走出来的大数学家，使一颗颗绚丽的中国数学之花，盛放在人类的数学王国。

图 12-15　华罗庚

注释

(1) **淙淙** cóngcóng（形）

释义：形容流水的声音

示例：泉水淙淙，从山上欢淌下来。

(2) **坐标** zuòbiāo（名）

能够确定一个点在空间中的位置的一个或一组数，叫作这个点的坐标。

(3) **名山大川** míngshān-dàchuān

释义：泛指有名的高山和源远流长的大河

示例：他热爱旅游，一生最大的愿望就是游遍祖国的名山大川。

(4) **福地洞天** fúdì-dòngtiān

释义：指神道居住的名山胜地，后多比喻风景优美的地方

示例：老道士找到一处福地洞天，决定在此隐居修道。

(5) **走马观花** zǒumǎ-guānhuā

释义：比喻粗略地观察事物

示例：他走马观花地视察了一圈，就坐车离开了。

(6) **读万卷书，行万里路**

释义：要努力读书，让自己的才识过人并让自己的所学，能在生活中体现，同时增长见识，理论结合实际，学以致用

示例：我们不能整天埋头读书，应该读万卷书，行万里路，把理论应用于实践。

(7) **挪移** nuóyí（动）

释义：挪动、移动

示例：他挪移着肥胖的身躯，慢吞吞地向前移动。

(8) **伶俐** línglì（形）

释义：聪明、机灵

示例：这小孩很伶俐。

(9) **袅娜** niǎonuó（形）

释义：形容草木细长柔软或女子姿态优美

示例：舞蹈演员身姿袅娜，吸引了全场的目光。

(10) **脉脉** mòmò（形）

释义：默默地用眼神或行动表达情意的样子，文中指水细细、静静流动的样子

示例：她含情脉脉地望着远去的丈夫。

(11) **蹒跚** pánshān（形）

释义：腿脚不灵便，走路缓慢、摇摆的样子

示例：父亲年纪大了，蹒跚着走路。

(12) **募捐** mùjuān（动）

释义：募集捐款或物品

示例：学生们为遭洪灾的地区发起募捐。

(13) **心急如焚** xīnjí-rúfén

释义：形容心里像有火在烧，非常着急的样子

示例：听到孩子出了车祸，妈妈心急如焚，恨不得马上飞奔到医院。

(14) **一气呵成** yīqì-hēchéng

释义：比喻文章气势首尾贯通，也比喻工作过程不间断、不松懈

示例：作家有了灵感，一气呵成地完成了这篇短篇小说。

(15) **忧国忧民** yōuguó-yōumín

释义：为国家的前途和人民的命运而担忧

示例：岳飞一生精忠报国，忧国忧民。

(16) **愤慨** fènkǎi

释义：气愤不平

示例：对霸权主义的行为，大家纷纷表示愤慨。

(17) **闻鸡起舞** wénjī-qǐwǔ

释义：东晋时，祖逖和刘琨同为司州主簿，常互相勉励振作。半夜听到鸡鸣，立即起来舞剑，后来指志士及时奋发

示例：历史上闻鸡起舞的故事，仍然激励着我们努力前进。

(18) **破格** pògé（动）

释义：打破既定条文规定的约束

示例：他因为工作出色，被破格提拔。

(19) **不拘一格降人才**

出自于清代知名的思想家、文学家龚自珍：“我劝天公重抖擞，不拘一

格降人才”，意思是不要拘泥于一种规定而要选拔出更多的人才。

(20) **不负众望** bùfù-zhòngwàng

释义：不辜负大家的期望

示例：他终于不负众望，考上了北京大学。

练习

1．选择下列词语的正确读音。

(1) 淙淙

A. cóngcóng　B. zōngzōng　C. chóngchóng　D. zhōngzhōng

(2) 挪移

A. nàyí　B. nuóyí　C. néyí　D. nuóxī

(3) 袅娜

A. niǎonà　B. yīnà　C. niǎonuó　D. yīnuó

(4) 脉脉

A. mòmò　B. màimài　C. yǒngyǒng　D. yōngyōng

(5) 蹒跚

A. pánsān　B. mǎnshān　C. mǎnsān　D. pánshān

2．根据课文内容，选择正确答案。

(1) 沈括在梦溪园的“九客”是______。

A. 琴、棋、禅、墨、丹、茶、吟、谈、酒

B. 琴、棋、书、画、丹、茶、吟、谈、酒

C. 礼、乐、射、御、书、数、吟、谈、酒

D. 琴、棋、书、画、礼、乐、射、御、数

(2) 为什么把每年的5月19日定为“中国旅游日”？

A. 因为这个时候的天气适合旅游。

B. 因为徐霞客出生在这天。

C. 因为徐霞客在这天出发去浙江天台山，开始游历中国。

D. 因为徐霞客在这天完成游历，回到了老家。

(3) 朱自清的父亲在月台给他买了______。

A. 李子　B. 橘子　C. 苹果　D. 梨子

(4) 以下哪幅画不是徐悲鸿画的？

A.《愚公移山》　　B.《奔马》

C.《田横五百士》　　D.《飞鸟》

(5) 以下哪一位不是数学家？

A. 华罗庚　　B. 苏步青　　C. 苏东坡　　D. 陈景润

3．根据朱自清的散文，给下列句子排序。

(1)《匆匆》

① 早上我起来的时候，小屋里射进两三方斜斜的太阳。

② 于是——洗手的时候，日子从水盆里过去。

③ 等我睁开眼和太阳再见，这算又溜走了一日。

④ 天黑时，我躺在床上，他便伶伶俐俐地从我身上跨过，从我脚边飞去了。

⑤ 我觉察他去的匆匆了，伸出手遮挽时，他又从遮挽着的手边过去。

(2)《荷塘月色》

① 微风过处，送来缕缕清香，仿佛远处高楼上渺茫的歌声似的。

② 层层的叶子中间，零星地点缀着些白花，有袅娜地开着的，有羞涩地打着朵儿的。

③ 叶子出水很高，像亭亭的舞女的裙。

④ 叶子本是肩并肩密密地挨着，这便宛然有了一道凝碧的波痕。

⑤ 这时候叶子与花也有一丝的颤动，像闪电般，霎时传过荷塘的那边去了。

(3)《背影》

① 他肥胖的身子向左微倾，显出努力的样子。

② 他蹒跚地走到铁道边，慢慢探身下去。

③ 他和我走到车上，将橘子一股脑儿放在我的皮大衣上。

④ 过铁道时，他先将橘子散放在地上，自己慢慢爬下，再抱起橘子走。

⑤ 他用两手攀着上面，两脚再向上缩。

4．选词填空。

徐悲鸿	沈括	华罗庚	朱自清	徐霞客

（1）__________ 编写的《梦溪笔谈》反映了当时最先进的科技成就。

（2）__________ 认为金沙江才是长江的源头。

（3）父亲给__________ 买橘子的背影让我们感受到了舐犊情深。

（4）__________ 的画作中融入了他对祖国和人民的情感。

（5）新中国第一位数学家是__________ 。

5．请写一段话，谈谈你的故乡的一位名人，请介绍他（她）的生平、事迹、主要贡献等，并作出评价。

____

____

____

____

____

____

____

____

6．讨论题。

（1）请查找文中五位人物的生平资料，说一说他们让你印象深刻的其他事迹。

（2）如果让你写一本或者画一幅与你的祖国有关的书或画，你会选定什么主题并放入什么内容呢？请展开说说。

参考答案

课文一

1.（1）C　（2）A　（3）B　（4）D　（5）A

2.（1）C　（2）B　（3）A　（4）D　（5）B

3.（1）×　（2）×　（3）×　（4）✓　（5）×

4.（1）e　（2）b　（3）d　（4）a　（5）c

5.

（1）疑是地上霜

（2）何处得秋霜

（3）白首卧松云

（4）忽闻岸上踏歌声

（5）若非群玉山头见

6. 略

课文二

1.（1）C　（2）B　（3）A　（4）D　（5）A

2.（1）C　（2）D　（3）A　（4）B　（5）C

3.

（1）归心似箭：想回家的心情就像射出的箭一样急，形容回家的心情十分急切。

造句：在他国求学的学生归心似箭。

（2）鹤立鸡群：比喻外表或才能十分出众。

造句：他学术成果丰富，在参会者中鹤立鸡群。

（3）精益求精：（技艺、作品、产品）追求更好。

造句：我们不能只满足于现状，要精益求精。

（4）万众一心：千万人一条心，形容团结一致。

造句：只要我们万众一心，就没有克服不了的困难。

（5）孜孜不倦：勤勉，不知疲倦。

造句：老师孜孜不倦地教诲学生。

4. （1）钱学森　（2）钟南山　（3）袁隆平　（4）林巧稚
（5）杨利伟

5. 略

6. 略

课文三

1. （1）A　（2）B　（3）C　（4）A　（5）D

2. （1）A　（2）C　（3）B　（4）D　（5）C

3. （1）①②⑤④③　（2）③②①⑤④　（3）②⑤①④③

4. （1）沈括　（2）徐霞客　（3）朱自清　（4）徐悲鸿
（5）华罗庚

5. 略

6. 略

注释总表

第一章

课文一　美丽中国

1. 接壤：jiērang（动）
2. 方言：fāngyán（名）
3. 规范：guīfàn（名）
4. 幅员：fúyuán（名）
5. 高原：gāoyuán（名）
6. 山地：shāndì（名）
7. 平原：píngyuán（名）
8. 丘陵：qiūlíng（名）
9. 盆地：péndì（名）
10. 地壳：dìqiào（名）
11. 屋脊：wūjǐ（名）
12. 俯瞰：fǔkàn（动）
13. 地势：dìshì（名）
14. 阶梯：jiētī（名）
15. 蕴含：yùnhán（动）
16. 落差：luòchā（名）
17. 开凿：kāizáo（动）
18. 季风：jìfēng（名）
19. 地大物博：dìdà-wùbó

课文二　水韵江苏　多样魅力

1. 下游：xiàyóu（名）
2. 滨：bīn（名）
3. 毗邻：pílín（动）
4. 资源：zīyuán（名）
5. 平坦：píngtǎn（形）
6. 耕作：gēngzuò（动）
7. 密：mì（形）
8. 唯一：wéiyī（形）
9. 横：héng（形）
10. 纵：zòng（形）
11. 充沛：chōngpèi（形）
12. 繁荣：fánróng（形）
13. 多元：duōyuán（形）
14. 交融：jiāoróng（动）
15. 包容：bāoróng（形/动）
16. 荟萃：huìcuì（动）
17. 烟笼寒水月笼纱，夜泊秦淮近酒家
18. 姑苏城外寒山寺，夜半钟声到客船
19. 要看银山拍天浪，开窗放入大江来
20. 烟花三月下扬州
21. 春江花月夜

22. 春风又绿江南岸
23. 海纳百川：hǎinà-bǎichuān
24. 水滴石穿：shuǐdī-shíchuān
25. 奔腾不息：bēnténg-bùxī

课文三　教我如何不想她——常州

1. 腹地：fùdì（名）
2. 科举：kējǔ（名）
3. 状元：zhuàngyuan（名）
4. 进士：jìnshì（名）
5. 牌坊：páifang（名）
6. 修缮：xiūshàn（动）
7. 文创：wénchuàng（名）
8. 口述史：kǒushùshǐ（名）
9. 后裔：hòuyì（名）
10. 串联：chuànlián（动）
11. 勾勒：gōulè（动）
12. 情愫：qíngsù（名）
13. 人才辈出：réncái-bèichū
14. 人才济济：réncái-jǐjǐ

第二章

课文一　以诗会友　文字寄情

1. 一衣带水：yīyīdàishuǐ
2. 载体：zàitǐ（名）
3. 遣唐使：qiǎntángshǐ（名）
4. 盛世：shèngshì（名）
5. 重视：zhòngshì（动）
6. 僧侣：sēnglǚ（名）
7. 平民：píngmín（名）
8. 《送日本使》
9. 白居易：Bái Jūyì
10. 九州何处远，万里若乘空
11. 不朽：bùxiǔ（形）
12. 《哭晁卿衡》
13. 哀婉：āiwǎn（形）
14. 百感交集：bǎigǎn-jiāojí
15. 诗碑：shībēi（名）
16. 镌刻：juānkè（动）
17. 耳熟能详：ěrshú-néngxiáng（动）
18. 山川异域，风月同天
19. 岂曰无衣？与子同裳
20. 青山一道同云雨，明月何曾是两乡
21. 同理心：tónglǐxīn（名）
22. 感同身受：gǎntóng-shēnshòu
23. 弥足珍贵：mízú-zhēnguì

课文二　国际朋友圈——江苏友城

1. 友城：yǒuchéng（名）
2. 缔结：dìjié（动）
3. 领跑：lǐngpǎo（动）
4. 共赢：gòngyíng（动）
5. 辉煌：huīhuáng（形）
6. 铭记：míngjì（动）
7. 蓬勃：péngbó（形）
8. 覆盖：fùgài（动）

9. 畅通：chàngtōng（动）
10. 桥梁：qiáoliáng（名）
11. 纽带：niǔdài（名）
12. 贡献：gòngxiàn（名）
13. 壮大：zhuàngdà（动）
14. 招商：zhāoshāng（动）
15. 洽谈：qiàtán（动）
16. 推介：tuījiè（动）
17. 考察：kǎochá（动）
18. 领域：lǐngyù（名）
19. 佳话：jiāhuà（名）
20. 墨宝：mòbǎo（名）
21 象征：xiàngzhēng（动/名）
22 胸怀：xiōnghuái（动/名）

课文三　友好使者——大熊猫

1. 呆萌：dāiméng（形）
2. 标本：biāoběn（名）
3. 撼动：hàndòng（动）
4. 动摇：dòngyáo（动）
5. 基地：jīdì（名）
6. 启程：qǐchéng（动）
7. 凭借：píngjiè（动）
8. 租借：zūjiè（动）
9. 忐忑：tǎntè（形）
10. 前途未卜：qiántú-wèibǔ
11. 七上八下：qīshàng-bāxià
12. 青梅竹马：qīngméi-zhúmǎ
13. 温馨：wēnxīn（形）
14. 惊艳：jīngyàn（动）
15. 豪华：háohuá（形）
16. 水土不服：shuǐtǔ-bùfú
17. 抑郁：yìyù（形）
18. 悬：xuán（动）
19. 锲而不舍：qiè' érbùshě

第三章

课文一　海纳百川　兼收并蓄

1. 兼收并蓄：jiānshōu-bìngxù
2. 伊始：yīshǐ（名）
3. 日新月异：rìxīn-yuèyì
4. 润物细无声
5. 成就：chéngjiù
6. 仰仗：yǎngzhàng（动）
7. 感染：gǎnrǎn（动）
8. 战略：zhànlüè（名）
9. 优化：yōuhuà（动）
10. 绽放：zhànfàng（动）
11. 无与伦比：wúyǔlúnbǐ
12. 宗旨：zōngzhǐ（名）
13. 人类命运共同体
14. 有朋自远方来，不亦乐乎
15. 我家大门常打开

课文二　独在异乡非异客

1. 独在异乡非异客
2. 施展拳脚：shīzhǎn-quánjiǎo

3. 循序渐进：xúnxù-jiànjìn

4. 止步：zhǐbù（动）

5. 慎重：shènzhòng（形）

6. 己所不欲，勿施于人

7. 三人行，必有我师焉。择其善者而从之，其不善者而改之

8. 小不忍则乱大谋

9. 急躁：jízào（形）

10. 沉浸：chénjìn（动）

11. 哲理：zhélǐ（名）

12. 具体问题具体分析

13. 督促：dūcù（动）

14. 不经一番寒彻骨，怎得梅花扑鼻香

15. 兼容并包：jiānróng-bìngbāo

16. 脚踏实地：jiǎotà-shídì

课文三　孟母三迁

1. 轲：kē（名）

2. 字：zì（名）

3. 舆：yú（名）

4. 民贵君轻：mínguì-jūnqīng

5. 继承：jìchéng（动）

6. 正统：zhèngtǒng（名）

7. 亚圣：yàshèng（名）

8. 维持：wéichí（动）

9. 跪拜：guìbài（动）

10. 鞠躬：jūgōng（动）

11. 讨价还价：tǎojià-huánjià

12. 启蒙：qǐméng（动）

13. 言传身教：yánchuán-shēnjiào

14. 近朱者赤，近墨者黑

15. 琐碎：suǒsuì（形）

16. 卑鄙：bēibǐ（形）

17. 克勤克俭：kèqín-kèjiǎn

18. 含辛茹苦：hánxīn-rúkǔ

19. 名垂千秋：míngchuí-qiānqiū

20. 尊崇：zūnchóng（形）

21. 黎民百姓：límín-bǎixìng

22. 传颂：chuánsòng（动）

23. 达官显贵：dáguān-xiǎnguì

第四章

课文一　茶与咖啡——一场东西方文化的浪漫邂逅

1. 邂逅：xièhòu（动）

2. 好：hào（动）

3. 甘：gān（形）

4.《神农本草经》

5. 奉茶：fèngchá（动）

6. 茶道：chádào（名）

7. 禅：chán（名）

8. 渗透：shèntòu（动）

9. 可见一斑：kějiànyībān

10. 苦尽甘来：kǔjìn-gānlái

11. 真谛：zhēndì（名）

12. 公道杯：gōngdàobēi（名）

13．公正不阿：gōngzhèng-bù’ē
14．失偏颇：shīpiānpō
15．帝王将相：dìwángjiàngxiàng
16．不可或缺：bùkěhuòquē
17．应运而生：yìngyùn’érshēng
18．氤氲：yīnyūn（形）
19．迟钝：chídùn（形）
20．如影随形：rúyǐngsuíxíng
21．传承：chuánchéng（动/形）
22．品鉴：pǐnjiàn（动）
23．百家争鸣：bǎijiā-zhēngmíng

课文二　“有空来坐坐”

1．迥异：jiǒngyì（形）
2．习以为常：xíyǐwéicháng
3．如愿以偿：rúyuàn-yǐcháng
4．困惑：kùnhuò（形）
5．来劲：láijìn（动）
6．苦恼：kǔnǎo（形）
7．郑重其事：zhèngzhòng-qíshì
8．AA
9．买单：mǎidān（动）
10．受宠若惊：shòuchǒng-ruòjīng
11．陆陆续续：lùlùxùxù
12．不悦：bùyuè（动）
13．热热闹闹：rèrènàonào
14．不近人情：bùjìn-rénqíng
15．实惠：shíhuì（动）
16．何乐而不为
17．避免：bìmiǎn（动）
18．尴尬：gāngà（形）
19．大相径庭：dàxiāng-jìngtíng
20．姗姗来迟：shānshān-láichí
21．蘸：zhàn（动）
22．充沛：chōngpèi（形）

课文三　江苏文脉

1．脉络：màiluò（名）
2．钟灵毓秀：zhōnglíng-yùxiù
3．典籍：diǎnjí（名）
4．浩如烟海：hàorúyānhǎi
5．编纂：biānzuǎn（动）
6．印行：yìnxíng（动）
7．初刊：kān（动）
8．藏书：cángshū（动/名）
9．天下三分明月夜，二分无赖是扬州
10．故人西辞黄鹤楼，烟花三月下扬州
11．大风起兮云飞扬，威加海内兮归故乡
12．生当作人杰，死亦为鬼雄
13．月落乌啼霜满天，江枫渔火对愁眠
14．旧时王谢堂前燕，飞入寻常百姓家
15．推本溯源 tuīběn-sùyuán
16．发祥地：fāxiángdì
17．吴侬软语：wúnóngruǎnyǔ
18．情不知所起，一往而深
19．大势所趋：dàshìsuǒqū

第五章

课文一　丝绸之路的前世今生

1. 驼铃古道丝绸路，胡马犹闻唐汉风
2. 蜿蜒：wānyán（形）
3. 广袤：guǎngmào（形）
4. 渐行渐远：jiànxíng-jiànyuǎn
5. 闻名遐迩：wénmíng-xiáěr
6. 绵延：miányán（动）
7. 横亘：hénggèn（动）
8. 互通有无：hùtōng-yǒuwú
9. 骞：qiān（动）
10. 蒸蒸日上：zhēngzhēng-rìshàng
11. 大月氏：dàyuèzhī
12. 千辛万苦：qiānxīn-wànkǔ
13. 九死一生：jiǔsǐ-yīshēng
14. 冶铁：yětiě（动）
15. 凿井：záojǐng（动）
16. 苜蓿：mùxu（名）
17. 一使胜千军，两出惠万年
18. 由衷：yóuzhōng（形）
19. 鼎盛：dǐngshèng（形）
20. 无数铃声遥过碛，应驮白练到安西
21. 融汇：rónghuì（动）
22. 前所未有：qiánsuǒwèiyǒu
23. 中西合璧：zhōngxī-hébì
24. 万国来朝：wànguó-láicháo
25. 目睹：mùdǔ（动）
26. 刀光剑影：dāoguāng-jiànyǐng
27. 焕发：huànfā（动）
28. 奇珍异兽：qízhēn-yìshòu
29. 融通：róngtōng（动）
30. 璀璨：cuǐcàn（形）
31. 沧桑：cāngsāng（名）
32. 独一无二：dúyī-wú’èr

课文二　郑和下西洋

1. 曙光：shǔguāng（名）
2. 庞然大物：pángrán-dàwù
3. 憧憧：chōngchōng（形）
4. 连绵不绝：liánmián-bùjué
5. 桅杆：wéigān（名）
6. 参天：cāntiān（形）
7. 密密麻麻：mìmi-mámá
8. 矗立：chùlì（动）
9. 熠熠生辉：yìyì-shēnghuī
10. 吹拂：chuīfú（动）
11. 脊背：jǐbèi（名）
12. 鳞片：línpiàn（名）
13. 迄今：qìjīn
14. 精锐：jīngruì（形）
15. 补给：bǔjǐ（名）
16. 襟喉：jīnhóu（名）
17. 浩浩荡荡：hàohào-dàngdàng
18. 积劳成疾：jīláo-chéngjí

19. 麓：lù（名）
20. 停泊：tíngbó（动）
21. 彼时：bǐshí（名）
22. 无可匹敌：wúkěpǐdí
23. 精髓：jīngsuǐ（名）
24. 以德为邻：yǐdé-wéilín
25. 厚往薄来：hòuwǎng-báolái
26. 承载：chéngzài（动）
27. 互学互鉴：hùxué-hùjiàn
28. 谋求：móuqiú（动）

课文三　大美西安

1. 新莽：Xīnmǎng
2. 追溯：zhuīsù（动）
3. 国势：guóshì（名）
4. 声威：shēngwēi（名）
5. 丰镐：Fēnghào
6. 不可磨灭：bùkě-mómiè
7. 名录：mínglù（名）
8. 俑：yǒng
9. 阿耳忒弥斯：Ā' ěrtè mísī
10. 发掘：fājué（动）
11. 彰显：zhāngxiǎn（动）
12. 凸显：tūxiǎn（动）
13. 烹制：pēngzhì（动）
14. 掰碎：bāisuì（动）
15. 甑糕：zènggāo
16. 摩肩接踵：mójiān-jiēzhǒng
17. 林立：línlì（形）
18. 食肆：shísì（名）
19. 大快朵颐：dàkuài-duǒyí
20. 流连忘返：liúlián-wàngfǎn
21. 欲罢不能：yùbà-bùnéng

第六章

课文一　小草长成诺贝尔奖——青蒿素

1. 平平无奇：píngpíng-wúqí
2. 人不可貌相
3. 呱呱坠地：gūgū-zhuìdì
4. 知书达理：zhīshū-dálǐ
5. 悠然自得：yōurán-zìdé
6. 大汗淋漓：dàhàn-línlí
7. 肆虐：sìnüè（动）
8. 开方子：kāifāng · zi
9. 痊愈：quányù（动）
10. 萦绕：yíngrào（动）
11. 熏染：xūnrǎn（动）
12.《神农本草经》
13.《肘后备急方》
14.《本草纲目》
15.《本草备要》
16. 大浪淘沙：dàlàng-táoshā
17. 功夫不负有心人
18. 寥寥数语：liáoliáo-shùyǔ
19. 绞尽脑汁：jiǎojìn-nǎozhī
20. 神农尝百草

课文二　五禽戏

1. 冬练三九，夏练三伏
2. 有模有样：yǒumú-yǒuyàng
3. 摩拳擦掌：móquán-cāzhǎng
4. 跃跃欲试：yuèyuè-yùshì
5. 迫不及待：pòbùjídài
6. 响彻云霄：xiǎngchè-yúnxiāo
7. 炯炯有神：jiǒngjiǒng-yǒushén
8. 左顾右盼：zuǒgù-yòupàn
9. 憨厚：hānhòu（形）
10. 翩翩：piānpiān（形）
11. 仙风道骨：xiānfēng-dàogǔ
12. 如痴如醉：rúchī-rúzuì
13. 喜笑颜开：xǐxiào-yánkāi
14. 翱翔：áoxiáng（动）
15. 华佗：Huà Tuó
16.《养性延命录》
17. 好勇斗狠：hàoyǒng-dòuhěn
18. 逞强好胜：chěngqiáng-hàoshèng
19. 参悟：cānwù（动）
20.《道德经》

课文三　新蔡桓公就医

1. 火辣辣：huǒlàlà（形）
2.《扁鹊见蔡桓公》
3. 妄称：wàngchēng（动）
4. 忧心忡忡：yōuxīn-chōngchōng
5. 愠色：yùnsè（名）
6. 丈二和尚摸不着头脑
7. 针灸：zhēnjiǔ
8. 火剂汤：huǒjìtāng
9. 不可救药：bùkě-jiùyào
10. 迁怒：qiānnù（动）
11. 大惊失色：dàjīng-shīsè
12. 器物：qìwù（名）
13. 望、闻、问、切：wàng、wén、wèn、qiè
14. 先河：xiānhé（名）
15. 了如指掌：liǎorúzhǐzhǎng
16. 忍俊不禁：rěnjùn-bùjīn
17.《黄帝内经》
18. 如出一辙：rúchūyīzhé
19. 追悔莫及：zhuīhuǐ-mòjí
20. 病入膏肓：bìngrùgāohuāng
21. 讳疾忌医：huìjí-jìyī
22. 妙手回春：miàoshǒu-huíchūn

第七章

课文一　我在肯尼亚开高铁

1. 肯尼亚：Kěnníyà
2. 高铁：gāotiě（名）
3. 信号：xìnhào（名）
4. 师傅：shīfu（名）
5. 肯雅塔大学

6. 孔子学院
7. 不解之缘：bùjiězhīyuán
8. 工科：gōngkē（名）
9. 翻译：fānyì（动/名）
10. 隔行如隔山
11. 模拟：mónǐ（动）
12. 妨碍：fáng'ài（动）
13. 乌干达：Wūgāndá
14. 眼睁睁：yǎnzhēngzhēng
15. 动脉：dòngmài（名）
16. 京沪高铁
17. 授人以鱼，不如授人以渔
18. 成见：chéngjiàn（名）
19. 东非大裂谷
20. 叹为观止：tànwéiguānzhǐ

课文二　中欧班列

1. 辩论：biànlùn（动/名）
2. 顾名思义：gùmíng-sīyì
3. 集装箱：jízhuāngxiāng（名）
4. 劣势：lièshì（名）
5. 更胜一筹：gèngshèngyīchóu
6. 七嘴八舌：qīzuǐ-bāshé
7. 各抒己见：gèshū-jǐjiàn
8. 争先恐后：zhēngxiān-kǒnghòu
9. 悬殊：xuánshū（形）
10. 完胜：wánshèng（动）
11. 短驳：duǎnbó（动）
12. 不分昼夜：bùfēn-zhòuyè
13. 环保：huánbǎo（名）
14. 补贴：bǔtiē（名）
15. 中流砥柱：zhōngliú-dǐzhù
16. 乘风破浪：chéngfēng-pòlàng
17. 动辄：dòngzhé（书面语）
18. 疫情：yìqíng（名）
19. 名副其实：míngfùqíshí
20. 互惠互利：hùhuì-hùlì
21. 行稳致远：xíngwěn-zhìyuǎn

课文三　从赵州桥到港珠澳大桥

1. 源远流长：yuányuǎn-liúcháng
2. 惠民：huìmín（动）
3. 不折不扣：bùzhé-bùkòu
4. 伯仲叔季：bózhòngshūjì
5. 旗鼓相当：qígǔ-xiāngdāng
6. 裁判：cáipàn（动/名）
7. 天庭：tiāntíng（名）
8. 鸟巢：niǎocháo（名）
9. 诠释：quánshì（动）
10. 逢山开路，遇水架桥
11. 欣欣向荣：xīnxīn-xiàngróng
12. 不疾不徐：bùjí-bùxú
13. 泄洪：xièhóng（动）
14. 当之无愧：dāngzhī-wúkuì
15. 善解人意：shànjiě-rényì
16. 老神在在：lǎoshénzàizài
17. 屹立：yìlì（动）
18. 各有千秋：gèyǒu-qiānqiū
19. 隔阂：géhé（名）

第八章

课文一　出差太空

1. 万众期待：wànzhòng-qīdài
2. 对接：duìjiē（动）
3. 保驾护航：bǎojià-hùháng
4. 丰富多彩：fēngfù-duōcaǐ
5. 同步：tóngbù（动）
6. 作息：zuòxī（名）
7. 悬浮：xuánfú（动）
8. 窒息：zhìxī（名）
9. 咽：yān（名）
　　yàn（动）
　　yè（形）
10. 包裹：bāoguǒ（动/名）
11. 密闭：mìbì（形）
12. 体验：tǐyàn（动）
13. 均衡：jūnhéng（形）
14. 煎炒烹炸：jiānchǎopēngzhá
15. 调试：tiáoshì（动）
16. 翘首以盼：qiáoshǒuyǐpàn
17. 研制：yánzhì（动）
18. 既定：jìdìng（形）
19. 湛蓝：zhànlán（名）
20. 笼罩：lǒngzhào（动）
21. 清晰：qīngxī（形）
22. 心醉：xīnzuì（形）
23. 退化：tuìhuà（动）
24. 不可或缺：bùkě-huòquē
25. 常规：chángguī（名）
26. 凯旋：kǎixuán（动）
27. 八骏马
28. 祖祖辈辈：zǔzǔbèibèi
29. 遨游：áoyóu（动）

课文二　飞天梦

1. 浩瀚：hàohàn（形）
2. 遐想：xiáxiǎng（动）
3. 奇异：qíyì（形）
4. 上古：shànggǔ
5. 奇肱国：Jīgōngguó
6. 神异：shényì（名）
7. 嫦娥：Cháng' é
8. 后羿：Hòuyì
9. 不由自主：bùyòu-zìzhǔ
10. 屈原：Qūyuán
11. 巍峨：wēi' é（形）
12. 一望无际：yīwàng-wújì
13. 漫天飞舞：màntiān-fēiwǔ
14. 莫高窟：Mògāokū
15. 无边无际：wúbiān-wújì
16. 琵琶：pípa（名）
17. 悠然自得：yōurán-zìdé
18. 曲折蜿蜒：qūzhé-wānyán
19. 婀娜多姿：ēnuó-duōzī
20. 辗转：zhǎnzhuǎn（动）
21. 意趣：yìqù（名）
22. 空灵：kōnglíng（形）

23. 跻身：jīshēn（动）
24. 里程碑：lǐchéngbēi（名）
25. 突飞猛进：tūfēi-měngjìn
26. 敢上九天揽月
27. 自强不息：zìqiáng-bùxī

课文三　哪吒的故事

1. 哪吒：Nézhā
2. 宽敞：kuānchang（形）
3. 人头攒动：réntóu-cuándòng
4. 热闹非凡：rènào-fēifán
5. 亭亭玉立：tíngtíng-yùlì
6. 彬彬有礼：bīnbīn-yǒulǐ
7. 追捧：zhuīpěng（动）
8. 乾坤：qiánkūn（名）
9. 绫绸：língchóu（名）
10. 斩妖除魔：zhǎnyāo-chúmó
11. 倡导：chàngdǎo（动）
12. 不谋而合：bùmóu’ érhé
13. 出淤泥而不染
14. 涅槃重生：nièpán-chóngshēng
15. 眼前一亮：yǎnqián-yīliàng
16. 过目不忘：guòmù-bùwàng
17. 叛逆：pànnì（形）
18. 精神：jīngshen（形）
19. 贯穿：guànchuān（动）
20. 收放自如：shōufàng-zìrú
21. 诠释：quánshì（动）
22. 神韵：shényùn（名）
23. 涵盖：hángaì（动）
24. 赏心悦目：shǎngxīn-yuèmù
25. 博弈：bóyì（动）
26. 续航：xùháng（名）
27. 绰绰有余：chuòchuò-yǒuyú
28. 物美价廉：wùměi-jiàlián

第九章

课文一　拿手机当钱包

1. 四大发明：sìdà-fāmíng
2. 一头雾水：yītóu-wùshuǐ
3. 二维码：èrwéimǎ（名）
4. 杂乱无章：záluàn-wúzhāng
5. 亲民：qīnmín
6. 跟踪：gēnzōng（动）
7. 一目了然：yīmù-liǎorán
8. 精打细算：jīngdǎ-xìsuàn
9. 席卷：xíjuǎn（动）
10. 得心应手：déxīn-yìngshǒu
11. 粮票：liángpiào（名）
12. 拮据：jiéjū（形）
13. 淘汰：táotài（动）
14. 存折：cúnzhé（名）
15. 滔滔不绝：tāotāobùjué
16. 阵地：zhèndì（名）
17. 客户端：kèhùduān（名）
18. 铸造：zhùzào（动）

课文二　共享经济“真香”

1. 流水线：liúshuǐxiàn（名）
2. 小心翼翼：xiǎoxīn-yìyì
3. 全国低碳日
4. 时髦：shímáo（形）
5. 接驳：jiēbó（动）
6. 枢纽：shūniǔ（名）
7. 飙升：biāoshēng（动）
8. 任性：rènxìng（动）
9. 标兵：biāobīng（名）
10. 寂寞：jìmò（形）
11. 神器：shénqì（名）
12. 分摊：fēntān（动）
13. 热锅上的蚂蚁
14. 定睛：dìngjīng（动）
15. 耳闻：ěrwén（动）
16. 山穷水复疑无路，柳暗花明又一村
17. 燃眉之急：ránméizhījí
18. 浏览：liúlǎn（动）
19. 灵光一现：língguāng-yīxiàn
20. 忐忑：tǎntè（形）
21. 一尘不染：yīchén-bùrǎn
22. 憧憬：chōngjǐng（动）

课文三　博鳌亚洲论坛

1. 风云人物：fēngyún-rénwù
2. 鳌：áo（名）
3. 鳖：biē（名）
4. 麒麟：qílín（名）
5. 兴风作浪：xīngfēng-zuòlàng
6. 祸害：huòhai（动/名）
7. 降服：xiángfú（动）
8. 点化：diǎnhuà（动）
9. 瞩目：zhǔmù（动）
10. 独占鳌头：dúzhàn-áotóu
11. 婆娑：pósuō（形）
12. 别致：biézhì（形）
13. 倾泻：qīngxiè（动）
14. 气势恢宏：qìshì-huīhóng
15. 礼仪之邦：lǐyízhībāng
16. 金碧辉煌：jīnbì-huīhuáng
17. 初衷：chūzhōng（名）
18. 共襄：gòngxiāng（动）
19. 并驾齐驱：bìngjià-qíqū

第十章

课文一　绿水青山就是金山银山

1. 西塞山前白鹭飞，桃花流水鳜鱼肥
2. 相看两不厌，只有敬亭山
3. 交汇：jiāohuì（动）
4. 馈赠：kuìzèng（动）
5. 丰衣足食：fēngyī-zúshí
6. 伏羲：Fúxī
7. 肇始：zhàoshǐ（名）
8. 神秘莫测：shénmì-mòcè

9. 广袤无垠：guǎngmào-wúyín
10. 渺小：miǎoxiǎo（形）
11. 道法自然：dàofǎzìrán
12. 浑然一体：húnrán-yītǐ
13. 慰藉：wèijiè（名）
14. 敬畏：jìngwèi（名）
15. 一松一竹真朋友，山鸟山花好弟兄
16. 梅妻鹤子：méiqī-hèzǐ
17. 澎湃：péngpài（形）
18. 迭起：diéqǐ（动）
19. 锐减：ruìjiǎn（动）
20. 枯竭：kūjié（形）
21. 严峻：yánjùn（形）
22. 功在当代，利在千秋
23. 背道而驰：bèidào' érchí
24. 福祉：fúzhǐ（名）
25. 脉络：màiluò（名）
26. 涸泽而渔：hézé' éryú
27. 自掘坟墓：zìjuéfénmù
28. 殷殷：yīnyīn（形）
29. 镌刻：juānkè（动）
30. 斐然：fěirán（形）
31. 砥砺：dǐlì（动）
32. 楷模：kǎimó（名）
33. 荡漾：dàngyàng（动）
34. 恣意：zìyì（副）
35. 勾勒：gōulè（动）
36. 滋长：zīzhǎng（动）
37. 垂垂老矣：chuíchuí-lǎoyǐ

课文二 大象旅行团

1. 自然而然：zìrán' érrán
2. 美誉：měiyù（形）
3. 鼷鹿：xīlù（名）
4. 勐：měng
5. 栖息：qīxī（动）
6. 麂子：jǐzǐ（名）
7. 嬉戏：xīxì（动）
8. 波澜不惊：bōlán-bùjīng
9. 背井离乡：bèijǐng-líxiāng
10. 矫情：jiáoqing（形）
11. 一举一动：yījǔ-yīdòng
12. 啼笑皆非：tíxiào-jiēfēi
13. 俨然：yǎnrán（副）
14. 遣返：qiǎnfǎn（动）
15. 迂回：yūhuí（动）
16. 田埂：tiángěng（名）
17. 悉心：xīxīn（副词）
18. 关怀备至：guānhuái-bèizhì

课文三 大禹治水

1. 大禹：Dàyǔ
2. 家喻户晓：jiāyù-hùxiǎo
3. 历久弥新：lìjiǔ-míxīn
4. 尧：Yáo
5. 滔滔不息：tāotāo-bùxī
6. 鲧：Gǔn
7. 筑堤：zhùdī（动）
8. 堵塞：dǔsè（动）
9. 来势：láishì（名）
10. 劳民伤财：láomín-shāngcái

11. 一事无成：yīshì-wúchéng
12. 禅让：shànràng（动）
13. 舜：Shùn
14. 束手无策：shùshǒu-wúcè
15. 水患：shuǐhuàn（名）
16. 跋山涉水：báshān-shèshuǐ
17. 大雨倾盆：dàyǔ-qīngpén
18. 咆哮：páoxiào（动）
19. 挣扎：zhēngzhá（动）
20. 无能为力：wúnéngwéilì
21. 木耒：mùlěi（名）
22. 风餐露宿：fēngcān-lùsù
23. 起早贪黑：qǐzǎo-tānhēi
24. 兢兢业业：jīngjīngyèyè
25. 懈怠：xièdài（形）
26. 层峦叠嶂：céngluán-diézhàng
27. 屏障：píngzhàng（名）
28. 涓涓：juānjuān（形）
29. 神速：shénsù（形）
30. 一泻千里：yīxiè-qiānlǐ
31. 公而忘私 gōng'érwàngsī
32. 安居乐业：ānjū-lèyè
33. 轶闻：yìwén（名）
34. 瑰宝：guībǎo（名）
35. 顺势而为：shùnshì'érwéi
36. 因势利导：yīnshì-lìdǎo
37. 秉承：bǐngchéng（动）
38. 水能载舟，亦能覆舟

第十一章

课文一　一个都不能少——十八洞村的故事

1. 小康：xiǎokāng（名）
2. 匮乏：kuìfá（形）
3. 人均：rénjūn（名）
4. 实事求是：shíshì-qiúshì
5. 因地制宜：yīndì-zhìyí
6. 摆脱：bǎituō（动）
7. 农家乐
8. 非物质文化遗产
9. 绣娘：xiùniáng（名）
10. 飞针走线：fēizhēn-zǒuxiàn
11. 跃然：yuèrán（动）
12. 帮扶：bāngfú（动）
13. 有的放矢：yǒudì-fàngshǐ
14. 救济：jiùjì（动/名）
15. 灵光乍现：língguāng-zhàxiàn
16. 分红：fēnhóng（动）
17. 带货：dàihuò
18. 焕然一新：huànrán-yīxīn
19. 清冽：qīngliè（形）
20. 慕名：mùmíng
21. 络绎不绝 luòyì-bùjué

课文二　通讯工具的变迁

1. 变迁：biànqiān（名）
2. 飞鸽传书：fēigē-chuánshū
3. 一骑红尘妃子笑，无人知是荔

枝来

4. 感触良多：gǎnchù-liángduō
5. 珍藏：zhēncáng（动）
6. 斟酌：zhēnzhuó（动）
7. 遣词：qiǎncí（动）
8. 诚挚：chéngzhì（形）
9. 言简意赅：yánjiǎn-yìgāi
10. 词不达意：cíbùdáyì
11. 误会：wùhuì（名）
12. 寥寥：liáoliáo（形）
13. 潮：cháo（形）
14. 标配：biāopèi（名）
15. 贴心：tiēxīn（形）
16. 游刃有余：yóurèn-yǒuyú
17. 其乐无穷：qílè-wúqióng
18. 更新换代：gēngxīn-huàndài
19. 后来居上：hòulái-jūshàng

课文三　古代精准扶贫的故事

1. 诸子百家：zhūzǐ-bǎijiā
2. 不患寡而患不均，不患贫而患不安
3. 收孤寡，补贫穷
4. 使饥者得食，寒者得衣，劳者得息
5. 损有余而补不足
6. 鳏寡孤独废疾者
7. 官吏：guānlì（名）
8. 朝廷：cháotíng（名）
9. 世敦儒业：shìdūnrúyè
10. 功不可没：gōngbùkěmò
11. 年久失修：niánjiǔ-shīxiū
12. 灌溉：guàngài（动）
13. 旱灾：hànzāi（名）
14. 勘查：kānchá（动）
15. 疏浚：shūjùn（动）
16. 衣锦还乡：yījǐn-huánxiāng
17. 匾：biǎn（名）
18. 笔酣墨饱：bǐhān-mòbǎo
19. 品头论足：pǐntóu-lùnzú

第十二章

课文一　人物篇——中国（一）

1. 崩溃：bēngkuì（动）
2. 垄断：lǒngduàn（动）
3. 学不厌、教不倦
4. 学而时习之，不亦说乎？有朋自远方来，不亦乐乎？
5. 嫡系：díxì（名）
6. 登基：dēngjī（动）
7. 颓势：tuíshì（名）
8. 世袭：shìxí（动）
9. 徭役：yáoyì（名）
10. 民不聊生：mínbùliáoshēng
11. 匡扶：kuāngfú（动）
12. 闭门羹：bìméngēng（名）
13. 胸有成竹：xiōngyǒuchéngzhú
14. 不费吹灰之力

15. 旁若无人：pángruòwúrén
16. 鞠躬尽瘁：jūgōng-jìncuì
17. 死而后已：sǐ’ érhòuyǐ
18. 刁钻：diāozuān（形）
19. 一筹莫展：yīchóu-mòzhǎn
20. 天翻地覆：tiānfān-dìfù
21. 籍贯：jíguàn（名）
22. 款待：kuǎndài（动）
23. 浓墨重彩：nóngmò-zhòngcǎi

课文二　人物篇——中国（二）

1. 循循善诱：xúnxún-shànyòu
2. 名列前茅：mínglìe-qiánmáo
3. 如鱼得水：rúyúdéshuǐ
4. 天下兴亡，匹夫有责
5. 归心似箭：guīxīn-sìjiàn
6. 囹圄：língyǔ（名）
7. 拳拳：quánquán（形）
8. 滞后：zhìhòu（形）
9. 一方水土养一方人
10. 奠基：diànjī（动）
11. 精益求精：jīngyìqiújīng
12. 一视同仁：yīshì-tóngrén
13. 妙手仁心：miàoshǒu-rénxīn
14. 河姆渡人
15. 怀揣：huáichuāi（动）
16. 鹤立鸡群：hèlìjīqún
17. 黝黑：yǒuhēi（形）
18. 一丝不苟：yīsī-bùgǒu
19. 一隅：yīyú（名）
20. 争分夺秒：zhēngfēn-duómiǎo
21. 悲悯：bēimǐn（动）
22. 万众一心：wànzhòng-yīxīn
23. 来势汹汹：láishì-xiōngxiōng
24. 身先士卒：shēnxiānshìzú
25. 请缨：qǐngyīng（动）
26. 置之死地而后生
27. 若隐若现：ruòyǐn-ruòxiàn
28. 孜孜不倦：zīzī-bùjuàn
29. 坑坑洼洼：kēngkēng-wāwā
30. 磨砺：mólì（动）

课文三　人物篇——江苏

1. 淙淙：cóngcóng（形）
2. 坐标：zuòbiāo（名）
3. 名山大川：míngshān-dàchuān
4. 福地洞天：fúdì-dòngtiān
5. 走马观花：zǒumǎ-guānhuā
6. 读万卷书，行万里路
7. 挪移：nuóyí（动）
8. 伶俐：línglì（形）
9. 袅娜：niǎonuó（形）
10. 脉脉：mòmò：（形）
11. 蹒跚：pánshān（形）
12. 募捐：mùjuān（动）
13. 心急如焚：xīnjí-rúfén
14. 一气呵成：yīqì-hēchéng
15. 忧国忧民：yōuguó-yōumín
16. 愤慨：fènkǎi
17. 闻鸡起舞：wénjī-qǐwǔ
18. 破格：pògé（动）
19. 不拘一格降人才
20. 不负众望：bùfù-zhòngwàng